CHINA
Journalism and Communication Journal

中国新闻传播研究

2017（上）

高晓虹◎主编
刘宏　赵淑萍　曾祥敏◎副主编

中国传媒大学出版社
·北京·

目录 >>>>CONTENTS

国际传播

新媒体研究

书　评

特　稿

新时代中国特色马克思主义传播理论：一个学科史的视角

Marxist Communication Theory with Chinese Characteristics in New Era: A Perspective from Discipline History

◎ 胡正荣 张 磊

Hu Zhengrong Zhang Lei

摘要：本文首先回顾了近十年来中国传播研究者的集体反思，总结出了六个共识。其次，本文提出了新时代中国特色马克思主义传播理论的基本议题，一方面回应了学界集体反思的学科化和知识化取向，另一方面指明了传播研究的中国特色的本体论问题。再次，本文梳理了互联互通时代的传播特征，并基于对新时代中国传播研究的创新发展，提供了人、社会和空间三个维度。

关键词：马克思主义传播理论，本体论，互联互通

Abstract: This article firstly reviews Chinese communication scholars' collective reflections during the last decade and sorts out six common consensus; Secondly, this article puts forward the basic issues of Marxist Communication Theory with Chinese Characteristics in the new age. On the one hand, it reveals the disciplinary and knowledgeable tendency of scholars' collective reflections; on the other hand, it signifies the ontology of communication study with Chinese Characteristics. Thirdly, this article summarizes the attributes of communication in an interconnected age, providing three dimensions of human, society and space base on the innovative development of Chinese communication study.

Keywords: Chinese Characteristics, Marxist Communication Theory, ontology, interconnection

21 世纪头十年的后半段，中国传播研究者开始持续不断的反思，迄今已逾十年。这一波学科反思浪潮的起因有三：一是若从 1978 年算起，中国传播研究到 2008 年恰好 30 年，按讲求"三十而立"的中国文化传统，正适合进行一次回顾和盘点；二是从学

科来说，随着互联网对人类传播环境的全方位改造，来自新现象、新问题、新概念和新方法的挑战层出不穷，中国传播学者开始进一步反思自身学科的本体论，并尝试向多个跨学科领域拓展，比如计算社会科学；三是从全球来说，中国经济与社会的快速发展与全球权力重心开始由北向南、由西向东的转移新局势相辅相成，对包括新闻传播在内各领域的本土研究和国际化发展提出了新的要求——既要面对本土，也应着眼全球，提出传播理论的中国特色、中国气派、中国风格，从而增强在国际学术界的学术话语权。然而，学界对何为中国特色、中国气派、中国风格有着并不一致的理解，大多停留在学术修辞的层面，更甚者受到西方主流传播理论所包含的冷战思维和东方主义视角的影响，化“自我”为“他者”，从而消弭了追寻中国传播研究主体性的可能。

从社会科学发展的顶层设计而言，党的十九大报告已经明确地指出了作为马克思主义中国化最新成果的“习近平新时代中国特色社会主义思想”的主导地位。对中国传播研究来说，一个新的塑造自身主体性的历史机遇出现了。这需要传播学者一方面继承和发扬马克思主义理论对中国新闻宣传制度等根本问题的强大解释力，夯实道路、理论、制度和文化自信；另一方面充分挖掘“新时代”的理论内涵，比如更全面和更紧密的“互联互通”，从而使得中国的传播研究不脱离技术和产业的前沿，保持着对实践的指导力。本文将从中国传播学界的集体反思、新时代中国特色马克思主义传播理论的基本架构，以及互联互通时代传播研究创新的可能性三个维度加以论述，继而思考中国传播研究的未来走向。

一、中国传播学界的集体反思：六个共识

按照一般的学科史叙述，改革开放以来的中国传播研究，大部分时间都在努力向西方尤其是美国行政学派的学术范式靠拢，但却搁置了对马克思主义传播理论的探索和建设。比如，张国良曾将中国传播学发展设想为三个阶段：学习、应用、创造。① 通过译介完成第一阶段的任务，通过本土化经验研究完成第二个阶段的任务，再进入第三个创造阶段。当然，这三个阶段也不仅仅是线性的，而是互相交织的。译介西方理论为中国传播学发展奠定了基础，但也带来了一系列问题，正如张涛甫所言：“这些理论浮标，不是内生于中国语境，与中国问题缺乏结结实实的关联，致使一些在西方颇具理论解释力的理论框架，到了中国语境就沦为空洞的学术修辞。”②实际上，这不仅仅

① 张国良.中国传播学四十年的回望与前瞻[N].中国社会科学报，2017-08-03.
② 张涛甫.新闻传播理论的结构性贫困[J].新闻记者，2014(9).

是理论与语境之间关联度的问题，更是学术范式生长的社会土壤的问题。传播效果研究等道路是在欧美资本主义现代性土壤（尤其是多党竞选制度和商业媒体环境）中生根发芽的，而中国自改革开放后所拥抱的现代性，是一个带有主体性的融合了西方现代化经验、中国革命和社会主义建设道路，以及自身文化传统的混合现代化观，其复杂性远超上述欧美理论所原生的社会土壤。这就决定了欧美理论无法直接回答中国社会的问题甚至一个侧面，而理应更具有权威解释力的恰恰应该是结合了历史与当下的、国际与国内的，科学的、发展的中国特色的马克思主义传播理论。而互联互通时代的到来，为传播理论的多样化和本土化提供了新的契机，也为新的研究范式的确立提供了可能。

一个或一系列新范式的建立，要求在知识论、本体论、方法论乃至价值论上寻找到新的道路，并非一日之功。中国传播学界近年来反思频繁，正是别求新路、别寻新声的工作。其中，既有学术史和思想史的回顾与梳理[①]，也有直接针对本学科的现状做出的分析与总结，还有面向学科未来所进行的前瞻与设计。总体而言，按照习近平总书记对中国哲学社会科学发展所提出的总要求，即“不忘本来，吸收外来，面向未来”，中国的传播研究仍要继续找寻融合历史与当下，但能保持独立、自信与开放的理论范式。因此，新的范式虽未形成，但学者们已经在探寻新范式的道路上行进了多年。观察学界内部的讨论，我们可以基本确认六点共识。

第一，从职业化、专业化研究，走向视野更开阔的学理性研究。黄旦考察了中西新闻学与传播学诞生发展的历程，借用华勒斯坦的框架将其分为规范性学科和经验性学科。前者以职业教育为核心，致力于为专业领域确立规范；后者则独立于一般性实践，力求理解更广泛的原理、过程与关系。[②] 如果说新闻学面向职业化实践，需要为之培养人才、贡献规范性知识，那么传播学面向的则是形形色色的人类社会传播，不能局限于为行业出谋划策，而应当在国家、行业和实践的需求之外，努力开展基础性的学理讨论。追求实用性，是美国式传播研究自诞生伊始的特色之一，它与两次世界大战的政府需求与传媒行业的投入密切相关，根源上则来自于资本主义工业生产的专业知识生产机制。当行业实践与人类行为都日益互联互通的同时，学术研究也应该勇于做表面看来“无用”的事情，它将为整个领域的厚积薄发奠定良好基础。

---

① 刘海龙.重访灰色地带:传播研究史的书写与记忆[M].北京:北京大学出版社,2015;王怡红,胡翼青.中国传播学三十年[M].北京:中国大百科全书出版社,2010;陈力丹.传播学在中国[J].东南传播,2015(7);李彬,刘海龙.20世纪以来中国传播学发展历程回顾[J].现代传播,2016(1).

② 黄旦.整体转型:关于当前中国新闻传播学科建设的一点想法[J].新闻大学,2014(6).

规范性学科向经验性学科的转换，指的是从职业规范培训走向学理性研究。实际上，学术研究的一个重要特征即建立学术规范，乃至学术范式。学术规范不应画地为牢，而应探寻知识产生的更多路径与可能性。

第二，从传统媒介走向新媒介。杨伯溆认为新媒介给中国传播研究带来前所未有的机遇："比较理想地说，因为新媒介的介入，前边突然出现了一片可以耕耘的处女地……新媒介的扩散给我们打开了一扇免于传统制约的学术大门，使我们能够不再纠结于中西方的对立，站在中国的土地上，与世界的同行真正对话，不仅为中国，也能为世界贡献知识。"①陈怀林关于大中华区六本学术期刊论文的内容分析则恰可证明这一结论，他发现新媒体的研究成为仅次于大众传播的最重要的研究领域。②

新媒介已经普遍引发了研究者的兴趣。从基础性的媒介内涵与外延的界定，到由此产生的政治、经济、社会和文化现象，都已经获得了广泛的讨论。这不仅仅意味着关注对象的变化，更意味着思想逻辑的更新。

第三，从媒介中心主义，走向更广阔的社会脉络，对"整体性"的观察和探求成为中国传播学界的重要视角之一。李金铨曾称自己如果属于某个学派，当是"脉络学派"，即致力于将媒介问题与理论放置在社会整体状况中加以观察。传播如果能够获得充分的解释，是离不开与各个社会因素的交织对话的。王维佳和赵月枝倡导让传播研究回归历史和社会："我们更愿意强调的是将传播的研究放回到中国人探寻其独特现代化道路的漫长历史中来加以审视的一种思路。这是一种更宏大的历史观，它一方面排斥媒介中心主义的局限，强调在传播与社会的互动关系中来分析问题；另一方面也强调在内外互动中来理解中国革命与发展的历史，将中国传播问题看作是世界体系结构与意识形态变迁的一个组成部分。"③将传播问题置于历史进程和社会结构之中，可以破解传播研究中部分固化的理论窘境。

第四，从一般意义上的"科学"研究，走向富有情怀与思想的学术讨论。过于追求学术研究的"科学性"，有可能损失思想性，传播效果研究便因此饱受批评。近十年来，更富有批判色彩和人文精神的传播研究传统引发中国学者越来越多的关注与认可，如李彬追踪欧洲传播批判学派的思想足迹："欧洲传播思想既是当代忧国忧民者面对现代性危机以及不合理的传播现状而发出的学术呐喊，又是历代操心人类命运的博大心

---

① 杨伯溆.新媒体传播：中国传播学的发展机遇[J].新闻记者，2014(12).

② 陈怀林.浅析新媒体对大中华地区尤其是中国大陆地区传播学研究的影响[J].文化与传播，2012(1).

③ 王维佳，赵月枝.重现乌托邦：中国传播研究的想像力[J].现代传播，2010(5).

灵上下求索的思想共鸣。”[①]而中国学者自己的研究也体现了这种精神追求。姜飞、黄廓也提出，应“从人文关怀视角思察信息传播技术进步与媒体发展”，从而照亮信息与传播的“盲区”或“灰色地带”。[②] 吴飞则通过追问传播学之“理论的旅行”，提出了“何处是家园”的疑问，他认为，“合作性劳动”将是传播研究的重要逻辑起点。[③]

第五，从西风东渐，走向对中国思想资源的挖掘。李金铨提出了辩证性的态度：“不全盘接受西方支配性的观点，也反对抱残守缺的本土观点。”[④]通过“本土视野”来观察“全球传播”已经获得了多数学者的认可，而中国可以提供的不仅是本土的案例、问题与现象，更有丰富的抽象概念和理论资源。中国的传统文化与社会主义实践是有潜力完成这一点的。赵月枝明确提出，“向东看，往南走”不是简单的地理方位转向，而是在认识论上对现代西方霸权知识/权力体系的颠覆。随着中国等金砖五国的崛起，随着全球权力的转移，重新发掘中国和其他文明的思想资源将带来对“另一个可能世界”的想象。[⑤] 正如李彬所言：“中国传播学是否具有想象力、创造力、生命力，归根结底就在于能否以高度的文化自觉和文化自信对此作出自己的思想建树。”[⑥]

这就要求中国的传播学研究者重新回归“本土”与“当下”，从切身的问题、经验出发，寻找最具适用性的理论阐释和解决方案。这并不意味着对西方理论的彻底摒弃，也不意味着要将古老传统“借尸还魂”，它强调的是采取开放与容纳的态度，寻求理论的多维空间。

第六，从单一学科建构，走向跨学科对话。杜骏飞和周玉黍总结了传播学科的三大弊病：效果研究范式化、经典理论教义化、学科界定狭隘化。他们的论点发人深省：“传播学业已成为一个独立的袖珍王国，又如一叶孤舟漂泊在诸学科的海洋上。传播学仍然试图从别的学科中汲取理论营养，却与此同时又将学科间对话的大门紧紧关闭，以尽量维系学科的自我独立性和权威性；但结果，却一次次地失去了发展理论体系的可能。”[⑦]传播既然是人类行为的最重要基础之一，怎么能独立于其他行为与社会关系研究之外，与其“向内自我振兴”，不如“向外彻底解放”，才能重新激发这一学术领域的想象力。黄旦赞同这一观点：“传播是要敞开门户，让天下各路英雄尽入我彀中，方

① 李彬.马克思的幽灵：欧陆传播研究刍谈[J].山西大学学报(哲学社会科学版)，2013(1).

② 姜飞，黄廓.“传播灰色地带”与传播研究人文思考路径的探寻[J].南京社会科学，2014(4).

③ 吴飞.何处是家园：传播研究的逻辑追问[J].新闻记者，2014(9).

④ 李金铨.在地经验，全球视野：国际传播研究的文化性[J].开放时代，2014(2).

⑤ 赵月枝.“向东看，往南走”：开拓后危机时代传播研究新视野[M]//传播与社会：政治经济与文化分析.北京：中国传媒大学出版社，2011：280-295.

⑥ 李彬.中国传播学掠影三十年[J].新闻春秋，2013(1).

⑦ 杜骏飞，周玉黍.传播学的解放[J].新闻记者，2014(9).

能显出其作为一个研究领域的价值。”①

更值得反思的一点是，传播学研究对其他学科能够带来何等理论激发？廖圣清等人的实证研究发现，经济管理学、政治学、外国语、社会学四大学科在中国传播学研究的合作中居功阙伟，但新闻传播学的反哺能力则位居各学科之末。② 这种状况若无法扭转，也就无从谈起跨学科对话。这种结果固然与学科历史长短有关，但更体现了学科内部的故步自封。传播研究一直耿耿于怀的是自身学科根基薄弱，因此努力发展内部体系，却忽视了学科的开放性与多样性。互联网和新媒体使得各种社会动力机制交织在一起，为传播研究开展跨学科对话、催生跨界理论带来可能。

虽然我们总结了近年来中国传播学界的集体反思中的共识，但这并不意味着学者们在各个方面完全达成一致。例如，黄旦对吴飞、杜骏飞、张涛甫等人所做“反思”之“反思”，就通过异议表达了对于传播研究之学科地位、历史溯源、发展方向和发展逻辑的独特观点。③ 除此之外，学科的内卷化，甚至封建化也正在给学术共同体的建设，以及中国特色传播理论的构建带来潜在威胁。但是，我们可以确认一点，中国传播研究已经在价值论、认识论、本体论、方法论上作出了探索，这的确奠定了学术范式“整体转型”的良好基础。

二、新时代中国特色马克思主义传播理论的基本议题

然而，通过上述回顾和梳理，我们不难发现：六个共识的出现虽然呈现出传播理论的创新发展潜力，但并没有回答或者着力去建构具有“中国特色”的传播理论框架，并用之解释中国媒体转型以及社会媒介化的主要矛盾。换言之，多年来中国传播学界的反思多停留在知识层面，聚焦于学科的身份和理论的演化，凸显出对于专业领域的传播学本体论的焦虑。但是，在学科合法化的过程中，中国的传播学其实并没有主动回应一些中国社会变革中的核心问题和前沿问题，从而也就失去了在国内外解释中国道路、塑造中国特色传播理论的契机乃至空间。

因此，我们基于对下述核心问题的解释，提出了“新时代中国特色马克思主义传播理论”的五个基本理论议题，并在本文的第三部分，尝试以“互联互通”为主题，定义中国社会发展的前沿问题，以及中国传播学立足本体、创新发展的新路径。

---

① 黄旦.对传播研究反思的反思——读吴飞、杜骏飞和张涛甫三位学友文章杂感[J].新闻记者，2014(12).

② 廖圣清，申琦，柳成荫，等.中国大陆新闻传播学研究十五年：1998—2012[J].新闻大学，2013(6).

③ 黄旦.对传播研究反思的反思——读吴飞、杜骏飞和张涛甫三位学友文章杂感[J].新闻记者，2014(12).

第一，历史议题。建党百年在即，中国的传播研究需要：一方面，对中国共产党的建党史、革命史和执政史进行全面而深入的解读，尤其需要关注多种传播形态在不同历史时期中的重要作用，包括宣传制度、动员制度、教育制度、媒体制度等。

第二，意识形态议题。中国的传播学需要高度关注意识形态领域的问题，既有合法化的过程，也有斗争的逻辑，这是任何传播形式的元叙事，不因物质化的传播媒介的更迭而改变。

第三，新闻宣传制度议题。中国的传播学需要直面中国新闻宣传制度与欧美主流媒体制度的巨大差异，从本土历史中找寻解释逻辑，包括对于党的宣传制度尤其是新闻宣传体系在党和国家整体工作中的位置和功能的理论化解释，对中国媒体所有权和规制方式的内部复杂性和历史合理性的解释，对中国媒体运行方式（比如"党性原则"和"群众路线"）的解释，对中国媒体发展的区域差异性的解释，等等。在这个意义上，新闻学中的马克思主义新闻观是一个重要的理论来源。从国际学术交流的角度来说，马克思主义新闻宣传制度也是国际社会认识中国媒体乃至整个社会的前提，需要中国学者直面应对，而不是闪烁其词。①

第四，多种社会传播形态议题。中国的传播学既要关注建制化的国家新闻宣传体系，也要将视野拓展到更加广泛的人民群众中间，从其日常的沟通、组织、媒体接触和使用中，找寻本土化的传播经验以及理论化的可能，包括媒介化和非媒介化两个方面。举例而言，前者可以包括以微信为代表的社交媒体传播，后者可以包括以广场舞为代表的自组织群体传播，等等。

第五，国际议题。代表国际贸易中新兴经济体和地缘政治中全球南方的中国，已经为全球化开辟了一个新的视野。如果说旧版全球化是以欧美国家的资本主义扩张逻辑为驱动，目的是扩张，原则是自由竞争、优胜劣汰，最后是进行零和博弈的，那么中国所驱动的新版全球化（以"人类命运共同体"和"一带一路"倡议的提出为代表），则是建立在马克思主义中国化的理论与实践中，建立在中国社会历史传统的天下大同思想上，建立在亚欧非贸易交往历史中，目的是发展，原则是共商共建共享，最后是多赢和共同发展。因此，传播观也存在着巨大的差异。如何做出解释，恰是中国传播学研究的重要议题。

---

① 姬德强.中国特色新闻传播理论及其国际影响力的提升[J].国际传播，2017(2).

三、互联互通时代的特征

如前所述,中国传播学界的集体反思,是在当前世界范围内正发生着巨大变迁的背景下展开的。我们既要关注中国社会发展的一些核心的制度问题,也要眼观世界,看到互联互通时代的到来给人类交往带来的多层面影响。这包括全球物质财富和精神财富正在以几何倍速增长,贸易往来、国际政治和文化互动的频繁化成为常态,社会转型在世界各个角落持续发生,信息、精神和文化多元形态的日益显露并获得接纳;与此同时,意识形态与文化之争也不曾断绝。

互联网成为这个时代的巨大隐喻。它已经在悄然不觉中加冕,渗透到从国家仪式到日常生活的每一个角落,并将社会空间与精神空间从其物理性存在上连根拔起,重塑人类生存的现状。互联网首先是一个信息传播的平台,因此,它不仅为传播研究提供了充分的现象材料,而且有助于它重新构造与政治、经济、社会、文化诸领域及其学术思想展开对话的路径,这一系列对话将促使我们反思传播研究的对象、框架与方法。

中国融入世界的步伐也在加快。改革开放已四十周年,中国已经从"引进来"到"走出去",无论是媒体、文化还是学术,都加大了与国际交往的力度。更重要的是,包括中国在内的金砖国家、发展中国家的不断崛起,使得西方中心主义受到强力挑战,也使得所谓全球化的进程出现了新趋势。一方面,西方主导的全球化出现了逆流之势,2016 年,英国脱离欧盟、美国特朗普上台后提出一系列"美国优先"主张,再加上恐怖主义威胁带来的价值观冲突,使得"逆全球化"甚嚣尘上;而另一方面,中国提出的"人类命运共同体"主张,以及倡议的"一带一路"建设,则为世界交流与合作开辟了新的道路。

互联网和中国,成为影响当今世界局势的两个关键变量。中国自身的互联网建设以弯道超车之势,产生了世界性的影响。在浙江乌镇举办的世界互联网大会上,不仅技术与资本找到了合作的平台,而且重新倡导了全球互联网治理的新理念、新秩序、新格局。两个变量耦合,构成了本文所言"互联互通时代"的新特征,其中有三个方面尤其突出。

第一,传播本体发生了根本性变革。人类传播的性状、类型、模式都与之前不同,由此带来了系统性变化。随着接入互联网和社交媒体的人数日益增长,全球互联水平正在飞速增长,尤其是实时在线与互联成为沟通的基础,移动互联成为主流,更是改变了人们的时空经验,将传播纳入新的范畴。2015 年初,美国人马特与中国人李洪军通过一部丢失的手机联系在一起,并通过社交网络的沟通而成为朋友,甚至成为草根明星,这不仅是人际距离的缩短,更是人际连接方式与基础的变化。虽然最终仍然依靠面对面的接触才能确立这种亲密关系,但更多情况下依赖的是数据流通的即时性和广泛性。麦肯锡研究院在2014年发布的一份报告称,从2005年到2012年,跨境互联网流量增长了18倍。互联网的数据、信息、资金不断流转,更带来了物流和人员流动的加速,更大规模的社会流动也重启了社会建构与社会运动的新通道。

这种人际互联程度的增强与社会结构性变化互相勾连,也带来社会状况的深度改变。涂尔干认为传统社会到现代社会体现了"机械团结"到"有机团结"的过渡,如今新的团结形式正呼之欲出。在中国,费孝通早已通过"差序格局"的总结,指出中国乡土社会的人际关系特征与西方有异;阎云翔则从乡村与城市的亲密关系变革入手,认为中国已经不断"个体化",进入了一个陌生人的社会;赵旭东则指出现代性的分离技术正促使中国社会从"循环社会"转向"枝杈社会"。家与国、公与私、前现代与现代/后现代,众多变迁因素在不断冲刷人们的社会关系。作为人类社会纽带的传播也因此展现出全新的面貌。

第二,社会元素之间关系发生了重组。具体体现为传播形式与其他社会实践形式打通,媒介与其他社会工具整合,信息(尤其是大数据)成为生产资料的核心要素。信息革命使得信息取代物质资料与能源,成为生产的核心。而新的科技革命则将数据推向生产第一线。不过,与其说数据可能成为最重要的产品,不如说它奠定了新产品的基础,与信息化技术整合在一起,重新构建产业的链条。网络购物就是典型一例。复杂的算法位居后台,它根据所能获取的数据流促进销售,同时也可以创造新的产品。手机新闻集成应用就是这种数据生成新产品的典型例证。

数据同样也带来思维、知识和学术研究的新方向。现下大数据分析盛极一时,其最大的特征就是强调数据之"大"。无比庞大的数据库与数据流中可以诞生实用性的微观结论,也可以展示互联互通时代社会状况的复杂性。同样成为潮流的还有数据可视化。一种科学与美学、细节与整体、理性与直观的结合,也揭示着人类思维的新走向。

第三,人类地理图景发生了多维展开和中心漂移。一方面,媒介使得物质空间与虚拟空间融合再造,互联网更是生成了新的赛博空间,并促进了社会空间的再分配,虽然物质空间和物理地理依然重要,但层层交叉叠合的空间系统为人的生存和实践造就了新的可能性。另一方面,全球发生权力转移,西方中心主义受到强力挑战,中国等金砖国家和其他发展中国家的快速兴盛,为全球多元化注入新动力,同时也影响了作为新自由主义的表征的全球化进程。

随着中国的崛起,全球文明的版图得到了重新审视,全球发展的逻辑也引发了新的思考。曾经一度被认为是不可逆潮流的全球化,也随着特朗普强调“美国优先”而出现了退缩。但是,退缩的其实是建立在资本主义依附制度基础上的全球化体系,“新式全球化”或者说建立在天下大同理想基础上的“人类命运共同体”正在建设之中。“人类命运共同体”的思想,与“一带一路”倡议,两相结合,给未来创造出新的可能性。

总之,互联互通时代的新特征,就是人的重新联通、社会元素的重新联通、空间的重新联通。这个新时代,与中国的传播学界的反思浪潮相耦合,启动了一系列关于“转型”“重组”“重构”的设想。中国传播学界的六个共识,正是与当前互联互通时代的特征紧密相连的,它们一致反映了一个统一的思想方法,即从一元到多元、从简单到复杂、从线性到非线性、从因果性到相关性、从提炼规律到多重阐释、从竞合思维到共赢思维、从“唯我为美”到“美美与共”。

四、展望中国传播研究的未来

习近平在哲学社会科学工作座谈会上指出,我们要把握好三方面资源:一是马克思主义的资源;二是中华优秀传统文化的资源;三是国外哲学社会科学的资源。当代哲学家们也提出了类似的思想路线,如甘阳提出的“通三统”,力图整合中国的历史文明。在未来中国传播学的发展中,一方面需要着力完善新时代马克思主义传播理论的内涵和外延,通过具体的研究推进理论建设;另一方面也需要注重“互联互通”的思考方法。主要包括:第一,注重思想资源的互联互通。中国文化源远流长,又海纳百川,呈现出思想多元的状态,通过思想资源的融会贯通,能够为传播现象和传播问题提供多元理解途径。第二,注重学科的互联互通。第三,注重研究本体的互联互通。第四,注重研究方法的互联互通。当然,我们看到,中国传播学已经有了类似的思路。例如,黄旦认为在新闻传播学科的整体转型中,必然包括思维模式的转型,其核心便是网络化思维模式。“要将网络化思维贯彻在教学和研究的全过程中。网络,不仅是一种媒体和硬件,也不只是一种新的传播方式,更是一种新的社会关系和一种全新的社会形态。”①

在互联互通时代,作为其基础的互联网,绝不仅仅是一个传播媒介。它早已将经济过程、政治行为、社会交往熔于一炉。即使在互联互通时代之前,在互联网之外,传

① 黄旦.整体转型:关于当前中国新闻传播学科建设的一点想法[J].新闻大学,2014(6).

播现象也不是孤立的。试举一例，吴予敏在研究城市传播的时候，把传播作为城市沟通来理解，从“媒介化都市生存”论及“建设可沟通的城市”[①]，突出体现了唯有在整体分析中方可获得对传播的深度诠释的思想。以互联网为代表的信息科技并非社会变革的唯一动因，但它作为一个隐喻将社会的网络性质昭示无遗。整个社会的动力要素在网状矩阵和多维光谱中彼此交织，从而带来人类知识结构和逻辑思维的更新。在互联互通时代，任何一个社会个体都与其他个体密不可分，任何一个传播现象都与其他社会因素密不可分，任何一个民族国家也都与其他社会共同体密不可分。

时代发生变迁之时，也恰恰是人类思想迸发之时。既存社会系统的“天经地义”受到挑战，我们正可以回溯社会的本源，也可以思索一种理想社会的可能性。互联网的发展，不仅为中国提供了在技术和产业上“弯道超车”的机会，也为新时代中国特色马克思主义传播理论的创新发展提供了新的工具与潜力。中国进一步融入世界，则通过“一带一路”的倡议与行动，绘制实现天下大同的“人类命运共同体”蓝图。中国的传播研究，将面对更联通、更综合、更开阔的人类发展前景，也必将做出更有深度、更有新意和更有内涵的思想贡献。

〔胡正荣，中国教育电视台总编辑；张磊，中国传媒大学国家传播创新研究中心研究员〕

〔特约编辑：涂凌波〕

① 吴予敏.从“媒介化都市生存”到“可沟通的城市”：传播研究及其公共性问题的思考[J].新闻与传播研究，2014(3).

人物对话

新时代马克思主义新闻观研究与教育展望　　郑保卫

新时代马克思主义新闻观研究与教育展望

Outlook of Marxist Journalism Research and Education in New Era

◎ 郑保卫

【编者按】郑保卫，中国人民大学新闻学院教授，博士生导师，教育部社会科学委员会委员兼新闻传播学科召集人，全国新闻学研究会会长，是享受国务院政府特殊津贴的专家，中国少数民族地区信息传播与社会发展论坛理事长，中国气候传播项目中心主任。2002—2015年担任教育部人文社会科学重点研究基地中国人民大学新闻与社会发展研究中心主任。

郑保卫教授在马克思主义新闻观研究方面卓有建树，他是中央马克思主义理论研究和建设工程新闻学科专家组成员、中国人民大学马克思主义理论研究和建设工程新闻学科首席专家，中宣部、教育部特别委托项目“马克思主义新闻观研究”首席专家，全国统编马克思主义新闻观教材主编，参与编辑和主编多部相关教材，出版了《马克思恩格斯报刊活动与新闻思想研究》《马克思主义新闻经典论著导读》《马克思主义新闻思想研究》《中国共产党领导人新闻实践与新闻思想研究》《马克思主义新闻理论与实践研究》等著作。其主编的《中国共产党新闻思想史》(2004年出版)一书获第五届吴玉章人文社科优秀奖。

本次访谈主要围绕马克思主义新闻观的传承与创新，中国特色社会主义新闻学、中国新闻教育的理念与创新，马克思主义新闻观与西方新闻观比较，马克思主义新闻观教育等问题展开。以下为访谈主要内容。

一、我的马克思主义新闻观研究经历

问：郑老师您好，马克思主义新闻观是当前新闻学研究的一个重大主题，您是这一领域的权威专家，我们想请您就这一主题谈谈看法。能否从您的学术经历谈起？

郑保卫：1964年我从福建考入中国人民大学新闻系读本科，当时是甘惜分老师给我们讲授新闻理论课。1978 年我重返母校攻读新闻理论方向的研究生，甘惜分老师是我的导师，他给我确定的研究方向是“马克思恩格斯新闻理论与实践研究”，他说，研究新闻理论，首先要把前人的报刊活动和新闻思想弄清楚。

那年甘老师招了我和童兵两名研究生，我们俩人各有分工。童兵主要研究马克思早期的新闻思想，我主要研究马克思和恩格斯 1848 年共同创办的共产主义者同盟中央的机关报《新莱茵报》。这是世界上第一份马克思主义指导下的无产阶级党报，列宁称之为“革命无产阶级最好的机关报”，也是马克思和恩格斯自己认为一生中办得最好的一份报纸。

为了掌握第一手资料做好研究，甘老师让我们通读《马克思恩格斯全集》。我们用了近一年时间看完了 50 卷《马克思恩格斯全集》，制作了几千张卡片，最后整理出版了《马克思恩格斯报刊活动年表》一书。全书共 40 万字，由中国人民大学出版社出版。这是我国第一本以年表形式介绍马克思恩格斯一生报刊活动和新闻观点的著作。

因此，可以说，我的马克思主义新闻观研究始于 1978 年。近 40 年来，我一直在这个领域学习、研究和教学，所以这一段经历对我来说非常重要。

2002 年，我承担了教育部的一项重大课题“中国共产党 80 年新闻思想研究”，后来将研究成果整理出书，定名为《中国共产党新闻思想史》。这是我国第一本全面、系统论述中国共产党 80 年新闻思想史的专著。我作为课题组负责人担任了此书的主编，童兵和刘建明老师都参加了书稿撰写工作，方汉奇老师担任顾问。此书后来荣获吴玉章人文社科优秀奖。2016 年是建党 95 周年，出版社让我修订此书，将内容扩充为中国共产党 95 年的新闻思想史。

我从 1981 年研究生毕业之后便进入高校从事新闻理论和马克思主义新闻思想的教学与研究，在 30 多年的学术经历中，可以说始终都没有离开对马克思、恩格斯、列宁，以及中国共产党领导人新闻思想的研究，长期以来积累了许多资料和案例。这对讲课有很大帮助，因为我可以用大量的案例和故事来帮助大家理解马克思主义新闻观形成、发展的过程及其主要观点。

二、马克思主义新闻观的传承与创新

问：当前大家都在学习马克思主义新闻观，其中有几个重要观点特别引人关注，如“党媒姓党”“党性人民性相统一”等，您是如何看待这些重要观点的？

郑保卫：“党媒姓党”是习近平总书记于 2016 年 2 月 19 日在党的新闻舆论工作座

谈会上的讲话中提出来的。他明确指出："党和政府主办的媒体是党和政府的新闻宣传阵地，必须姓党。"这是他对党的新闻工作性质和本质属性的高度概括。

中国共产党人历来重视新闻工作，党的几代领导人对党的新闻工作的性质都有明确的表述。毛泽东把它比作"武器"；邓小平把它比作"思想中心"；江泽民把它比作"党的生命的一部分"；胡锦涛把它比作"党的执政资源"。这些表述都是对党的新闻工作的特殊定位。习近平用"姓党"两字，将新闻工作的性质概括得很形象、很明确，对我们认识党媒的性质很有启示。我想，党媒姓党的性质不可能改变，党管媒体的体制也不可能改变！

习近平提出"党媒姓党"的观点后，有人说，现在党媒都姓党了，还姓不姓民啊？谁来替老百姓说话呀？我觉得这是对习近平讲话的曲解。其实就在这次讲话中，习近平还明确提出，要坚持以人民为中心的工作导向，要坚持党性和人民性相统一。这就解决了党媒"姓党"又"姓民"的问题。

习近平的党性人民性相统一的观点的重要理论贡献是：

第一，批判"人民性高于党性"的观点。因为他讲党性人民性从来都是一致的、统一的，不能把党性和人民性割裂开来，对立起来。而"人民性高于党性"的观点就把两者割裂开来、对立起来了。

第二，从正面论述人民性。这是需要有一定理论勇气的，因为从 20 世纪 80 年代起，"人民性"就作为一个与"党性"对立的观点，不让从正面提及了。习近平将两者统一起来，既体现出他的理论勇气，又体现出他的政治勇气，这是建立在对这一问题有深刻理论把握的基础上的。正如他所说的："人民性是党性的内涵""党性寓于人民性之中""没有不讲人民性的党性，也没有不讲党性的人民性"，整个论述充满了辩证法！

第三，强调党性人民性是一个整体的概念。既然是整体概念，我们就不能说哪一个具体的人就是"党"，哪一个具体的人就是"人民"。用某一个人代表"党"，用某一个人代表"人民"，会导致对这两个整体性概念的误读和误解。在这一基础上来认识党性和人民性的统一，就有了基本前提。

怎么理解一部分人民群众对党和政府不满的情况呢？有时候，一部分人民群众对某一级党委政府的某项决策或某项工作不满意，我们不能将其看作是人民对党和政府不满，或是人民性和党性出现矛盾，而是要正确认识和理解人民和党、党性和人民性是一致的、统一的这一特性。历史和现实都告诉我们，没有人民就没有共产党，因为共产党是为人民而存在的。我们党的几代领导人都论述过人民对于共产党的重要性。毛泽东讲"人民是历史前进的火车头"，邓小平讲"党离不开人民，人民也离不开党"。因此，我们不能把一部分人民群众对某一级党委政府的不满，看作是党和人民的矛盾，或是党性和人民性的矛盾。

这些年来中央的路线方针政策可以说都是从人民的长远利益、根本利益出发制定的。总体来看，自诞生以来，共产党总的指导思想是为人民谋利益，为人民的翻身、解放、富裕而努力奋斗。当然，党的工作也遇到过一些曲折，犯过一些错误，致使一部分人民群众对党委和政府不满。这方面的问题主要表现在以下几个方面：

一是中央的路线方针政策是对的，但一些地方党委和政府在执行过程中出了问题，群众不满意，用老百姓的话说，中央的经是好的，只是让底下的"歪嘴和尚"念歪了；二是一些党委和政府的决策本身出现差错和失误，群众有意见；三是一部分群众出于自身或群体利益对党委和政府从长远利益、根本利益出发制定的一些政策不满；四是新闻媒体没有把党委和政府的决策意图宣传到位，没有讲清楚，群众不理解，导致他们不满意。所以，媒体的责任就是要及时、准确地做好上情下达和下情上达工作，起到沟通作用，促进人民群众与党委和政府间的相互了解、相互信任、相互支持。这样矛盾解决了，党性和人民性自然就统一了。

问：*2018 年是改革开放 40 年，马克思主义新闻观在这 40 年的发展历程中，有哪些重要的思想需要传承？*

郑保卫：我们把"马克思主义新闻观"换一个概念，换成"中国化的马克思主义新闻观"，也就是"中国共产党新闻观"或"中国共产党新闻思想"，就好理解了。改革开放 40 年来，随着时代的发展、社会的进步、传媒的变化，中国共产党人的新闻观始终在与时俱进，从邓小平、江泽民、胡锦涛，再到习近平，一直在不断地创新、发展、推进。

特别是习近平的新闻观，应该说有很多创新之处。例如他 2016 年 2 月在党的新闻舆论工作座谈会上的讲话，在对党的新闻舆论工作的性质功能、职责使命、方针原则、策略方法等方面的论述中就有许多创新和发展。再如他关于网络媒体的思想也是很新的东西。2016 年习近平在网络安全和信息化工作座谈会上的讲话有一万多字，内涵十分丰富。他反复强调的媒体融合，其内涵也非常丰富。所以，中国共产党人的新闻观，作为当代马克思主义新闻观的最新成果，体现出明显的科学性、真理性和时代性，大大丰富了马克思主义新闻观，是一种极大的创新，具有很强的生命力。

但是说到底，中国共产党新闻观的核心、精髓、根本的东西是一致的，那就是始终强调新闻工作的重要性，强调政治家办报，强调党性原则，强调党性人民性相统一，强调正确的舆论导向，强调真实、客观、公正、全面地报道新闻，等等，这些内容都是我们党对新闻工作的规律性认识，我想都是应当传承的。

问：您刚才谈到了习近平总书记在网络安全、互联网发展方面的一些讲话，这也是马克思主义新闻观的题中之义吧？

郑保卫：这是马克思主义新闻观很重要的组成部分，而且是非常有特色、有创新性的组成部分。习近平说“互联网是最大的变数”，强调共产党人要过好这一关，否则就“过不了执政这一关”，讲得多深刻呀！他要求党政领导干部要提高同媒体打交道的能力，要天天上网，和网民交流，解决网民提出的问题，讲得多具体呀！这些都是他重要的新闻思想，值得我们深入学习和研究。

三、学习马克思主义新闻观不但要解决“真学真懂”的问题，还要解决“真信真用”的问题

问：近年来习近平总书记反复强调要加强马克思主义新闻观教育，如何看待其重要意义？

郑保卫：习近平总书记这几年来特别重视马克思主义新闻观教育问题，反复强调马克思主义新闻观是灵魂，是定盘星，是必修课，是看家本领。2016年中宣部、国家新闻出版广电总局、中国记协要求全国新闻界包括新闻院校要结合习近平关于新闻舆论工作的系列讲话进一步深入学习马克思主义新闻观，要进行全员培训，所以现在新闻战线、新闻院校都在深入学习。

当前我们这样重视马克思主义新闻观教育，同习近平总书记十八大以来极为关注新闻舆论和意识形态工作有着重要关系。他把当前我国意识形态领域所面临的形势看得很严峻，因此强调意识形态工作是一项极其重要的工作。而在党的新闻舆论工作座谈会上，他又强调新闻舆论工作是治国理政、定国安邦的大事，事关党和国家的前途和命运。

这些年，随着改革开放和经济发展进入转型期，利益调整加剧，矛盾冲突增多，各种非马克思主义、非主流价值观、非主流意识形态的言论、舆论、思潮借机传播蔓延，造成很大的负面影响。一些人信念动摇，理想丧失，看不清形势，迷失政治方向，这些都与意识形态领域出现的问题有关。那么用什么办法来解决人们的理想和信念问题呢？最好的办法就是加强马克思主义新闻观的教育。从这一背景来看，就能够认识到马克思主义新闻观教育的重要性和紧迫性。

问：郑老师您谈到过，我们不但要解决“学马”的问题，还要解决“信马”的问题。

郑保卫：是的，学习马克思主义新闻观，关键是要解决“信”的问题。习近平总书记

就提出,学习马克思主义要解决“真学、真懂、真信、真用”的问题。

现在大家都在学习马克思主义新闻观,但是,如果不解决“真信”的问题,你学不好,也学不懂,更没法用。所以,我们在加强学习的同时,要充分认识到马克思主义新闻观的科学性、真理性和有效性,要认可与信赖马克思主义新闻观,否则怎么能学好它呢？要真正相信马克思主义新闻观,前提是要相信中国共产党的正确性,相信中国特色社会主义道路、理论、制度、文化的优越性。因此,我们学习马克思主义新闻观,关键要解决的就是“真信”的问题。

问:近年来习近平总书记关于新闻舆论和宣传工作的一系列重要讲话,是我们新闻教育中的重要内容,如何在教学过程中教好、学好这些重要的讲话和文献,请问您有哪些建议?

郑保卫:首先要带着问题学,也就是说,要做到理论联系实际。老师在教学中不要回避学生关注的问题,这个非常重要。如果老师一直在说空话、唱高调,完全回避学生关注的问题,教学效果肯定不好。老师要直面学生的问题,给同学们讲清楚,要多结合事例、案例来讲。如果老师教课时能够直面学生关注的问题,学生带着问题来学习,就会收到较好的效果。

其次,要掌握一些基本观点。在教学中,老师要注意把马克思主义新闻观的一些基本观点讲清楚,把这些观点提出的背景和发展的过程讲清楚,让同学们较为全面地了解马克思主义新闻观的主要内容。这就要求老师和同学都多看些马克思主义新闻观的经典论著。当然,同学们不必像当年甘老师要求我们的那样去通读《马克思恩格斯全集》,前几年我主编了一本《马克思主义新闻经典论著导读》,把马克思主义经典作家的重要文章都选编出来,已由中国人民大学出版社出版,大家可以重点阅读这本书。读马克思主义的经典论著,一定要认真地逐字逐句地去读。我们不是为学习而学习,而是重在理解和运用。习近平反复强调要读马列的原著、原译本,当年毛泽东也是强调要读原著,所以希望同学们静下心来读几篇重要的著作和文论,比如毛主席的《对晋绥日报编辑人员的谈话》、刘少奇的《对华北记者团的谈话》、陆定一的《我们对于新闻学的基本观点》以及邓小平、习近平等领导人的一系列讲话。这些都需要我们认真地去阅读,去理解。

再次,就是要学会运用。即要会运用马克思主义新闻观解决一些实际问题。好书就像好剑一样,如果拿在手里不会运用,那就等于没用。所谓“用”,就是要针对自己的思想、学习和新闻工作当中的实际问题,运用马克思主义新闻观来作出解答,解决实际问题。

最后，是要增强政治定力。习近平总书记这些年反复讲要增强政治定力。定力和自信有关系，光自信还不行，还要有定力。你很自信，但是一遇到风吹浪打你就动摇了，这不行。所以，既要有自信，还要有定力，要做到“千磨万击还坚劲，任尔东西南北风”。

我想，如果解决了这些问题，学好马克思主义新闻观应该不是问题。当然老师首先要学好，要讲解好，而且要采取灵活多样的形式。2017 年我走访了许多高校，有的学校老师的授课方法就很好。例如有的老师布置一些篇目让学生提前阅读，上课时让学生自己讲读书心得，然后由老师点评，这种方法就很好。学生们学得很认真，老师点评得也很好。学生们参与了教学环节，不但有参与感，还有成就感，因为他的解读受到了老师的肯定。学生们学有收获，老师们也有成就感，因为教学收到了预期的效果。也有的老师要求学生就某个观点找一些实例来证明，大家来分析，老师来点评。这样做，学生们对这个观点的认识就深刻了。总之，要尽可能改进和创新教学形式和方式，提高学生的参与度，这样教学效果会更好。

问：您刚刚谈到了自信和定力的问题。现在还有一种情况，少部分人容易把学习马克思主义新闻观“标签化”。针对学习过程中“贴标签”的情况，您有什么建议？

郑保卫：一是要解决认识问题，即要解决对马克思主义意识形态的认识问题。没有一个国家不讲意识形态，美国是最讲意识形态的，到处宣传民主自由价值观，谁跟它不一样，它就攻击、贬斥、诽谤和妖魔化谁。因此可以说，没有不讲意识形态的国家和政府，也没有不讲意识形态的媒体。再来看中国，中国的意识形态是马克思主义的意识形态，是科学社会主义的意识形态，是以维护人民利益为基础、为诉求的。它追求人民的彻底解放，追求人的价值的充分体现，追求人民福祉的最大化，追求人类大同、世界大同，这些都是最美好的东西。所以习近平在“5·17”讲话中就讲到马克思主义占据着“人类真理和道义的制高点”。在所有的意识形态当中，马克思主义站在制高点上，是最好的意识形态。

二是要解决方法不得当的问题，即要解决学习马克思主义新闻观的方法问题。我们过去的学习方法太简单、太生硬了，现在要改进和完善，要讲求效果。前面提到的一些做法可以学习和尝试。

三是要解决感情问题，即要解决以什么样的感情来看待中国共产党、看待马克思主义的问题。按照马克思主义的观点，共产党是为人民利益而奋斗的政党，是最受人民信赖和拥戴的政党。因此，我们要热爱和信赖中国共产党，拥护党的领导，维护党中央的权威，在此问题上不能含糊，不能动摇，不能出偏差。新闻工作要自觉接受党的领导和监督,要自觉顾全党和国家的工作大局。

总之,对共产党要有一个基本认识、基本态度。回顾中国共产党百年历史可以知道,为了民族复兴、国家独立、人民幸福,中国共产党人前仆后继、艰苦奋斗,付出了巨大牺牲,走过了艰难路程,可以说我们今天的幸福生活来之不易!这些我们都要永远铭记!现在有些人完全不顾历史、不看事实,动不动就任意对共产党和社会主义说三道四,既不尊重历史,也不尊重事实,是极不负责任的表现。因此,我们要让年轻的学生们在认识上、情感上、方法上对中国共产党有一个正确的认识,这是从根本上解决学生思想问题的途径和办法。

四、中国特色社会主义新闻教育和学科发展问题

问:作为教育部社会科学委员会委员兼新闻传播学科召集人,您一直在为学科体系建设和新闻教育奔走呼号。当前我国的新闻与传播教育面临哪些重大问题?未来发展的方向和路径是什么?

郑保卫:这里面包含好几个问题。

第一个是方向问题。为什么中宣部要求新闻院校搞"部校共建"?说到底就是要解决方向问题。我们办了这么多新闻院系,方向对吗?老师们的教学方向对不对?学生们的学习方向对不对?习近平在"2·19"讲话中专门有一段话讲新闻教育,他提出,要使新闻学真正成为马克思主义指导的理论,要让学新闻的学生真正成为牢固确立马克思主义新闻观的优秀新闻人才。这里讲的都是方向问题,要保证我们的新闻教育不偏离正确方向,而搞"部校共建"就是确保新闻院校坚持正确方向的有效路径和手段。

我想,在新闻院校当老师,不管教什么课,新闻理论和马克思主义新闻观你都要掌握,要把马克思主义新闻观贯穿在所有课程的教学当中,否则就会偏离方向,出现问题。特别是对学生,一定要帮助他们确立正确的政治方向。如果一讲新闻理论,说的都是西方新闻专业精神,这就偏离了方向,这样培养出来的学生在政治方向上就会出问题,因此解决新闻教育的方向问题十分重要。

第二是创新问题。新媒体出现之后,整个媒体的格局、舆论的形态、传播的手段、传播的方式、传播的理念都变了,你不创新能行吗?习近平在"2·19"讲话中讲了11个创新,我们新闻教育也要创新,从课程设置、人才培养、教学内容到教学方法、教学形式上都要创新。特别是要按照新媒体发展的需要来调整课程内容、教学方式和手段,要真正按照习近平总书记所讲的,培养全媒体人才,培养专家型人才,这样才能适应媒

介生态变化的需要。

第三是实践问题。新闻学是一门应用型学科，实践性很强，因此一定要加强实践，让学生多在实践中锻炼。我原来在中国新闻学院当研究生部主任时就曾对学生们说，学新闻的学生是没有假期的，应该尽可能地利用假期去采访，去做社会考察，去搞调查研究。当时我们学校的很多学生利用假期到边远地区、贫困地区、灾区去观察、去调查、去采访，在实践中锻炼自己，特别是把在课堂上学习的理论知识与实践结合起来，收获很大。老师也要坚持实践，特别是教新闻业务课的老师，如果长期脱离实践，很难教好新闻实践课。当然，教新闻理论课的老师也要坚持实践，因为你要了解当前新闻实践中有哪些新问题需要我们从理论上解决，及时了解情况才能不断地进行理论创新。当然还有其他方面的内容，我就先提这三点。

问：我们观察到了一个现象，就是现在的学科评价体系中通常都以是否在国际刊物上发表论文作为参照，我国新闻学也面临这样的问题。我们应该如何处理中国经验和国际学术标准的问题？

郑保卫：这个问题十分重要。习近平总书记在"5·17"讲话当中引用了一句话："不忘本来，借鉴外来，面向未来。""不忘本来"就是要继承中国的传统文化，包括我们社会主义新闻学的理论和传统；"借鉴外来"就是要学习外来的，新闻学是西方先建立的，一些基础理论、观点是由西方学者提出来的，如新闻价值理论、客观报道理论、社会责任理论等，这些大都是基础性、原理性的东西，大都反映了新闻工作的一般规律，具有一定的专业性、合理性，其中很多观点我们是认可的，接受的。

但是，具体对一些理论、观点的解释和运用，我们同西方学者存在差异和分歧，西方一些人常用这些理论来指责我们，这样的理论、观点也是不能接受的。

应该说，并不是这些理论不正确，而是他们对这些理论的解释不正确。比如客观报道问题。客观报道难道不好吗？肯定好。但是西方一些人把客观报道绝对化了，讲什么"纯客观""完全客观""绝对客观"，甚至主张"有闻必录"，这便过犹不及了，其实也做不到。另外，西方媒体说得好，但做不到。西方国家国内发生的一些重大事件，媒体经常不报道，这客观吗？这样的例子太多了。

问：中国特色社会主义新闻学里的这个"特色"，是不是已经圈定了我们整个研究的范畴和框架？

郑保卫：对，是这样的，所谓"中国特色"所圈定的研究范围就是"中国"。习近平总书记在"5·17"讲话中指出"中国特色社会主义理论在世界上是独一份的"。他要求我们立足中国大地，面向中国实际，解决中国问题，要体现中国基因、中国特色、中国风格、中国气派。应该说,中国特色社会主义新闻学在世界上也是独一份的,因为它是我国社会主义新闻工作实践的理论总结,是一种科学理论,对此我们要有自信。我们要认识到,中国新闻学就是中国的,它有自己特殊的基因、内涵和品质。虽然它同西方新闻学在一些基础理论上有一定联系,但却存在本质区别。我们在新闻学研究中应该牢牢把握这个方向,体现这一特色。

五、甘惜分先生是马克思主义新闻思想研究的开创者

问:我们看到 2017 年您写了一篇怀念甘惜分先生的文章。甘先生辞世已经一年了,我们特别想请您谈一谈甘老师。

郑保卫:我讲课时经常会提到甘老师,不仅是因为他是我的导师,更因为我把他看作是全国新闻界的导师!我们可以给甘老师作两个定位:一个是中国党报理论的奠基者;一个是中国马克思主义新闻思想研究的开创者。就凭这两点,甘老师在中国新闻界的地位就没有人能够替代。甘老师一生当记者、教新闻、研究新闻、培养学生,都是在传播他的新闻理念。他在我国新闻学教育、研究和学科建设方面所做的贡献功不可没。

甘老师年过九旬时还在不断思考问题、研究问题、回答问题。他多次跟我谈到,"我只要活着就要读书,就要思考,就要写作",他说"战士战死在疆场是光荣的,学者倒毙在书斋也是光荣的,如果哪一天我看着书醒不来了,那就是光荣地离开了"。

甘老师坚持真理,疾恶如仇,对新闻工作中一些弊端把握得很准,批评得很严,提出了很多精辟的观点。特别是他锲而不舍、追求真理、关注国家、关注人民的精神与情怀,很值得我们学习。甘老师的精神足以影响我们一代又一代人。作为后继者,我们要学习他的精神,沿着他的足迹,为繁荣发展中国新闻学做出我们应有的贡献。

问:郑老师,您接下来有什么打算?

郑保卫:我想再出版几本书,把马克思主义新闻观研究做得更细些、更深些。同时,要为构建中国特色社会主义新闻学理论体系做些贡献。另外,如果有时间,我愿意多同年轻人交流,跟他们谈谈自己一生追求新闻理想的经历和感受。我已经 70 多岁了,但总觉得还有许多事要做。

〔特约编辑:王海龙〕

视听传播

控制、关系、符号:关于镜头媒介属性与传播效果的技术史考察

Control, Relation, Symbols: A Technological Inspection to the Media Attributes and Communication Effects of Camera Lens

◎ 梁君健

Liang Junjian

摘要:长期以来,镜头被视为创作者与观众之间共享的一套稳定的表意机制。然而,近些年来的社交短视频对这种表意机制带来了显著冲击,也引发了对于镜头在新技术和新环境中的媒介属性和传播效果的争论。本文对电影诞生以来镜头的使用与效果展开技术史的考察,尝试为理解上述争论提供历史的语境和视角。本文将媒介属性理解为基于特定使用方式下的一种建构。虽然镜头的光学原理提供了对于现实的精确复制的"初始属性",但在不同的历史时期和创作实践中,镜头被特定的使用方式建构出其他的媒介属性,并发挥了特定的功能。这包括了对观者注意力进行有效控制,征用日常社会生活经验并为观者和拍摄对象建立特定关系,以及通过蒙太奇等方式发展的符号功能。而当下所发生的技术和传播变革对镜头的媒介属性和传播效果的改变,同样可以放在上述框架中来理解,镜头的不同属性在新技术和新语境中仍体现出历史的延续性。

关键词:视听语言,蒙太奇,注意力控制,社交短视频

Abstract: The lens have been seen as a stable ideographic system between the creators and audiences for a long time. In recent years, short videos on social media, however, have exerted an significant impact on the ideographic system, and this sparked the discussion of media attributes and communication effects in the new technical and environment. This article will deal with the technological history of the uses and effects of lens, trying to provide a historical context and perspective to understand the dispute above. Media attributes are seen as a construct based on a certain usage pattern, although the physical property of lens provides an initial attribute of replicating, many other attributes of lens are constructed by specific usage pattern and perform different functions, including effective control of audience's attention, creating specific relationship between audience and subject through invoking daily experience, constructing semiotic meaning through montage, etc. Current technology and revolution of communication caused changes in media forms and communication effects. These changes can be apprehended under the framework above-mentioned. Different attributes of lens reflect the historical continuation in new technical enviroment.

Keywords: audio-visual language, montage, attention control, short videos on social media

镜头是构成视听文本的基本单位。长期以来,它所发挥的美学、话语和传播功能都似乎不言自明;大多数影视媒介的操作指南和研究指导中都将其视作影视从业者和观众之间既有的一套共享语言系统。近年来,拍摄技术的进步、社交媒体的流行以及4G网络建设的普及,都促进了社交短视频的兴起。这对镜头的媒介属性和传播效果的既定认识带来了显著冲击。2013年8月,新浪推出了新应用"秒拍",可以拍摄并分享长度为10秒的短视频。此后不久,腾讯"微视"上线,支持长度为8秒以内的视频拍摄和分享。而"美拍"等对视频进行后期加工的应用也立即流行起来。到了2016年,我国移动互联网的视频应用用户就有8.79亿,占整体用户量的近八成;而在所有移动视频应用中,短视频应用凭借最少的应用款数获得最高的用户增速。① 虽然不乏专业制作机构的参与,但大多数的社交短视频都由非专业的普通用户拍摄,由一个或几个镜头构成。有人认为,这种视听形态的技术和内容品质较低,需要加强专业性的建设和指导,来提升网络环境的水平;②另外一些学者则将其视作一种新的"动态社交语言",通过拟人化、直接互动等方式提供了更强的表意功能,③凸显了移动互联网时代的场景价值。④

那么,在新的技术和环境下,镜头的媒介属性和传播效果究竟是一种形式和美学上的退化,还是发生了面向未来的转型?为了进一步思考这一问题,本文拟对镜头的媒介属性及其变化展开历史考察。本文认为,即使在数字技术出现之前的时期,由镜

---

① 郭珅.社交媒体中的视频化倾向[J].新媒体研究,2017(4):68.

② 王晓桦.基于社交媒体的短视频传播模式及问题研究——以用户自制短视频为例[J].新媒体研究,2017(3):20-21.

③ 张梓轩,汤嫣,王海.动态社交语言对表意功能的革新——探析"移动短视频社交应用"赋予新闻传播的新空间[J].中国编辑,2015(5):77-81.

④ 喻国明.从技术逻辑到社交平台:视频直播新形态的价值探讨[J].新闻与写作,2017(2):51-54.

头所组成的视听语言系统实际上也并非是静止和自洽的，它包括了不同的机制和观念，不同的学科和研究领域都从多元甚至迥异的角度去定义和理解镜头的特征与效果。在机械之眼与裸眼的技术哲学框架下，本文追溯了镜头在影视领域的使用方式，将其媒介属性理解为基于特定使用方式下的一种建构。虽然镜头的光学原理提供了机械之眼对于现实的精确复制的"初始属性"，但在不同的历史时期和影视领域，镜头被特定的使用方式建构出其他的媒介属性并发挥了特定的功能：它或者提供了对观者注意力进行有效控制的手段，或者通过对日常社会生活经验的征用而为观者和拍摄对象建立了特定关系，或者通过蒙太奇等方式发展出画面之外意义的符号功能。而当下所发生的技术和传播变革对镜头的媒介属性和传播效果的改变，同样可以放在上述框架中理解，镜头的不同属性也在其中体现出历史的延续性。

一、镜头的"初始属性"：裸眼与技术之眼

镜头的媒介属性和传播效果，来自于媒介本身的技术特征和人们对它的能动性实践之间的历史性的互动。摄影和电影常常被视作对现实最精确的机械复制。电影发明之后的很长时间，摄影师一直被认为是被动地使用化学工艺记录已经存在的现实；即使当电影已经成为一种对大众发挥影响力的表达艺术时，摄影师仍然被认为是一个技术性的工种。[①] 而另一方面，视听"语言"这一称谓又暗含了镜头进行主观表达的可能性，具体表现为影像制作者一系列的或主动、或习惯性的镜头选择。因此，电影与真实之间的关系轴线提供了思考镜头基本属性的认识工具，在镜头的中介下，真实既得到了机械复制，又或多或少地被改变了原本的样貌。

广义上，"电影与真实"这组关系包含了人物、情节、戏剧假定性等丰富的考察对象。以这些创作要素为基础，大多数影视导演都尝试用有效的方式传递影片的内容和主题，从而形成了电影风格的基本样貌——自然主义和表现主义。[②] 在轴线接近现实的一端，电影被形容为"现实的渐近线"，这既包括物质角度的真实，也包括情感和心理层面的真实，[③]这都"建立在机械地记录下来的画面所具有的自然力量上"。[④] 而轴线远离现实的一端则是苏联蒙太奇学派和其他主张对画面进行艺术加工的理论家。

---

① NILSEN V. The cinema as a graphic art[M].translated by Stephen Garry. New York: Hill and Wang, 1972: introduction.

② SALT B. Film style and technology: history and analysis[M]. London: Starword, 2009:27.

③ 巴赞.杰作：温别尔托·D[J].世界电影，1981(6):21-24.

④ 安德鲁斯.巴赞的电影美学[J].世界电影，1981(6):25-42.

在镜头方面,电影与真实之间的关系被具体化为“裸眼”与“电影眼睛”之间的关系。摄影术出现之前,它所依托的观看方式,也就是符合人类观看习惯的透视法就已经在西方绘画实践中发展成熟,对于透镜和人眼之间成像相似性的光学研究还促进了暗箱等设备的出现。有了这些技术和观念的准备,摄影术出现后,它顺理成章地被认为是最完美的人眼,能够忠实地记录眼前的景象,在科学研究和历史档案方面被赋予了“数理般的精确性”的期待。[①]

不过,影像创作者和艺术史研究者逐渐注意到摄影镜头与人眼观看之间在呈现形态上的区别。例如,亚当斯指出,摄影机并不像眼睛那样把注意力集中于视野的中心,而是把视野内的一切景物都以大致相等的清晰程度进行“观察”;[②]人的眼睛只会粗略地浏览整个景物,而摄影机通常是把全部景物如实地记录下来。古德曼接受了贡布里希的观点,对于透视法和人眼的相似性进行进一步的解构工作,指出了相对于“逼真性的绝对标准”,透视法仍然是一种观看习俗和理想化的观看条件的产物。[③] 苏联蒙太奇学派时期的重要摄影师弗拉迪米尔·尼尔森(Vladimir Nilsen)则指出,摄影机在激发观众的特定反应而非拷贝自然情境方面的功能,构成镜头表达能力的关键。[④]

因而,镜头机械复制现实的能力可以被视为一种“初始属性”。在电影和电视领域的能动实践中,创作者和研究者们都从不同的角度让镜头偏离机械复制现实的初始属性,从而积累出对于镜头媒介特征和传播效果的不同观念和规则。

二、镜头即控制:特写的发明与镜头语言的注意力限定

对于静态的摄影图像,它既与其他形态的语言一样具有可阅读的性质,也有不可阅读的潜质;很多情况下,图像能够脱离语言的框架,带来多向度甚至不可控的感知和体会。[⑤] 然而,电影的早期实践者逐渐发展出一套技术手段来降低这种不可控性,将观众的注意力引向特定的区域。这种媒介属性的发明,是从特写开始的。

作为一种画面造型方式,特写早在摄影和绘画时代就已经出现,通常被认为是特

---

① 陈传兴.银盐热[M].桂林:广西师范大学出版社,2015:47.

② 亚当斯·A.亚当斯论摄影[M].谢汉俊,译.北京:中国摄影出版社,1987.

③ 古德曼.艺术的语言[M].北京:北京大学出版社,2013:11-17.

④ NILSEN V. The cinema as a graphic art[M].translated by Stephen Garry.New York:Hill and Wang,972:17.

⑤ BLAAGAARD B B. Post-human viewing: a discussion of the ethics of mobile phone imagery[J]. Visual communication,2013(12):359-374.

写发明者的格里菲斯(D.W.Griffith)只是较早意识到特写对于电影剪辑的重要性,① 但他的确系统陈述和实践了一套配合操作要点的剪辑理论,因而得到了电影史家的充分关注。特写在很大程度上标志着镜头形态进化和电影艺术形式探索迈出了第一步:它不仅带来电影镜头形态的多样化,还直接促成了镜头之间的组合方式,也就是剪辑规则的出现。

特写镜头的发明同时意味着对于单个场景进行镜头拆分的尝试。而发展到20世纪10年代,美国的电影工作者已经形成了一套较为复杂的拍摄和剪辑惯例,包括运用主观镜头表示人物视角(point-of-view shots)的手法,对单独场景进行多景别的拍摄和确保流畅观感等。② 这方面的最早尝试是史密斯(G. A. Smith)在1900年制作的《奶奶的眼镜》(*Grandma's Reading Glass*)和次年的《望远镜所见》(*As Seen Through a Telescope*),他用视角剪辑的逻辑将特写镜头剪辑到影片中,从而完成了对于单一场景的分场。③ 不过,大多数时候,这类插入的特写镜头都来自于同一方向,实际上延续了用一个长镜头完成一个场景的基本观念。

从1915年开始,将不同拍摄角度的镜头剪辑在一起成为一种分拆场景的常规手段。④ 使用反打镜头来完成视线剪辑规则(POV)的一个代表人物是因斯(Ralph Ince),他在1915年拍摄了《好姑娘》(*The Right Girl*)和《梦中宝贝》(*His Phantom Sweetheart*),同时在室内和室外场景中使用了大量的反打镜头。到了1916年之后,更多电影中超过15%的剪辑都使用了反打镜头,而像格里菲斯那样没有跟上这种趋势的导演,则被视为陈旧风格的代表。相比于全景镜头提供的外在观看者和舞台剧的假定,特写镜头能够集中观看者的注意力,将观看者带入情境中,并赋予观众对于特定场景的参与感。⑤

在机械复制这一"初始属性"基础上,特写的发明成为对镜头属性的新探索。首先,它改变了电影观众的观看位置,从而改变了电影空间的假定性。摄影机成为一种抽象存在:通过景别和角度的变换,观众的视线得以在场景中的不同位置之间移动;并且,这种非连续的移动通过动作连续性、时间连续性和注意力逻辑来掩盖镜头之间实质上的不连贯,镜头形式和画面内容之间开始发生有机关联。进一步地,这种由机械

① NILSEN V. The cinema as a graphic art[M].translated by Stephen Garry. New York:Hill and Wang,1972:34.

② THOMPSON K, BORDWELL D. Film history:an introduction[M].New York:McGraw-Hill, 2002:70-71.

③ SALT B. Film style and technology:history and analysis[M]. 3rd edition. London:Starword, 2009:53.

④ SALT B. Film style and technology:history and analysis[M]. 3rd edition.London: Starword, 2009:149.

⑤ NILSEN V. The cinema as a graphic art[M].translated by Stephen Garry. New York:Hill and Wang,1972:34,37.

之眼完成的位置移动和裸眼观看静态图像时对画面中不同位置的扫视或者长时间注视有着根本的差异。由于镜头之间组合方式固化为特定的剪辑规则,机械之眼完成了如尼尔森所指出的对于裸眼观看的主观性的过滤,从而实现了对于观看者的注意力的吸引和观看方式的控制。

三、镜头即关系:机械之眼对于现实经验的指涉和征用

然而,镜头形式带来的空间假定性在一定程度上是违背现实经验的。在大多数情况下,真实生活中的观察者往往是在相对固定的位置,通过裸眼从相对固定的视角来进行连续观看。不过,机械之眼所规定的观看主体和观看客体之间的关系,又从另一方面指涉和征用了观众现实生活中的既有经验,从而在观众心理和情感上产生效果。

对镜头与现实经验之间的指代方式和唤起机制的探究起源于二战期间和之后盛行的电影心理学框架,它注重影像在微观层次上给观看者带来的个体反应以及这种传播效果背后的原因。这种研究取向认为,电影观看者在进入电影院的时候已经带着他们在实际社会生活中形成的关于空间的和身体上的预期或者倾向,影视镜头及其组合方式通过与这些既有经验展开各种互动而制造出意义和效果。[1]

相对于连续性剪辑借用了观众对于动作逻辑和线性时间的既有社会经验,[2]摄像机镜头被视作拍摄对象和观众之间的某种心理桥梁和连接机制。电影图像被视作一种指代性(indexicality)的语言,能够记录、转化和唤醒现实生活经验中的知觉方面的信息。[3] 电影镜头的指代效果,主要是由景别、角度和运动等特定形式来实现的。霍尔引用肖像画家格罗索关于人与人之间物理距离及其所带来的空间属性的差别,区分出四种不同的空间及其社会意义;塔奇曼以此为基础研究了电视新闻的构图方式,将其区分为亲密距离、亲近的个人距离、较远的个人距离、亲近的社会距离、较远的社会距离和公共距离六类,[4]这具体由摄影构图中的面部局部特写、特写、近景、中景、全景和远景来实现。

和景别类似,拍摄角度最初也遵循剧场原则,是单一的剧场中心观众的观看方向。

---

① PERSSON P. Understanding cinema:a psychological theory of moving imagery[M].Cambridge:Cambridge University Press, 2003:101.

② CUTTING J E,DELONG J E, NOTHELFER C E. Attention and the evolution of Hollywood film[J]. Psychological science, 2010, 21(3):432.

③ TIJANAN M.Cinema and language loss[M].New York:Routledge,2013.

④ 塔奇曼.做新闻[M].麻争旗,刘笑盈,徐扬,译.北京:华夏出版社,2008:121-122.

20世纪10年代以前零星出现的俯拍镜头主要是用于室外场景的自然空间展现,[①]而比较高大的特定主体,如金字塔、云朵等,由于其本身的特征会自然地形成特定的拍摄角度,如仰角。随着视线剪辑逻辑的出现,拍摄角度开始脱离剧场假定,随着场景调度和人物视角的逻辑而形成更丰富的变化。[②] 在1907—1913年,俯拍和仰拍开始出现在电影中,在镜头组合的动作逻辑中,这样的视角被叙事和演员的动作合理化了;相比而言,同一时期静态图片的构图中还很少有这种拍摄角度的变化。[③] 拍摄高度的改变还会影响观影心理和情感,如俯拍能够产生沮丧、悲痛、失望的心理效果。[④]

由上述分析可以发现,电影镜头通过景别、角度等方式与观众的社会生活经验产生互动,主要经由两个阶段,即"视其所视"和"感其所感"。在第一个"视其所视"的阶段,机械之眼与观看对象之间由特定的镜头形式规定出实在的物理关系;同时,机械之眼还被画面的内容和上下文语境,尤其是视角镜头、正反打和动作剪辑建构为特定的观看主体。这时,第二个阶段,也就是"感其所感"的阶段就出现了。这种机械之眼和观看对象之间的物理关系指代观众在现实的社会生活中的人际关系或主体—客体关系,并且唤起了这种关系所对应的心理感受。当然,社会生活中的这些心理感受是一种多样的存在,一种物理性的主体—客体关系往往对应了不同的心理感受。但由于机械之眼被规定为特定的观看主体,这往往是虚构影片中的一个角色,或者是导演和摄影师心中的能够认同他们艺术表达和价值观的理想观众,因而观众在将自身代入到上述观看主体的过程中也将复杂的心理感受过滤为特定的心理感受,从而完成了"感其所感",同时还产生了特定的情绪并将这种情绪赋予画面和观看对象。这时,电影通过镜头和镜头的组合形成了与现实社会经验之间的指代关系,唤起了观众特定的心理经验和情感经验。镜头本身借助这个过程完成了情感赋值,实现了特定的传播效果。

四、镜头即符号:画面抽象意义的获得

除了通过营造关系的方式来指代和征用现实社会经验之外,镜头还被用作符号。通过能指—所指的关联,具象的图像被赋予了画面之外的抽象意涵。在巴特对于视觉广告的符号学研究中,图像被分离出三层信息,分别是语言学的信息、非符号的图像信

---

① SALT B. Film style and technology:history and analysis[M].3rd edition. London: Starword, 2009:92.

② NILSEN V. The cinema as a graphic art[M].translated by Stephen Garry.New York:Hill and Wang,1972:38.

③ SALT B. Film style and technology:history and analysis[M].3rd edition.London: Starword, 2009:93.

④ NILSEN V. The cinema as a graphic art[M].translated by Stephen Garry.New York:Hill and Wang,1972:46.

息,以及符号的图像信息。[①] 其中,第一层是广告中的书写文字,第二层是意义的指示层面,第三层是意义的内涵层面。对于非文字的图像来说,指示层面被认为是原本的意义,也就是画面所对应的具体物质实体;内涵层面则是第二层次的意义,是叠加在原本意义之上的,用以区别知觉的信息和文化的信息。而正是在内涵的层面,抽象的文化价值观或意识形态,也就是巴特所说的"神话",得到了表达。

20 世纪头十年,以特写形式出现的插入镜头开始被用作符号,获取了画面内容之外的意义。1912 年意大利导演卡塞里尼(Mario Caserini)的电影《码头厂》(*La molo pianta*)和格里菲斯的《大屠杀》(*The Massacre*)中都出现了对于镜头的符号实践。在格里菲斯的电影中,一个镜头展示了病人床边渐渐熄灭的蜡烛,在故事中被用于指代病人的死去。[②]

苏联蒙太奇学派代表着对镜头符号属性的全面探索,这尤其体现在通过剪辑对单个镜头赋义的技术上。艾森斯坦将蒙太奇描述为一种符号通过组合而获取意义的规则;这种规则不仅存在于剪辑中,也存在于画面内部,甚至还存在于传统戏曲等其他艺术形态中。在艾森斯坦等人看来,每个电影镜头,都应当在蒙太奇,即冲突的视角下,分析它背后的意义和在电影中的功能。[③] 相对于熄灭的蜡烛已经在之前的文学艺术实践中获得了较为稳固的象征意义(主要代表着生命逝去),单个镜头的所指在不同的影片中是会发生变化的。由于不同镜头之间由剪辑形成的对比是形成镜头意义的关键环节,[④]所以镜头画面这一能指与特定所指之间的对应关系也主要由这部电影和具体的画面序列所决定,而非来自于画面内容本身的图像志内涵。画面和历史之间的关联是第二位的,画面与特定影片尤其是上下文的关联是第一位的。

需要指出的是,作为关系的镜头和作为符号的镜头都将镜头的内涵和效果指向了画面具体内容之外,但二者的工作机制和意指方向不同。作为关系的镜头所产生的心理效果主要依托于镜头为观看者和观看对象所提供的物理空间,并以观众的日常社会交往的既有经验为基础,因此实现这种效果的方式比较稳定,它指向的方向是观众对于特定人物或物理存在的一种个体的心理感受和认同。作为符号的镜头被赋予的意义主要依托于镜头内部和镜头之间的并置关系,它的意指方向并不一定是个体感受,可以是画面之外的其他信息和观念,并且这种意义的获取方式随着具体影片而发生变化。

---

① BARTHES R. The rethoric of the image:image—music—text[M].New York:Hill and Wang,1977:32-51.

② SALT B. Film style and technology:history and analysis[M].3rd edition. London:Starword,2009:119.

③ EISENSTEIN S,LEYDA J. Film form, essays in film theory[M].Philadelphia:Harvest Books, 1969:38.

④ THOMPSON K,BORDWELL D. Film history:an introduction[M].Philadelphia:McGraw-Hill,2002:129.

五、镜头即事实？媒介化的现实及其社会建构

作为控制、关系和符号的镜头，都将镜头的属性从机械复制中剥离，寻求它作为表意手段的可能性。然而，镜头与真实之间的机械复制关系并没有就此消失。它依托现实主义的视听语言风格，为新闻机构发挥特定的社会功能提供了关于客观和真实的观念支撑。在这些领域，机械复制这一“初始属性”和之后建构出来的其他媒介属性之间产生了互动与融合，形成了当下视觉传播领域的主流语言系统。

巴赞是电影表现现实的重要倡导者。在批判苏联蒙太奇学派的基础上，他以广为人知的“长镜头理论”为核心工具，系统地阐述了电影的现实主义美学特征。在具体的镜头方面，他倡导的景深镜头在让·雷诺阿和奥逊·威尔斯的电影中得到了典型应用，他们以频繁的摇镜头和演员进入场景来代替传统的蒙太奇剪辑，来遵循时间和空间的连续性和真实感，鼓励观众更加积极主动地参与到对画面意义的建构中，而不是像苏联学派所期望的那样，被动地跟随蒙太奇的引领。[①] 相对而言，巴赞的长镜头理论反对镜头对观众的控制功能，强调真实的多义性，放弃镜头对于观众的引导和限制。

以镜头复制真实的最主要的领域是电视新闻报道。早期的电视镜头在形态方面主要从电影业中移植与学习。最早的电视新闻工作者部分来自于20世纪30年代的纪录电影工作者，例如CBS的利奥·赫维兹(Leo Hurwitz)等。他们从既有的现实主义风格中学习基本的视听语言，赫维兹甚至建议自己的同行学习意大利现实主义电影《不设防的城市》(1945年，Roberto Rossellini)[②]。20世纪50年代初，以CBS的《现在请看》(*See It Now*)为代表的高成本新闻节目有充足的预算从纪录电影界雇佣富有经验的制作者，将好莱坞的成熟视听语言引入电视新闻中。[③]

20世纪50年代，新技术，特别是16mm摄影机和现场同期声为镜头赋予了现场的真实感。[④] 德鲁小组为时代公司制作的《初选》(*Primary*)被视为第一部直接电影。它不仅让观众对竞选制度和候选人有了更加丰富的认知，而且还为镜头语言提供了革

---

① 巴赞.电影是什么？[M].崔君衍，译.南京：江苏教育出版社，2005：70.

② CONWAY.The origins of television news in America：the visualizers of CBS in the 1940s[M].New York：Peter Lang，2009：171.

③ CONWAY. The origins of television news in America：the visualizers of CBS in the 1940s[M].New York：Peter Lang，2009：173.

④ ALLAN S. New culture[M].3rd edition.Maidenhead：Open University Press，2010：63.

新性的要素,尤其是细节、长镜头、同期声等。[①]《初选》的成功标志着电视纪录片黄金时代的到来,三大电视网都很快建立了自己的纪录片团队。1963 年,NBC 制作人鲁文·弗兰克(Reuven Frank)撰写的对于电视记者具有里程碑意义的文件《圣经:NBC新闻工作者备忘录》(*The Bible:NBC News Staff Memo*)强化了电视新闻的这种进入真实现场的心理效果,宣称电视由于将观众带入重要新闻的现场而成为最佳的传播媒介。[②]

在心理效果方面,电视新闻的从业者和批评者们面临着强化心理体验和确保客观真实的两难境地。作为关系的镜头及其带来的心理效果逐渐成为电视媒介的固定策略,主观镜头和拍摄角度都向观众暗示了他们和拍摄对象之间的物理关系,从而影响观众对特定内容,如广告商品和总统候选人的理解和情感回应。[③] 电视媒介利用镜头达成心理效果的实践起源于 20 世纪 50 年代对于美国头号黑帮犯罪头目弗兰克·科斯特洛(Frank Costello)的报道。由于科斯特洛不允许自己的面部出现在电视屏幕上,对其手部的特写就成了表现紧张感的有效手段,并成为电视语言的一种固定方式。[④] 后来类似的方式被广泛地用于视觉广告和说服中。梅萨瑞斯(Messaris)总结了五种控制观众心理效果的镜头惯例,包括了视觉隐喻和模仿、直视镜头、主观视角、拍摄角度和并置联想。[⑤]

然而,新闻的客观性原则,尤其是将电视新闻等同于对社会事件真实记录的观点,则使从业者担忧电视镜头的心理和情感效果可能会带来主观性的问题。出于这种考虑,电视新闻极力避免和虚构电影的相似性,以此来确立自身客观真实的属性。[⑥] 在具体的镜头形态上,电视新闻对于拍摄角度有严格的控制,绝大多数情况下使用平视角度拍摄来强调真实性,而任何其他角度都会被视为对真实性的破坏。[⑦] 景别的选择则与拍摄对象,也就是新闻人物的社会角色相关;中景所营造出来的公共距离尤其代表了电视新闻镜头所遵循的观念标准,因为它代表着“去个人化”,“排除了讲话者与观

---

① BARNOUW E. Tube of plenty: the evolution of American television[M]. Oxford: Oxford University Press, 1990:267.

② CONWAY. The origins of television news in America: the visualizers of CBS in the 1940s[M]. New York: Peter Lang, 2009:173.

③ EDWARDS A L. Visual literacy and visual politics: photojournalism and the 2004 presidential debates[J]. Communication quarterly, 2012, 60(5):684-685.

④ ALLAN S. New culture[M]. 3rd edition. Maidenhead: Open University Press, 2010:68.

⑤ MESSARIS P. Visual literacy, and visual persuasion: the role of images in advertising[M]. Thousand Oaks, CA: Sage, 1997.

⑥ 塔奇曼.做新闻[M].麻争旗,刘笑盈,徐扬,译.北京:华夏出版社,2008:115,124.

⑦ 塔奇曼.做新闻[M].麻争旗,刘笑盈,徐扬,译.北京:华夏出版社,2008:117-119.

众之间的个人接触”。①

虽然电视新闻业借用镜头与真实之间的机械复制关系强调客观真实，采取的一些镜头拍摄规则也尽力排除主观性和情感偏向，但它最终呈现的仍然是对现实的某种建构而非事实本身。虽然机械复制是单个镜头的基本特征，但镜头的控制、关系和符号的媒介属性仍然发挥了结构性的作用。为了探究电视新闻镜头的形式构成，英国格拉斯哥媒介研究小组在 20 世纪 70 年代对当时刚刚成为主流媒介的电视新闻展开为期 5 个月的长时段、全样本研究。② 研究小组最终把电视新闻拍摄的标准总结为 50 种不同类型的镜头及其变种。电视镜头的类型及其组合具体发挥了选择、强调和重构等不同功能。

结语：社交短视频镜头属性的延续与变动

相对于简单的信息复制和传播方式，镜头已经发展成为一个复杂的表征系统；作为控制、关系和符号的镜头，丰富了镜头的媒介属性和传播效果。由于镜头的这些属性都是在技术使用的过程中发展而来的，那么，当下视觉媒介的新变化，也就是移动短视频在社交媒介中的使用，也有可能生发出新的镜头属性。

例如，社交短视频已经影响到当下的真实观念和视频新闻的语态，甚至成为传统新闻机构新的报道方式。③ 手机影像被赋予了类似于“立场正确”的先验结论，被认为是凭借实时在场和简单反应获取了偶发性的不受干扰的真实。2004 年阿富汗战争中的新闻影像在形态上已经发生了明显变化，很多拍摄角度都体现了与士兵的亲密和贴近，例如枪的方向和位置，以及摇晃摆动的镜头动作，这都是由社交短视频引起的新的现象和发展。④

然而，社交短视频中镜头的媒介属性又受既有表征系统的制约。在“话语的横向链条中”，⑤新的视觉表达实践同样会受到已有的镜头使用方式的影响。不论是社交

---

① MEYROWITZ J.Television and interpersonal behavior: codes of perception and response[M]//Gumpert, Gary & Cathcart, Robert (eds.), Inter/media: interpersonal communication in a media world. Oxford: Oxford University Press, 253-272.

② ELDRIDGE J.Contribution of the Glasgow media group to the study of television and print journalism[J]. Journalism studies, 2001(1):113-127.

③ 张梓轩，王海，徐丹.“移动短视频社交应用”的兴起及趋势[J].中国记者，2014(2):107-109.

④ BLAAGAARD B B. Post-human viewing: a discussion of the ethics of mobile phone imagery[J]. Visual communication, 2013(12):359-374.

⑤ HALL S.Encoding/decoding[M]//Culture, media, language: working papers in cultural studies, 1972—1979. London: Unwin Hyman Ltd., 1980:117.

短视频的社交功能,还是它所提供的场景价值,似乎都是对于镜头的关系特征、现场感和长镜头形态的延续;或者说,社交媒介这一“新瓶”中,盛放的仍是控制、关系和符号这些关于镜头属性的“旧酒”。社交媒介和新的手机影像技术是否会产生新的镜头属性,还有待进一步的实证研究。

〔梁君健,清华大学新闻与传播学院副教授〕

〔特约编辑:陈欣钢〕

中国电视真人秀的节目类型与研发路径

——基于使用与满足理论的研究

Types and R&D Methods of Chinese Reality Shows Based on Uses and Gratification Theory

◎ 罗自文

Luo Ziwen

摘要:使用与满足理论是传播学中运用最为广泛的理论,与马斯洛的需求层次理论相结合,既可以对中国电视真人秀节目进行科学分类,也能对这类节目的研发创新提供理论依据。根据人的需求层次,可以将电视真人秀节目分为生活展示、情感体验、竞技表演、自我发展等四个类型;基于使用与满足理论,根据受众需求满足的环节与过程分析真人秀节目的三大创新路径:评估需求、模式生成和迭代优化。着眼于人的精神性价值需求,中国电视真人秀节目在娱乐大众的同时,更需肩负起社会引领的责任。

关键词:真人秀,节目类型,节目研发,使用与满足理论

Abstract: Based on the uses and gratifications theory, we can classify the Chinese reality TV shows systematically and provide a theoretical basis for the R & D innovation of such programs. According to the level of human needs, reality TV shows can be divided into four types: life display, emotional experience, athletic performance, and self-developments. Through analysis of the process of audience's needs and gratifications, methods of R & D innovation of reality TV shows can be categorized into demand evaluation, model generation and iterative optimization.

Keywords: reality TV shows, program type, program R & D, uses and gratifications theory

在当下传媒泛化和社会转型的双重压力下,中国电视面临着前所未有的生存挑战。回望过去几年,肩负电视台收视和经营两副重担的真人秀节目也步入发展平淡期。如何让真人秀节目继续发挥优势,保持中国电视发展的活力?这一问题不仅需要业界认真对待,也是学界义不容辞的研究重点。

一、研究缘起

新闻、综艺和电视剧是中国电视台立足的三驾马车。随着《中国好声音》的异军突起,作为综艺龙头的真人秀节目成为当下各级电视台吸引观众、赢得社会和经济收益的不二法门。所谓真人秀节目,就是指由普通人而非专职演员,在规定情境中按照预先制订的游戏规则,展现其完整的表演过程,突出其自我的个性特点,并被记录、制作播出的节目形态。① 1998 年,美国派拉蒙公司联合出品的电影《楚门的世界》奠定了随后出现的电视真人秀节目的基本模式。中央电视台《幸运 52》和《开心辞典》等节目的成功开办,则推动了中国电视真人秀发展的热潮。

不可否认,中国真人秀节目的原始创意大都来自欧美,真正由本土原创成功的节目凤毛麟角。崔永元总结这种现象时曾说:"有一个顺序可以发现,北欧—美国—日本—港台—内地,这是克隆的路径。美国人喜欢'克隆'北欧国家的电视节目;日本人'克隆'美国的 ;港台地区'克隆'日本的,中国内地'克隆'港台地区的电视节目,但问题的关键是节目灵魂并没有被'克隆'过来。"②究其原因是多方面的,主要在于:第一,中国缺乏系统、科学、全面的市场调查数据;第二,中国电视节目的研发缺乏理论指导,大多数情况下属于经验操作和逆向仿制。出于篇幅限制,本文主要探讨第二个问题,也就是期望通过理论分析,抓住真人秀节目研发的灵魂。

电视节目的创新通常有三个阶段:选题策划、栏目改版和节目研发。所谓选题策划,一般是指在现有栏目的框架下,对节目的选题进行谋划,不涉及节目的规格和模式等方面的形态变化。③ 栏目改版是指在保持原有品牌的前提下,对栏目的内容和形式进行不同程度的优化,以保持栏目的生机和活力,是一种有部分形态变化的节目创新形式。④ 节目研发则是根据市场的需要,结合自身的研发优势,试制出一个全新的节目样态,包括定位、规格和模式等一系列形态规定。在当下媒体泛化的大背景下,电视媒体不再强势,依托其上的电视节目生命周期缩短,大量的节目形态需要抛弃原有品牌,进行全新研发。那么是否存在一种节目研发理论,能够指导各级电视机构进行科学研发,在一定程度上保证研发的节目形态适合未来电视市场激烈竞争的需要,从而获得良好的经济和社会效益呢?

---

① 李慕阑.真人秀节目类型分析[J].视听,2015(3):48-49.

② 靳婷婷.浅析明星真人秀节目类型、现状及发展[J].新闻战线,2016(24):92-94.

③ 崔俊丽,高福安.也谈电视节目策划[J].现代传播,2001(1):36-40.

④ 蔡琪.栏目改版:品牌承袭还是翻新?[J].中国广播电视学刊,2005(1):35-36.

二、理论分析框架

当下传媒泛化导致原有的传媒结构和传播模式发生了巨大变迁。前者是指在原有组织化的媒体结构之中，增添了海量的个人化媒体，部分个人化媒体的传播力超过了传统的组织化媒体；后者是指原有大众传播模式下的传者中心模式逐步过渡到分众传播模式下的受众中心模式。与此相对应，受众需求应该成为节目研发的出发点和落脚点。在传播理论体系中，传播中心模式对应于效果理论，而受众中心模式则对应于使用与满足理论。本文拟基于使用与满足理论，结合亚伯拉罕·马斯洛(Abraham Maslow)的需求层次理论，在细化观众收视需求的基础上，分析电视真人秀的节目类型和研发路径。

(一)使用与满足理论

使用与满足研究始于20世纪40年代，是一种基于受众角度考察人们媒介使用行为的理论。该理论在传播理论研究史上引人注目的原因，在于它以"人们如何处置媒介"的研究代替了"媒介如何应付人们"的研究，视线从传播者转移到了受众身上。使用与满足理论的出现表明，在受众研究领域里受者本位代替了传者本位。① 1974年，卡茨(Elihu Katz)等在著作《个人对大众传播的使用》中正式提出了使用与满足理论，他将媒介接触行为概括为一个"社会因素＋心理因素→媒介期待→需求满足"的因果连锁过程。1977年，日本学者竹内郁郎对这个模型进行了补充，进一步完善了使用与满足理论模型，如图1所示。②

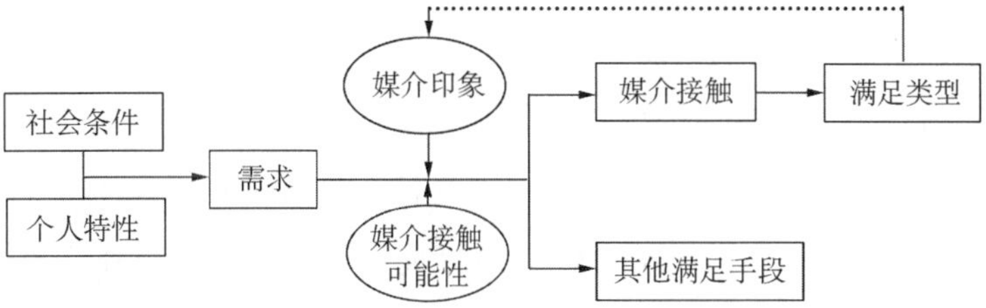

图1 使用与满足模型

① 陈燕华."使用与满足"理论与科学的受众研究取向[J].东南传播，2006(10)：21-22.

② 郭庆光.传播学教程[M].2版.北京：中国人民大学出版社，2011：168.

在图1中,由于最左边的社会和心理起源使得人们产生了特定的需求,这种需求进一步激发了受众对大众媒体和其他信息来源的期望,这种期望最终会引起不同类型的媒介接触。如果媒介内容与之前的期望一致,那么受众的需求就会得到满足,受众就会产生良好的媒介印象,并继续使用这一媒介,以此形成正循环;如果媒介内容与之前的期望不一致,那么受众的需求就得不到满足,受众就会对这一媒介产生不好的媒介印象,进而去寻找其他替代性媒介,并产生负循环。成功的节目研发就是要准确地获知广大电视观众的共性需求,并针对这些共性需求研发出能够让观众获得满足的节目形态,进而形成良性循环。

(二)需求层次框架

"需求"一词原指个体生理上的一种匮乏状态。在社会心理学上,"需求"的含义得到了扩大,用来表示一种渴望获得但是又相对匮乏的心理状态,比如情感的需求等。在现代社会中,这种匮乏状态所引发的个体内部紧张不仅会激发个体采取行动予以满足,而且在某种程度上需要社会积极采取措施进行回应。[①] 亚伯拉罕·马斯洛是美国人本主义心理学的主要发起者,在他1943年出版的《人类动机理论》一书中,首次提出了需求层次理论。该理论认为,人是有需求的动物,其需求取决于它已经得到了什么,还缺少什么,只有尚未满足的需求能够影响人的行为。该理论将人类的需求分为五个层次,从低到高依次是:生理需求、安全需求、社会需求、尊重需求以及自我实现的需求。它们共同构成一个具有相对优势关系的等级体系,一种需求得到满足之后,另一个更高的需求就会产生,成为引导人们行为的动力,如图2。

当今时代是一个新幸福时代,人们已经从追求物质幸福逐步过渡到追求精神幸福,社会需求、尊重需求和自我实现的三大精神性需求日益增长。其中,社会需求主要是指归属和爱的需求,是指人们渴望与他人建立并保持一种情感深厚的关系,渴望在某一个团体中有一个属于自己的位置,渴望能够给予爱并接受爱;社会需求之上是对尊重的需求,它包括两个方面:一是自尊,二是得到他人的尊重;最上层是自我实现的需求,是指一个人使自己的潜力得到发挥,进而使自己能够成为最独特的个体,也就是说使自己成为自己想成为的那种人。作为综艺节目的一种,电视真人秀的研发就要集中满足人们的上述三大精神性需求。

本文首先将基于马斯洛的需求层次理论,细化三大精神性需求的具体表现,分析

① 张静.中国老年人的需求分析——以马斯洛的需求层次理论为切入点[J].思茅师范高等专科学校学报,2010(4):27-30.

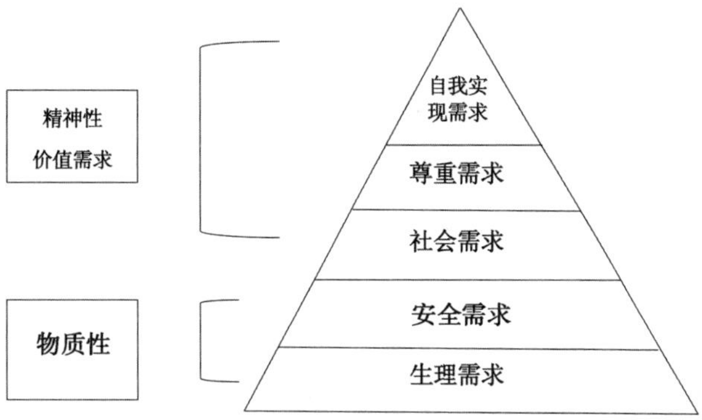

图 2　马斯洛需求层次理论模型

当下中国电视市场上的真人秀节目形态，试图建立节目形态的受欢迎程度与受众需求满足程度之间的对应关系。在此基础上，基于使用与满足理论的分析框架，从宏观上论述电视真人秀节目的研发创新路径和具体方法。

三、真人秀的节目类型分析

美国著名的电视文化研究者约翰·菲斯克(John Fiske)认为："类型是一种文化实践。为了方便制作者和观众，它试图为流行于我们文化之中的范围广泛的文本和意义建构起某种秩序……电视是一种高度'类型化'的媒体，很少有在既定类型范畴之外的一次性节目。"①在一个现代社会流行元素日新月异和受众需求日益增长的大环境下，不同电视类型的产生最初并非出于电视的艺术特性，而是为了适应不同人群或不同需求。电视类型化是传播者在以往既有节目类型的基础上，经过分析和研究，在解析其传播元素和创作规律之后，有选择性地保留那些适应观众需要、便于自身制作的类型元素，适当注入时尚元素和前沿思考，使电视节目能够依照设计好的类型程式进行规范化、系统化和规模化发展的过程。

根据类型理论，不同的学者将电视真人秀节目分为不同的类型。其中比较典型的有：韩青、郑蔚划分的生存冒险型真人秀和生活状态型真人秀两大类；②王黑特划分的表演选秀类真人秀、野外生存类真人秀、职场创业类真人秀、生活服务类真人秀、益智游戏类真人秀、婚恋约会类真人秀、角色置换类真人秀等 7 种类型；③谢耘耕、陈虹划

① 菲斯克.电视文化[M].北京：商务印书馆，2005：16.

② 韩青，郑蔚.电视娱乐节目新论[M].北京：中国广播电视出版社，2005：102.

③ 王黑特，王希子.中国电视节目类型体系探析[J].中国电视，2011(6)：17-23.

分的野外生存真人秀、室内真人秀、表演选秀类真人秀、职场真人秀、美容真人秀、装修真人秀、教育真人秀、娱乐真人秀、公益真人秀、婚恋真人秀、法制真人秀、旅游真人秀等 12 种类型。① 这三种分类方法,各有其自身的合理性。依据"同等、互斥、穷尽"的分类原则,上述分类又各有其缺点。本文将依据受众需要满足的类型来划分,将电视真人秀节目分为生活展示、情感体验、竞技表演、自我发展等 4 种类型。

(一)生活展示类

根据马斯洛的需求层次理论,人类最基本的需求包括生理需求和安全需求。其中生理需求是人们最原始、最基本的需求。它包括饮食、住所、睡眠、氧气和性,也就是我们通常所谓的衣食住行。而安全需求则包括生理上的安全和心理上的安全,例如免受外物的伤害、免受病毒的侵袭、免于心理上的恐惧和焦虑等。② 所谓生活展示类真人秀节目,是一种由没有经过专业表演训练的普通人,在规定的情境中,按照游戏规则,自愿戏剧性地展示自己在衣、食、住、行、抚育子女等方面的生活状态,以使观众获得心理体验上的生理需求满足和安全需求满足的节目形态。

生活展示类真人秀是一个涵盖广泛的节目类型,其本身还可以细分成若干亚类型,如新衣真人秀、美食真人秀、装修真人秀、旅游真人秀、教育真人秀、美容真人秀、野外生存真人秀等,其代表性节目依次是《女神的新衣》《十二道锋味》《交换空间》《爸爸去哪儿》《成龙计划》《天使爱美丽》《生存大挑战》。这类节目有三个方面的共同特点:第一,内容涉及日常生活。上述的衣食住行类节目自不待言,美容真人秀从某种意义上说是人们服饰需求的一种延伸,是一种精致的日常生活。野外生存真人秀展示的是综合形态的衣食住行,只不过环境恶劣,是一种非常态的日常生活。第二,规则上有时间限制和竞争导向。日常生活如果不浓缩就是生活流水账,真人秀必须限制时间,对日常生活进行情节化提纯,以增加故事的浓度;竞争则是营造戏剧性的需要。第三,表现上具有戏剧性效果。真人秀的一个很大特色在于"秀",在于表演,生活展示类真人秀就是将普通人的生活戏剧化,因此常常采用夸张的叙事手法。

由于日常生活涉及人们需求的方方面面,又是人们生存不可缺少的内容,所以这类节目不仅品种繁多,而且适应范围广,能够满足不同年龄、不同地域、不同性别、不同阶层受众的需求,是一种广受欢迎的节目形态。正因为广受欢迎,为了突出节目的戏

---

① 谢耘耕,陈虹.中国真人秀节目发展报告[J].新闻界,2006(2):8-12.

② 张静.中国老年人的需求分析——以马斯洛的需求层次理论为切入点[J].思茅师范高等专科学校学报,2010(4):27-30.

剧性，这类节目的参与嘉宾往往是明星，其戏剧性的重要来源就是展现不平凡的人所做的平凡的事情。也正因为广受欢迎，因此其日益成为电视这一大众传媒所倚重的一种节目形态，也是电视真人秀最早的节目形态和当下电视台最为器重的节目形态。

由于体制、机制和文化的差异，中外生活展示类真人秀处于不同的发展状态。首先，两者处于不同的生命周期。如果说我国的生活展示类真人秀节目处于导入期、成长期，那么国外的同类节目就处于成熟期和衰退期。其次，个体生存的态势不一样。就个体节目而言，国外的节目各有特色，能够满足特定地域和特定观众的基本需要，因此具有较好的传播效果和经济效益。反观我国，由于缺乏创新，同类节目经常扎堆出现，导致生态位彼此重叠，也就是"两个或两个以上生态位相似的物种生活于同一空间时分享或竞争共同资源的现象"①，结果多家电视台同分一块市场蛋糕，每家拿到手的都很小，部分节目往往刚导入就面临衰退。

（二）情感体验类

人类在满足基本生理需求和安全需求之后，就开始关注中间层次的社会需求和尊重的需求。所谓情感体验类真人秀节目，是一种由没有经过专业表演训练的普通人，在规定的情境中，按照规定的游戏规则，以本色或扮演的方式自愿戏剧性地参与社会交往，以获得亲情、友情或爱情，让观众在窥视状态下获得情感体验的节目形态。

相比生活展示类真人秀，情感体验类真人秀是一个选题面相对狭窄的节目类型，其可以细分的亚种类不多，大致有婚恋类、角色置换类、人际考验类等几种形式，其代表性节目依次是《非诚勿扰》《变形记》《完美假期》。这类节目有几个方面的共同特点：第一，内容涉及人际交往和情感体验。以《非诚勿扰》为例，节目中有24位单身女生以亮灯和灭灯方式来决定男嘉宾的去留，经过"爱之初体验""爱之再判断""爱之终决选""男生权利"等四级规则来决定男女嘉宾之间的速配，展示男女嘉宾之间的交往过程和情感表达，让观众从自身和他者角度体验速配的过程，在一定意义上是自身情感的表达和宣泄。第二，魅惑与本真的平衡。《非诚勿扰》自2010年开播以来，连续获得多次全国卫视周收视率总冠军，其主要卖点得益于那些参加相亲的"物质女"们的"毒舌"，她们不再回避自己对物质的赤裸追求，让观众感觉到另一种"真实"。问题在于，24个风姿各异的"物质女"所产生的魅惑效应，如何不被节目"赤裸""毒舌"造成的距离感和夸张效果所冲淡，这其实就是魅惑和本真的平衡问题。第三，个人隐私的公开展示。

---

① 邵培仁，等.媒介生态学[M].北京：中国传媒大学出版社，2008：79.

以《完美假期》为例,该节目全时全景直播12位青年房客在封闭豪宅里90天朝夕相处的情形。房客们的衣食住行、情感生活、个人隐私等大量属于私人情境的内容通过屏幕展示给观众,堂而皇之地成为公众视野中合法的窥视对象,极大地满足了观众的窥视欲。①

由于友情和爱情是人生的两大主题,聚焦于社会交往和情感体验的情感体验类真人秀一直是中国电视屏幕上一道亮丽的风景线。自《非诚勿扰》成为现象级节目以来,各大卫视纷纷仿效,成为各电视机构冲击收视冠军的生力军,以"宁愿坐在宝马车里哭,也不愿坐在自行车后笑"为代表的婚恋节目一度成为娱乐话题之王,营造出全国人民都在"谈情说爱"的风潮。相比日常生活而言,友情和爱情在一定意义上是一种奢侈品,不是观众的硬性需求。在"窥视欲"祛魅之后,一些婚恋类节目开始走下坡路,《我们约会吧》在经历改版、换主持人之后于2015年停播,红极一时的《非诚勿扰》也于2017年4月停播。可以说,婚恋类真人秀已经到了必须转型升级的时候。

由于社会、经济和文化的差异,中美两国在情感体验类真人秀节目方面呈现出不同的发展轨迹。两国的情感体验类真人秀节目最初都是从关注受众的社会交往出发,让经过遴选和设计的嘉宾,根据设计的大致台本,进行人际交往,希望嘉宾在展示情感体验的同时,附带收获现实的友情和爱情,总体上是走服务类节目路线。由于友情和爱情独特的人际特性受到节目类型统一规定和程式的限定,屏幕上的情感夸张展示与现实中的友情和爱情有着难以调和的分歧,结果导致节目的落脚点与出发点相去甚远。对此,中国的这类节目希望从明星视角找到出路,纷纷将原先的素人真人秀转型为明星真人秀,应该说有一定的效果,但是不能从根本上解决"速配=不配"的问题。美国则对节目内容进行了比较大的调整,比如《郎才女貌》就借鉴了《老大哥》节目的室内生活体验模式,让男女交往更加现实、紧密和长久,该节目不刻意追求牵手的结局,而是顺其自然,重点呈现男女交往的过程和情感的自然发展。

(三)竞技表演类

21世纪,人类社会再次迎来一个"拥抱"娱乐的时代。人类的娱乐活动来自于早期动物的嬉戏,两者不同之处在于,人们利用这种娱乐的快感促进了自我发展。从这种意义上说,休闲娱乐既不是基本的生存需求,也不属于社会需求和尊重需求,而是属于自我实现的高级范畴。针对休闲娱乐这一高级需求,电视真人秀发展出竞技表演类

① 杜婵.全景直播真人秀节目《完美假期》的反思——基于文化批评视角[J].现代视听,2016(5):48-51.

这一重大分支。这类节目是指让具有一定“表演”能力的参与者，按照预先设置的竞赛规则进行才艺表演，评委和观众对这些参与者进行淘汰和选拔，最后的优胜者获奖成为“明星”的真人秀节目形态，也称才艺表演型真人秀。

与生活展示类真人秀一样，竞技表演类真人秀也是电视真人秀节目中一个庞杂的范畴。根据“秀”的内容，也就是“才艺”“技能”的类型，可以将目前中国竞技表演类的真人秀节目分为歌唱、舞蹈、语言、武术、游戏、特技等六个小类，其代表性节目依次是《超级女声》《舞林大会》《挑战主持人》《功夫之星》《城市之间》《想挑战吗》。其中，“秀”语言还可以进一步细分为主持、辩论两种形式；游戏“技能”则更是花样百出，目前主要有针对男嘉宾的体能挑战式和针对女嘉宾的障碍通过式两种类型；特殊技能比如耳朵拉车、肚子吸重、胸部跳舞等不一而足。这类节目要获得成功，需抓好以下三个环节：前期按照演员选秀的方式精选嘉宾、中期采用纪录片的拍摄手法、后期运用戏剧性的编辑手法。[①] 在第一个环节中，为了让尽量多的观众参与，节目往往采用类型化的方式，在某一个方面选择有特色的嘉宾，并尽量多样化，如《中国达人秀》推出的胖子、小孩、舞者、袖珍人和老年人；第二个环节的关键在于将纪录片的叙事手法运用于真人秀节目之中，在制作理念上强调叙述逻辑和戏剧结构，在选手的表演方面突破以往娱乐节目单一的舞台竞技形式，而是使用蒙太奇效应的紧凑节奏和有意的夸张手法，比如《快乐向前冲》就采用了赛道关键点定点机位和移动跟拍机位相结合的纪录拍摄方式；第三个环节主要就是利用戏剧性手法，要么对部分细节进行夸张再现，要么对现实流程进行戏剧性剪辑，例如嘉宾落水、观众鼓掌等，进而给电视机前的观众带来强烈的情感冲击。

娱乐是一个永恒的时代主题，在新幸福时代，人们对于娱乐的追求更是达到一个新的高度。从这个意义上说，以娱乐为根本目的的竞技表演类节目应该是真人秀节目市场的常青树。但是回顾这类节目所走过的历程，其实也是波澜起伏的。自 2002 年湖南卫视娱乐频道借鉴《美国偶像》策划出国内第一个表演选秀节目《超级女声》以来，至 2005 年底的近四年时间是我国竞技表演类真人秀节目的野蛮发展期，全国选秀节目遍地开花，百花齐放。2006 年至 2010 年为深度调整期，由于生态位叠加，观众产生收视疲劳，一些电视台频频打擦边球，大量加入了低俗、媚俗和有违社会公序良俗的内容，受到了社会的谴责，一些节目甚至因此被勒令停播，更多的节目由于在经营上难以为继而自动停播。2011 年至今是创新发展期，经历近十年的发展，竞技表演类真人秀

① 李麟羽.论才艺竞技式真人秀节目的发展——以《中国达人秀》为例[J].现代视听，2011(3)：75-78.

原有的节目形态已经步入衰退期,需要进行重新设计。然而,该节目形态如何创新成为业界和学界共同面临的难题。

(四)自我发展类

人本主义心理学大师马斯洛认为,人都需要发挥自己的潜力,表现自己的才能,只有当人的潜力充分发挥并表现出来时,人们才会感到最大的满足,这就是人的自我实现需求。[①] 通俗地说,自我实现就是人的自我发展,是人的最高需求,随着社会的发展,人在这方面的需求将逐步超出生存需求和社会需求,从而成为社会的主导型需求。当下新幸福时代正处在这个转换的节点上,也就是人们正从追逐物质的幸福转换到追求精神的幸福。从另一个角度来说,就是从追求生存和社会需求的满足到追求自我实现的满足。相信随着新幸福时代的进一步发展,未来自我发展类电视真人秀节目将成为娱乐节目的主流。所谓自我发展类真人秀节目,是指根据一定的规则和程序,在指定的时空里,让经过挑选的嘉宾展现他们的工作技能或者其他社会活动能力,以展示其提升自我、完善自我这一过程的节目形态。

目前社会转型仍在进行,距离人们为获取自我实现需求的努力超出为获得生存和社会需求的努力还有相当长的道路,当下对中低层次需求的满足仍是部分社会民众的主要生活状态。因此与前三种节目相比,自我发展类电视真人秀节目在目前电视市场上还比较少见,整体上处在刚刚起步的阶段。如果要进一步细分这类节目,大致只有公益真人秀和职场创业真人秀两种类型,前者如《赢在中国·蓝天碧水间》,后者如《职来职往》。这类节目除在内容上聚焦职场和公益等自我发展需要之外,在节目形态上还有以下几个特点:第一,在节目机制上,融入创新理念,要么展示职场创意,要么观照自然和人文生态;第二,在"真人"的选择上,注重明星效应,要么采用全明星阵容,要么采用素人和明星的组合模式;第三,在节目主题和导向上,与以往只注重收视率和经济效益的真人秀节目不同,这类节目更加注重社会的整体利益和长远利益,与弘扬中国社会主义核心价值观的主旋律相互映衬。

电视节目具有娱乐功能和社会功能,不能过度强调其娱乐功能,而忽视了其应该承担的社会功能。从某种意义上说,自我发展类电视真人秀是对大量泛滥的低俗真人秀节目的一次自我扬弃,是中国电视真人秀未来发展的方向。目前之所以这类节目相对较少,主要原因有以下三个方面:第一,当下仍然是一个泛娱乐时代,人们对娱乐的

① 徐毓惠.电视受众的自我实现——从心理学角度解析《汉字英雄》节目的成功[J].当代电视,2014(6):15-16.

需求超出了对职业发展和社会公益的需求，使得一般性娱乐真人秀节目仍然占据着真人秀节目的主体地位；第二，民众的公益和发展诉求整体在低位运行，尚未成为社会的优势需求，去功利化的主题无论对于媒体、参与嘉宾还是观众来说尚不能实现良性循环；第三，真人秀节目整体上属于娱乐节目的范畴，自我发展真人秀中的自我实现不是一个独立的元素，脱离了娱乐的自我发展真人秀有可能因为成为“阳春白雪”而曲高和寡。但是，随着社会转型深入，可以预见，此类真人秀节目将更多地关注社会热点问题，在大娱乐的基础上，通过节目的倾向和主持人的引导来传播正能量，满足人们的自我实现需求，进而实现节目娱乐功能和社会功能的双赢。①

四、节目研发的创新路径分析

正如前文所言，当下中国电视真人秀进入了一个研发创新时期，简单照搬国外的成熟模式和依靠实践经验闭门造车都是不可取的。当下科学的节目研发方法，就是在上述节目分类的基础上，参照使用与满足理论模型进行节目的研发创新。本文基于需求满足的环节与过程分析真人秀节目的三大创新路径：评估需求、模式生成、迭代优化。

（一）评估需求

电视节目从某种意义上说，是一种文化产品，产品要适销对路，了解并评估人们的需求是第一位的。根据马斯洛的需求层次理论，人的五大需求是不变的。但是在不同时代、不同社会环境下，人们的需求着重点是不一样的；即使同一时代、同一时期，对于不同的社会群体、社会个人，其五大需求的优先次序和比例分布也不尽相同。节目研发机构在节目研发的第一步就是要进行科学、系统的市场调查，结合心理分析，获得目标受众的需求结构和具体需求指标，描绘拟研发节目的受众需求图谱。

在具体操作上，由于中国电视市场尚未建立起科学诚信的市场调查体系，近期的节目研发可以采用平行测量法。换而言之，就是借鉴西方发达国家的成功节目模式。我们不能因为大量的国内节目简单照搬国外模式失败，就否认借鉴学习的价值。只是这种借鉴不是简单地评估国外节目形态的本土适应性问题，而是应该更深一层，首先评估其各种程式元素与国外受众的需求满足关系，其次通过中外政治、经济、文化的比较，获得特定时期、特定人群的心理需求层次和倾向性，然后对拟引进的国外成熟节目

---

① 聂艳艳.由职场真人秀看此类节目社会属性的回归——以《非你莫属》节目为例[J].新闻世界，2011(9)：63-64.

进行模式改造,以适合中国电视真人秀目标受众的需求结构和需求比例。由于节目存在生命周期以及中外社会发展水平的差距,节目引进的时间点把握和本土化改造是两个重要的考量因素,既不能“刻舟求剑”,也不能“种橘得枳”。

(二)模式生成

在受众使用媒体并获得满足的过程中,其第三环节是媒介接触可能性(见图 1)。对于受众而言,这个可能性主要是媒介使用成本和便利性;对于电视媒体而言,就是研发并制作符合目标观众需求的类型、模式和节目,其中类型和模式是最为主要的方面。节目之所以要进行类型化和模式化,一是便于分类生产和定向营销;二是便于把握观众的需要,增强传播的有效性。莱西在《叙事与类型:媒介研究的关键概念》一书中,系统地介绍了他的元素论。他认为,人物、环境、象征物、叙事及风格等元素是勾勒节目类型轮廓的基本要素。[①] 因此要生成电视真人秀的类型和模式,就要针对这五大元素进行分析,介入目标受众的需求结构和需求倾向,最终确定节目的形态和样式。

对于人物选择,有多样性和专业性两大指标体系。所谓多样性,就是指在参与嘉宾选择方面,基于目标受众的相似性原则,要尽量类型化和多样化,以满足尽量多的观众的收视兴趣;所谓专业性,就是同一类人中要尽量选择特色鲜明、富有个性、有广泛知名度的嘉宾,以便在节目整合时形成戏剧性,传播时形成显著性。针对环境,主要是指空间上实景与摄影棚的选择问题以及时间上的跨度问题。很显然,如果采用大时空跨度和实景拍摄,那么节目的效果就会更好。这也是现在真人秀节目日渐走出舞台、走向户外的重要原因。象征物原指“视觉程式的同义词”或“视觉意象的表达模式”。[②] 莱西扩大了其外延,认为象征物涵盖视觉和听觉的双重表达。一般来说,特定的节目类型往往和某些特定的视觉以及听觉符号相联系,比如真人秀节目中象征现代气息和时尚元素的灯光、服饰和舞美设计,象征欢快、兴奋和娱乐的掌声、尖叫声和呐喊声。叙事是一种使文本产生意义的机制,主要是指讲述故事的方法。根据戏剧的故事结构:起因—发展—冲突—影响—转折—结果,真人秀节目可以采用如下的叙事模式:第一,平衡状态,选手集体亮相或集体表演开场歌舞;第二,打破平衡,提出疑问“谁将过关,谁将被淘汰”;第三,选手的“秀”和表演;第四,在紧张中等待结果;第五,回归平衡状态,结果揭晓。[③] 风格是指独立的文本具有某一特定风貌的特征。一般说来,特定的节目类型

① 陈曦.依据元素论解读表演选秀型真人秀节目[J].新西部月刊,2010(3):138-139.

② NEALE,STEPHEN.Genre[M].Chippenham Wltshire: Antony Rowe Ltd, 1980:11.

③ 陈曦.依据元素论解读表演选秀型真人秀节目[J].新西部月刊,2010(3):138-139.

具有自己独特的风格,这是电视真人秀产生节目区隔,实施生态位分化的重要手段。

(三)迭代优化

受众使用媒体之后,会自发地将媒体内容与自己先前的媒体期待相比较,如果使用的媒体内容与期待一致甚至超出期待,受众的心理需要就得到了满足,那么就会继续使用该媒体。与此相对应的是,真人秀的节目研发不是一个静态的单版本模式,而是一个动态的迭代优化过程。在这个过程中,同样需要进行受众调查,通过科学、系统的调查,获取目标受众需求满足的状况,进而根据不足进行节目改版和节目优化。当然,系统的受众调查是一项费时、费力、费钱的大工程,如果节目处在导入和成长期,可以采用小样本的焦点小组来替代。

需要特别说明的是,迭代优化是针对整个节目的系统设计,而不仅是针对收视率下降采取的局部权宜之计。前者是针对社会发展、需求升级所做的科学调整,例如《名师高徒》就是《舞林大会》的迭代升级版。在美女秀、男人秀都已经让观众看得腻烦之时,江苏卫视在《舞林大会》基础上推出《名师高徒》,两者都属于“明星+民星”模式,所不同的是《舞林大会》以师徒关系为主线,将节目内容锁定在名师收高徒的过程以及师徒齐心争霸的环节上;与以往的比赛不同,师徒关系不是仅表现在舞台上,而是选手真正成为明星的门生,这让参赛选手有了更为直接的奋斗目标。[①] 这种迭代不仅升级了社会心理需求,而且延伸了需求的层次,满足了观众社会交往、尊重和自我实现等多方面的心理需求。所谓权宜之计主要是指一个时期真人秀节目采用的低俗迎合之风和滥用明星之举。其中滥用低俗卖点,既有语不惊人死不休的毁三观的“毒舌”,也有身体消费的底线突破。这样做可能会换得收视率的一时增长,但不可持续,更可能由于观众的自觉抵制和管理部门的处罚而中途夭折;滥用明星则不仅直接推高了节目成本,而且由于远离普通观众的生活也会丧失真人秀中“真”的本质。

五、结论与建议

在融合媒体语境下,真人秀节目是当前中国电视存在和发展的重要支柱。由于缺乏理论指导,真人秀节目的研发整体上呈现出“看天吃饭”和“撞大运”的状态,需要进行改革创新。使用与满足理论是传播学中运用最为广泛的理论之一,与马斯洛的需求层次理论相互结合,不仅可以对中国电视真人秀节目进行科学分类,而且可以对这类

---

① 水森,郑红.论中国表演类选秀节目的发展历程[J].科技信息:科学·教研,2008(18):551,559.

节目的研发创新提供科学依据。基于需求层次理论,中国电视真人秀节目可以分为生活展示、情感体验、竞技表演、自我发展四个类型。基于使用与满足理论,电视真人秀的节目研发创新可以从评估需求、模式生成、迭代优化三条路径入手。

尽管人的五大需求层次不变,但是在不同的时代、针对不同的个体,人的需求结构和比例取向不尽相同,节目的研发需要具体问题具体分析,既不能在引进问题上固守"一招鲜,吃遍天"的思维,也不能在研发问题上秉持所谓"固守就是成功,坚持就是胜利"的"浪漫情怀"。在新幸福时代,追求精神幸福将成为时代主旋律,其中对娱乐的需求将逐步升级。电视真人秀节目是电视娱乐节目的主要承载者,同时也应该是媒体社会责任的引导者。在节目研发创新的过程中,作为一个负责任的传播者,要清醒地认识到自己肩负的社会责任,自觉注入正能量,让中国电视真人秀在娱乐大众、满足大众各项社会心理需求的同时,构建社会主义先进文化,真正肩负起引领社会的重任。

〔罗自文,中国社会科学院大学教授〕

〔特约编辑:陈欣钢〕

从文艺大众化到摄影武器论：中国共产党早期宣传的影像转向

Picture Using Tendency of CPC Early Propaganda: From Popular Art to Photograph Weapon

◎ 曹培鑫　赵　鹏　彭天笑

Cao Peixin, Zhao Peng, Peng Tianxiao

摘要：在现代化浪潮的冲击之下，一个影像的世界在20世纪30年代的上海逐渐形成。影像化的通俗文艺也逐渐成为市民文化生活的重要组成部分。在"文艺大众化"的号召下，左翼电影运动将影像带入中国共产党的宣传视野之中。然而局限于历史情境和党对新影像技术与艺术的认知，影像对于宣传的优势并未被真正认识到，这导致延安电影团的影像实践流产。此状况直到沙飞带着相对成熟的"摄影武器论"来到晋察冀边区，并通过摄影展向中共领导人展示了摄影的极大优势，才获得改善。沙飞其后创办的《晋察冀画报》开启了中共宣传系统以影像为中心的传播实践。从此，影像成为中国共产党宣传工作最重要的媒介形式之一。

关键词：延安电影团，《晋察冀画报》，影像转向，画报

Abstract: Under the impact of modernization, a visual world of images gradually emerged in Shanghai in the 1930s. The popular culture communicated through pictorial media also became an important part of the public life. This aroused the attention of the CPC. Following the call of the "Popularization of Literature and Arts", the left-wing film movement brought the pictorial media into the vision of the CPC's early publicity campaigns. However, limited by the historical situation and the cognition of the CPC to the new image technologies, the advantages of pictorial media had not been realized, and the Yan'an Film Group's effort failed. This situation was not changed until Sha Fei came to the Jin-Cha-Ji Region with his "Photography as Weapon" theory. Through the photo exhibitions, the CPC leaders realized the advantages of images. "Jin-Cha-Ji Pictorial" edited by Sha Fei opened up the image-centered communication practices of the

CPC. Since then, image has become one of the CPC's most important media formats.

Keywords: Yan'an Film Group, *Jin-Cha-Ji Pictorial*, pictorial turn, pictorial

导论:上海的影像世界

海德格尔在《世界图像的时代》一文中说:"世界变成图像标志着现代之本质。"①也就是说,现代化的过程也是一种视觉化的过程。生活于20世纪30年代的上海市民,被西方传入的现代科技所震慑。崭新的影像技术(摄影、电影、画报等)重构了他们的视觉体验,也让他们体验了现代性的来临;它对民众进行了视觉启蒙,也塑造了人们的影像经验。其所凭借的正是两种重要的视觉性大众传播媒介:画报和电影。

中国近代的画报以1875年在上海创刊的《小孩月报》为开端,到20世纪30年代已经发展半世纪有余,形成了规模庞大的出版体系:从商务印书馆到良友出版公司,上海画报出版活动活跃,并且形成了一个由画报编织的现代影像世界。以受众面最广、影响力最大的《良友》画报来说,其100期纪念特刊中有《良友》"无人不读"和"无所不在"的图页:《良友》图文并茂,存在于大都市的各个角落,流通于各个阶层,影像被广泛阅读,形成了人们的都市想象,也建构了一种现代性体验。如陈阳所述:图像借助大众传播媒介,以画报为载体影响了人们的观看方式、视觉习惯和思维方式,促进了图像的日常化、观看的大众化。②

而电影自1905年传入中国后,也已历经20多年的发展,规模蔚为壮观。李欧梵在《上海摩登》中专章描绘了这个繁华的国际大都市电影业的盛况。③ 根据1927年出版的《专家部电影主任致美国商业部》的报告,当时的上海有26家电影院,而最繁华的奥登影院有1 420个座位。欧美所有的大制片公司在上海都有代理和发行人,电影院也已经能够熟练使用几乎所有的广告策略。这些广告策略跟电影一样,都是具有视觉性的:电影杂志、海报、宣传画、霓虹灯、电招牌,等等。进入20世纪30年代以后,更多的大影院陆续在上海开张。1933年的大光明影院已经有2 000个沙发座位。这样的盛况在《电通画报》中被描述为:"(电影院是)每日百万人消纳之所。"④"百万人"应是

① 海德格尔.林中路[M].孙周兴,译.上海:上海译文出版社,1997:85-89.
② 陈阳.视觉现代性:近代画报出版与视像变革[J].中国出版,2015(14):64.
③ 李欧梵.上海摩登——一种新都市文化在中国[M].北京:北京大学出版社,2001:98.
④ 李欧梵.上海摩登——一种新都市文化在中国[M].北京:北京大学出版社,2001:100.

一个夸张的表达，但是不难想象，电影已经成为大众日常的休闲方式，成为大众文化的有力代表。电影的观看方式和影像表达融入了人们的生活，越来越受到大众喜爱。

现代影像技术的繁荣发展成为20世纪30年代上海现代性的一种表达方式，当时的文学写作以及后来的学术研究，形成了以“影像的上海”代表现代化上海的独特话语表现形式。[①] 这种话语隐含了这样的表述，即现代影像技术需要借助国际化、大都市和消费主义的生活方式得以存在和不断发展。因此，认为影像技术，正如现代化本身，似乎只与大都市有关，而与旷野和乡村无缘的看法当然是个历史的误会。

实际上，影像技术在大上海营造出声光电奇幻世界的同时，也经由独特的传播路径到达边区和革命根据地，并深刻地影响了中国的共产主义运动，重塑了中国共产党的宣传体系。影像技术从都市向乡村的扩散，不只具有传播科技的研究意义，更具有传播史研究的重要性。

20世纪30年代的中国正面临抵御外辱和建设现代化国家的双重历史挑战，蓬勃发展的左翼运动从都市扩展到乡村，也促进了影像技术的传播。影像技术的传播特性和优势迅速被共产党人认识和应用。经由复杂和漫长的影像实践，中国共产党的宣传体系最终发生了一次重要的影像转变。

一、流产的影像实践：从左翼电影运动到延安电影团

视觉文化和大众文化的发展构成了20世纪30年代上海鲜明的文化特征。这个文化特征正好为经历了大革命失败、共产主义运动处于低潮期的中国共产党提供了一个在文艺领域取得领导权的机会。在这一时期，左翼电影运动逐渐发展起来，这是中国共产党第一次借用以影像为媒介的电影，作为自己的宣传手段。

(一)从左翼电影运动到延安电影团

左翼电影运动的兴起有多重原因，总而言之，它是电影技术与产业发展、与中国共产党自身发展在20世纪30年代这一历史节点相遇的产物。许多学者都对左翼电影运动产生的原因做过分析，他们大致认为我党对电影这种媒介的兴趣来自于以瞿秋白为首的中共领导人“文艺大众化”的号召。

20世纪30年代左翼文化蓬勃发展最为重要的成果是“左联”(左翼作家联盟)的成立。“左联”成立后，“剧联”(左翼剧作家联盟)、“社联”、“妇联”等左翼团体也相继创

---

① 如李欧梵《上海摩登》、周蕾《原初的激情》等。

立。实际上,左翼电影运动的口号正是通过"剧联"发出的。电影人在左翼文化运动中没有形成自己的团体,而是附属于剧作家联盟名下。1931 年,在中国共产党领导的左翼剧作家联盟通过的《最近行动纲领——在现阶段对白色区域戏剧运动的领导纲领》中,正式提出了"左翼电影运动"①的口号。

《最近行动纲领——在现阶段对白色区域戏剧运动的领导纲领》是最先提出要发动左翼电影运动的文件。从标题就可以看出,电影运动是附属于戏剧运动的。而纲领的第四、五、六条涉及电影的部分,则指出"除演剧以外,本联盟目前对于中国电影运动实有兼顾的必要"。"兼顾"的方式则是"产生电影剧本""参与制片公司的活动""组织'戏剧讲习班'""创作或翻译革命剧本"等。② 而之后,我党有组织地领导左翼电影运动的方式,也是首先鼓励左翼剧作家联盟中的成员进军影评领域和电影编剧领域,同时吸引有左翼倾向的电影导演。可见,这种领导方式凸显了其对文字媒介(影评、剧本)的重视,而没有认识到电影影像的独特性和巨大潜力。

随着左翼电影运动的开展,20 世纪 30 年代中国电影获得了不俗的成就。可以说,中国共产党领导的左翼运动在电影领域产生了较大影响。同时,这场运动也为中国共产党培养了一批优秀的左翼编剧,并让一批优秀的电影导演走上共产主义道路。这其中就有延安电影团的建立者袁牧之。③ 可以说,作为我党向电影进军的初次尝试,左翼电影运动为之后我党建立自己的电影事业奠定了基础。

1937 年,日军进攻上海,上海的电影公司全部停业,包括袁牧之在内的大批电影导演撤离上海。袁牧之几经辗转,最终到达延安,开始着手建设中共直接领导的电影事业,并于 1938 年 9 月成立了隶属于八路军总政治部的电影团,即延安电影团。

延安电影团是我党成立的第一个由自己直接领导,由专业人员组成的电影摄制机构,并由八路军总政治部副主任谭政主持工作。延安电影团的成立,让中国共产党在

---

① 对左翼电影运动发动原因的分析可参见如下论文:张晓飞.1930 年代中国左翼电影批评再解读[D].沈阳:辽宁大学,2013;梁庆.左翼电影:意识形态与商业策略的双重构建[D].上海:华东师范大学,2011;白云瑞.探究中国共产党早期电影文化建设——20 世纪 30 年代左翼电影运动[D].天津:天津师范大学,2013;杨菊.中国左翼电影研究[D].苏州:苏州大学,2010.

② 张晓飞.1930 年代中国左翼电影批评再解读[D].沈阳:辽宁大学,2013:57.

③ 袁牧之(1909—1978),原名袁家莱,1909 年 3 月 3 日生于浙江宁波,中国人民电影事业最早的组织者和领导者之一。在上海读中学期间,曾在洪深领导的戏剧协会当小演员。1930 年放弃大学学业,投身左翼戏剧运动,主演过话剧。1934 年入电影公司,集编剧、导演、演员于一身。同年完成第一部电影剧作《桃李劫》并出演男主角。1937 年编导的故事片《马路天使》轰动影坛。抗日战争爆发后,投身于抗日救亡的宣传活动,到武汉的中国电影制片厂工作。同年到延安,组成延安电影团,率摄影队辗转敌后战场,拍摄由他编导的《延安与八路军》。1940 年被派往苏联考察学习,曾与电影大师爱森斯坦一起拍摄过影片。1946 年 2 月回国,参加创办东北电影制片厂,任该厂厂长。1949 年调任中央文化部电影局局长。1954 年因病离休。

组织机构上第一次有了影像的生产部门。当时我党对于电影的认识还是把它作为通俗文艺的一种,并没有认识到影像作为与文字不同的媒介本身所蕴含的巨大潜力。

在延安电影团成立之初,全团只有六个成员,从事过电影工作的只有袁牧之、吴印咸和徐肖冰三人,在1939年之后才相继调入其他成员。除了人员匮乏之外,电影团的机器设备更是十分短缺:只有两台能拍摄活动影像的机器,另有三台相机。这五台机器中,只有一台16毫米的"菲尔姆"是我党出资购置的,另一台35毫米的"埃姆"是来华拍片的伊文思[①]赠送的,三台相机一台属于徐肖冰,另外两台由吴印咸用自己的积蓄购买。另外,"1.6万英尺35毫米底片,包括伊文思送的2 000英尺;再加上一些洗印药品,构成了电影团的全部生产资料"。[②] 以这样的设备基础投入电影生产,其难度可想而知。因此可以说,在电影团成立之初,其象征意义远大于实际效果:延安电影团首先代表着中共对作为大众文艺的电影的领导权的建立。

从左翼电影运动到延安电影团的成立,从引导电影导演和剧作家走向左翼的道路,到成立隶属于自身宣传部门的电影制作机构,中国共产党对于电影的认识逐渐加深。然而,在这一时期,我党对电影的重视一如对诗歌、戏剧的重视,只是把电影看作一种通俗的大众文艺,是对群众宣传的有效手段,并没有认识到电影作为一种影像媒介的独特性,也没有把影像区别于文字来看待。

(二)电影探索的困境

延安电影团成立之后摄制的第一部影片叫作《延安与八路军》,它是根据周恩来的指示拍摄的。之所以选择拍摄纪实性质的影片而非剧情片,是因为"根据实际困难,再加之宣传实用性的考虑,党中央同意袁牧之的方案,先把新闻纪录片的拍摄工作搞起来,这也是当时宣传上最需要的,等有机会再进行故事片拍摄"。[③] 中国共产党对外发出自己声音的需要和电影团组织的结合,使得影像的记录功能被党看到。而"故事片的拍摄"显然受制于当时的历史条件,显得不切实际。

边区的现实叠加上战争情境,与20世纪30年代大致和平的繁华都市大不相同,电影生产的全部流程都要受这一现实情境的制约。"当时抗日战争正处于严重困难的防御阶段,根据地的人力物力都非常困难,当时要大搞电影事业是不可能的,只能实事

① 尤里斯·伊文思(1898—1989),荷兰电影导演。

② 晓何.抗战时期的延安电影团[J].党史博览,2010(11):18.

③ 谢阳.用影像记录"时代的面貌"——解放区电影研究[D].北京:中国艺术研究院,2012:13.

求是、因陋就简地逐步做起来。”[①]

电影团的拍摄虽然得到了党和军队领导一定程度上的支持，但是电影团面临的困难也显而易见。人员上只有三个人接触过电影摄制，设备和器材方面只有两个能拍摄活动影像的机器，以及有限的胶卷。受制于人力和技术，电影团都是集体活动，而不能各司其职，这大大拉长了纪录片的拍摄周期。

从 1938 年 10 月 1 日延安电影团正式开始拍摄算起，到 1940 年 3 月初最终拍摄完成，《延安与八路军》的前期拍摄就耗时一年半，抗日战争也已经从战略防御进入了战略相持阶段。跟战争局势的瞬息万变相比，过于漫长的拍摄周期大大降低了宣传效果。相比而言，美国在二战时期摄制的纪录电影《我们为何而战》，在 1942 年至 1945 年间制作了八集，平均半年就有一集在院线播出。

《延安与八路军》在 1940 年 3 月初拍摄完成后，袁牧之等人返回延安，但延安并不能提供电影后期制作所需要的场地和设备条件。因此，电影团只能前往苏联进行电影的后期制作。在长途跋涉中，电影团还曾遭遇国民党的阻挠，袁牧之“在西安八路军办事处滞留了很长一段时间”[②]，直到 1940 年 11 月，袁牧之才最终抵达莫斯科。1941 年 6 月，苏德战争爆发，此时《延安与八路军》的后期剪辑仍未完成，而在苏联混乱的战局中，袁牧之带去的所有底片资料和剪辑成果都不知去向，《延安与八路军》的拍摄成果毁于一旦。此时距离当初影片开拍已经过去了将近三年时间，而四年之后，抗日战争也结束了。

可以说，《延安与八路军》的流产很大程度上源于电影媒介本身对技术保障有很高的要求，这体现在拍摄、剪辑、底片冲印和存放，乃至后期播映的过程之中，而这使得它不能被迅速生产和投放到宣传工作之中，尤其不能满足战争情境下以极度匮乏的资源获取良好宣传效果的要求。可以说，在抗战的历史条件下，边区的社会环境并不适合电影的生存，电影媒介也无法满足党对它的期待，这最终导致了延安电影团实践的失败。

实际上，延安电影实践无疾而终的命运，已经被另一个人预言过。此人在多年以前就看到了电影制作的种种困难，并且对电影做出了深入的思考，他也因此放弃了对电影的尝试，选择走上了另一条道路并获得了成功。这个人就是沙飞。正是他的摄影工作，让中国共产党真正看到了影像的力量，并且最终对党的宣传体系产生了深刻的

---

① 谢阳.用影像记录“时代的面貌”——解放区电影研究[D].北京：中国艺术研究院，2012：13.

② 晓何.抗战时期的延安电影团[J].党史博览，2010(11)：19.

影响，促成了我党的宣传向影像的转变。

二、另一条影像之路：沙飞及摄影展

跟袁牧之相似（不过在袁牧之之前），沙飞也是在抗日战争时期奔赴敌后抗日根据地的左翼青年。沙飞没有去延安，而是去了抗日前线，成为一名八路军战士。聂荣臻建立了晋察冀抗日根据地之后，正式任命他为军区政治部宣传部第一任编辑科科长，兼任抗敌报社副主任。后来又将缴获的一台相机交给沙飞使用，沙飞成为中共领导下的第一名专职摄影记者。摄影这种艺术形式被我党纳入到自己的文艺宣传体系之中。

然而与延安电影团一样，摄影这种艺术形式和这种艺术形式背后的宣传鼓动力量并没有得到我党真正的重视。在队伍、人才、器材以及宣传渠道都没有建立的时候，一种媒介所蕴含的巨大潜力很难被认识到。但是沙飞所带来的这种媒介相比于电影有着明显的优势，而且沙飞对于这两种媒介的差异，以及摄影所具有的影像宣传力量有着清晰的认识。这指导了他本人自觉的影像实践，也为我党宣传中的影像使用提供了实践基础。

（一）影像的功能："摄影武器论"

探讨沙飞的摄影思想，他在1942年加入中国共产党时所写的《我的履历》是非常重要的参考文献。在这篇文章中，他对木刻、电影和摄影三者做出了意义深刻的区分，并在这三者差异性的比较中认识到了摄影的优越性。

根据《我的履历》中的描述，当时他徘徊在文学、木刻和电影的三岔路口。"我认为摄影比木刻来得真实。"而在电影和摄影的比较中，他清晰地看到了电影"必须有大的资本和后台老板"[①]，即电影生产对环境和资本要求得十分严苛。而这样严苛的要求对当时的沙飞来说是一种不小的负担。实际上，电影不仅一人不能为，对于抗日战争时期边区的物质条件来说也是一种不可承受的负担。事实证明，正是电影对资本和环境的高要求导致了延安电影团影像实践的流产。木刻没有摄影真实，电影没有摄影便宜，通过比较，沙飞对摄影的优越性有了深刻认识。

沙飞对影像功能的认识是十分深刻的，这可以在他为吴印咸《摄影常识》所作的序言中进一步看出。如果将他的序言和邓拓（晋察冀日报社社长）的序言作比较的话，沙

① 以上均来自于沙飞.我的履历[EB/OL].(1942)[2017-02-22].http://blog.163.com/mengshichen1993@126/blog/static/17005994720122803648628/.

飞对摄影作为影像宣传武器和邓拓对摄影作为通俗文艺的看法的分野也十分明显。

邓拓把影像看成是戏剧、诗歌一类的通俗文艺，是大众比较喜欢的娱乐活动。其在序言中谈到更多的是主题性表达，即摄影的内容是什么。邓拓说“我们的摄影家今天必须把他手里照相机的镜头朝着抗战，摄影家的镜头和战士的枪口和作家的笔尖一样，要为民族，为国家，为广大人民的利益而迸射出它无穷的火力，为民族，为国家，为广大人民的利益而服务！而战斗！”①

与邓拓的观念相比，沙飞的序言则更多地涉及摄影本身的功能、摄影作为一种独特媒介的特性，以及摄影在宣传战线中可以产生的巨大作用。在这篇文章中，沙飞对摄影功能的认知非常成熟：“摄影是一种造型艺术，但同时又是科学的产物。”摄影作为视觉文化表征的本质特点被强调出来，并且凸显了其与印刷文化文字的显著差别。摄影的特质被沙飞归纳为两点：其一，摄影能最忠实地反映现实，给人以真实的感受，因此“为人们所最容易接受与欢迎”。② 其二，摄影能迅速地反映现实，“并能最迅速地将所反映出来的现实诸像广泛地传播出去”。③ 可见，沙飞意识到摄影同时具有反映现实的能力与广泛传播的力量。真实感和传播力，共同构成了摄影对宣传工作的两大优势：宣传内容可以被高效率地生产出来，并且可以通过媒介本身的真实性特质加强宣传的效果，这样的媒介在宣传领域中的运用具有巨大的潜力。所以，沙飞的结论是：“毫无疑问的，它是一种负有报道新闻职责的重大政治任务的宣传工具，一种锐利的斗争武器。”④

沙飞通过对摄影这种艺术与技术形式本质的分析，发现了摄影可供宣传的巨大潜力。摄影可以被看作一种“宣传工具”，是一种“斗争武器”。“摄影武器论”的提出，为邓拓简单地将照相机的镜头和“战士的枪口和作家的笔尖”作类比提供了更深层次的理论支持，为摄影在宣传领域中的应用提供了理论依据。而沙飞对摄影的深刻认识需要通过实践来检验，摄影这个武器最终被党中央真正重视也需要实践的印证。1939年的1月，冀西平山蛟潭庄的一次街头摄影展第一次验证了摄影的力量。

(二)1939年摄影展及其影响

1939年1月，在晋察冀军区驻地冀西平山县蛟潭庄街头，由沙飞组织，举办了抗

---

① 邓拓为《摄影常识》作的序文，引自吴筑清，张岱.中国电影的丰碑——延安电影团故事[M].北京：中国人民大学出版社，2008:81.

② 沙飞为《摄影常识》作的序文，引自吴筑清，张岱.中国电影的丰碑——延安电影团故事[M].北京：中国人民大学出版社，2008:81.

③④ 同上，82.

日根据地第一次新闻照片展览。这是作为宣传资料的影像作品第一次与晋察冀地区广大的人民群众相遇，此次相遇也是影像作为宣传工具在人民群众中的第一次实验。

摄影的技术要求虽不严苛，但是照片的洗印并不容易。这次展览就因为没有放大条件，展出的全部是小照片。但是从留下来的图片史料可以看到，展览的参观者非常多。据晋察冀军区新闻摄影科记者白连生回忆，由于军区的老百姓识字率低，不太认得照片旁边的附文介绍，但是经过当地妇救会干部的讲解，“他们都看得津津有味”①。

当时的摄影展，对于人民群众来说是一种视觉奇观。据当时参观过街头摄影展的顾棣回忆，他初次见到照片时，看到“照片上的人物和真人一样……当时觉得很神奇，人也那么像，人的活动都在上面……一看兴奋极了……当时还不知道这是照片，觉得这么妙，简直新奇得不得了。”而照片中所呈现的“破坏敌人铁路，破坏桥梁，缴获敌人好多武器”②则潜移默化地影响着参观者。晋察冀军区总司令聂荣臻到场观看后，对展览效果十分满意。他说：“做得好，形象宣传作用大。”③这是作为中共领导人和高级将领对影像宣传实践的肯定，而且或多或少肯定了摄影形象化宣传的效果。聂荣臻看过摄影展之后，建议沙飞、罗光达研制放大机，多洗印一些，扩大宣传。后来这些照片在部队和农村进行了巡回展览，聂荣臻还把精选的照片寄送到延安和重庆。④

从1938年1月沙飞拍摄了第一张敌后抗日民主政权诞生的照片到1939年1月，仅过了一年时间，沙飞已经可以举办街头流动的摄影展览。摄影展的成功举办一方面印证了沙飞对摄影的认识：摄影的生产效率可以满足宣传工作的需要，尤其是跟电影相比，更能适应宣传工作；另一方面，通过摄影展对人民大众的影响让人直接看到了影像相比于文字的更大的传播力，这种巨大的传播效果让我党对摄影更加重视起来。

从沙飞1937年12月成为我军第一位专职摄影记者到1939年1月，这一年多的时间中，晋察冀军区内部对摄影队伍没有更多的建设，也几乎没有跟摄影相关的活动。但是在1939年2月，也就是街头摄影展举办一个月之后，晋察冀军区就成立了新闻摄影科，沙飞任科长，后来新闻摄影科逐渐扩充到七八人。这是“中共及人民军队第一个摄影工作机构，从此摄影工作有了专门建制”。⑤ 这是中国共产党对摄影巨大作用的积极肯定，也是有意识地运用摄影这一工具的组织化行动。

---

① 田勇，田武.晋察冀画报：中国红色战地摄影纪实 一个奇迹的诞生[M].北京：金城出版社，2012：8.

② 顾棣回忆，参见口述影像历史丛书组委会.透过硝烟的镜头[M].北京：中国摄影出版社，2009：306.

③ 顾棣，蒋齐生.晋察冀画报[J].新闻研究资料，1986(1)：150.

④ 据《晋察冀画报中国红色战地摄影纪实》及《晋察冀画报大事记》整理。

⑤ 石志民.晋察冀画报文献全集[M].北京：中国摄影出版社，2015：1639.

一年之间,晋察冀各分区陆续都成立了摄影组,几乎涵盖了每一个军分区①。就这样,摄影队伍形成了组织化的体系,而这为作为宣传工具的摄影的传播奠定了基础。摄影作为宣传的传播路径问题也被沙飞等人在这一年中找到了解决的方法。1940年10月,沙飞和石少华正式提出出版《晋察冀画报》的设想,而这一设想也得到了聂荣臻的支持。同月,《晋察冀画报》的筹办工作正式开展,聂荣臻调来了印刷设备和技工,摄影宣传的一整套准备流程接近完成。而且在这一年,由于晋察冀摄影队伍逐渐建立起来,摄影作品增多,从3月开始,延安八路军总部出版的《军政杂志》连续发表了来自晋察冀的照片20余张。

适于宣传的影像媒介被找到,摄影的形象宣传作用在沙飞的推动下也被我党逐渐认识到,以摄影队伍为核心的影像宣传体系逐渐建立起来,并且产生了一批可供宣传刊载的摄影作品。这一切,都为推动我党早期宣传中的影像转向准备了条件。

三、皖南事变与《晋察冀画报》的诞生

1941年1月,皖南事变爆发,成为抗战时期国民党第二次反共高潮的最重要事件。根据研究,皖南事变中国共冲突的原因主要在于,其一,共产党领导的敌后武装不断壮大,威胁到国民党的统治;其二,反共宣传甚嚣尘上,尤其是"一分抗日"论的传播为国民党的军事行动提供了口实。②

皖南事变爆发后,1941年5月《中央宣传部关于展开对国民党宣传战的指示》中指出,"对国民党展开宣传战的总方针,是多方揭破其反动宣传,更加扩大我党的政治影响,更加提高人民的觉悟程度,更加争取广大的同盟军,以便坚持抗战到底,达到抗战与新民主主义的胜利共和国"。③ 皖南事变发生的部分原因来自于国民党对共产党消极抗战的反面宣传,而皖南事变的最终发生却意想不到地扩大了中国共产党在国内的群众基础。所以事变发生后的这个阶段,是共产党扩大宣传的良好时机,我党也有

---

① 1939年8月,雷烨到冀东采访,并留在冀东工作,开展摄影工作;1939年9月,石少华在冀中开展摄影工作;1940年4月,在吕正操司令员的支持下,石少华在冀中开办了第一期摄影训练队,在11月又开办了第二期,摄影队伍的人数不断扩大;1940年12月,冀中军区摄影科成立。

② 1940年,第18集团军独立第一师杨成武部骑兵连党支部书记李法卿向国民党投降,供认说在18集团军出发前,受到过毛泽东和朱德的公开训话,内容为:"中日战争为本党发展之绝好机会,我们的决策是七分发展,二分应付(国民党),一分抗日。"这就是中共"一分抗战"论调的来源。这个论调虽然在今天已经被学者证伪,但是在当时,尤其是在国民党内部影响极大。"此说一出,立即被国民党作为反共的宣传材料编入《摩擦问题真相》一书中。后来,蒋介石的《苏俄在中国》也予以引用。"[引自卢毅.中共在抗战中"游而不击"说驳议[J].北京行政学院学报,2015(5):6.]

③ 中央档案馆.中共中央文件选集(第十三册)[M].北京:中共中央党校出版社,1991:97.

发声的主观愿望，希望打破当时国内一部分人对其消极避日的错误认知，更希望激励全国民众积极抗战。正是在这个历史背景下，《晋察冀画报》应运而生。

(一)《晋察冀画报》的创立

经过1939年街头摄影展的宣传实践，摄影对广大人民群众的宣传效果得到了印证。摄影既能向外发声，又能令人信服，充分满足了我党在皖南事变后迫切的宣传需要。作为抗日战争斗争最前沿的晋察冀军区，丰富的抗日斗争事迹是宣传工作最好的资源。

1941年2月，《晋察冀画报》筹备工作重新加紧进行。① 晋察冀军区为画报调来了一个制版技工，同月，第一台土造照相制版机也制作成功，画报出版的前期技术准备工作基本完成。同年4月，晋察冀军区的官方报纸《抗敌三日刊》正式刊登了第一张新闻照片，这也是晋察冀报纸上发表的第一张新闻照片。这张照片的题目为《边区人民反对反共内战》，该内容十分符合国民党第二次反共高潮后的我党的宣传指示，也是对皖南事变的一次回应。

同年5月，党组织正式加入《晋察冀画报》的筹备工作：晋察冀军区政治部主任朱良才召集沙飞等人开会，宣布正式成立《晋察冀画报》筹备组，沙飞任组长。朱良才明确表示："筹办画报的一切经费都由军区解决，在尽量节约的原则下，需要多少就给多少；人员方面，需要什么样的人就调什么样的人。"②这解决了《晋察冀画报》筹备在资源方面的后顾之忧，体现了军区对这份作为影像文化载体的画报的大力支持。对比此前毛泽东对延安电影团的言论："我们八路军没有别的可依赖，一切靠自己奋斗"③，我党对于摄影和电影两种媒介的区别看待，以及对影像工具态度的转变可见一斑。

1942年3月20日，作为试验的《晋察冀画报·时事专刊》正式出版。《时事专刊》的内容切合了中共中央的宣传任务，同样可以看作是通过边区抗日事实对民众抗日斗志的激励以及对皖南事变和反共高潮的一次回应。《时事专刊》一共分成了八个专题，加上一篇《发刊的话》，共使用了30张图片，除两张剪报和一幅致聂荣臻的手写信件图片之外，剩下的27张均为新闻照片。刊物的报道重点在于人民踊跃参军和参与边区的抗战行动。《时事专刊》将我党的征兵行动和抗日总体性的目标结合起来，为我党军队势力的扩大找到了合理的支持。专刊头条新闻即《志愿义务兵役制的伟大胜利：边

① 石志民.晋察冀画报文献全集[M].北京：中国摄影出版社，2015：1641.

② 同上。

③ 吴筑清，张岱.中国电影的丰碑——延安电影团故事[M].北京：中国人民大学出版社，2008：70.

区人民踊跃参军》;而其后的两条新闻也都围绕着人民群众踊跃参军这一主题:《家庭模范:父母送儿 妻子送郎》《滚滚的滹沱河——记平山×区志愿义务兵入伍大会》"。人民群众的参军行为当然是抗战的最好注脚,也是对抗战的最有效的激励。除《滚滚的滹沱河——记平山×区志愿义务兵入伍大会》是沙飞撰写的专题特稿之外,前两则新闻专题都是以摄影照片为主要表现形式的图片报道,文字只是对照片的解释说明,影像的作用凸显。而其后的两则《宣传大出击》《在政治攻势底下》则是对边区人民群众抗战行动的报道。《新来边区的国际朋友:班威廉夫妇等》《在华日人反战同盟晋察冀支部最近的活动》等新闻通过报道国际上同情和支持我党的力量的方式,显示了边区在国际上的影响力,在当时的历史情境下强化了边区存在的合法性。

《时事专刊》一共只有 12 页,却刊载了大量的新闻图片。这些新闻图片的内容服从于我党的宣传需要,充分显示了在沙飞"摄影武器论"的影响下,摄影与党的宣传相结合的可行性与正确性。沙飞的论断在《时事专刊》《发刊的话》中再次出现:"新闻摄影是最真实的现实事件的记录,因此我们就发刊了这样一种时事画报,来报道边区的现实。"[①]通过能够带给受众真实感的媒介特质,结合有利于我党的宣传内容和宣传方式,《时事专刊》的出版让摄影真正变成了一种"宣传工具",一种"斗争武器"。

(二)画报的持续发行与影像转向的深化实践

1942 年 5 月 1 日,也就是《时事专刊》出刊一个月之后,晋察冀画报社在河北省平山县碾盘沟村正式成立,军区同时撤销了摄影科、印刷所和画报筹备组。从此,晋察冀边区的摄影宣传出版由统一的军队组织进行安排调度。晋察冀画报社的成立大会上,军区总政治部主任朱良才亲自到会祝贺。一个月之后,晋察冀画报社接受军区政治部的委托召开了全军区第一次摄影工作会议,几乎每一个军分区都有代表到场,摄影体系和军队体系的融合在这次会议上有明显体现。这次会议的主要任务就是"进一步加强全军的摄影工作,依靠全军办好画报"。[②] 以摄影为中心的画报成为要举全军之力兴办的事业,充分体现了我党对摄影画报的重视。

《晋察冀画报》从 1942 年开始连续出版,到 1945 年 12 月,在抗日战争时期共出版了 9 册 10 期(第九、十期为合刊),共刊登了 807 幅照片,记录了各场战斗、大生产运动、文艺建设等边区斗争和生活的方方面面。这留存了我党敌后抗战的影像史料,在

① 沙飞.发刊的话[J].晋察冀画报·时事专刊,1942-03-20.
② 石志民.晋察冀画报文献全集[M].北京:中国摄影出版社,2015:1642.

当时的历史情境下有利于“打破共产党逃避抗日的消极印象”①。

到了抗日战争末期，晋察冀画报社还在1944年、1945年和1946年《晋察冀画报》的出版间隙出版过《晋察冀画报》(增刊)3期，《晋察冀画报》(月刊)2期，《摄影新闻》4期，《晋察冀画报》(旬刊)6期。报社还在1945年底整理出版了《毛主席近影集》，共收集11幅照片，除3幅肖像外，其余8幅均为新闻摄影照片。此后，在解放战争时期，《晋察冀画报》复刊，在1947年底出版了3期，这3期都带有专题影集的风格，并且取消了抗日战争时期设立的“新闻摄影”“美术”“文艺”三个版块的范式，全册刊载新闻图片。《晋察冀画报》最后三期不仅大量使用新闻照片，并且对新闻照片进行了再加工，如剪切裁贴、调节色彩(偏红偏紫)等，让新闻照片的宣传意味更加明显。在解放战争中，晋察冀画报社还出版了一种名为《晋察冀画刊》的刊物，从1946年12月到1948年5月共出版了44期，几乎覆盖了解放战争的全过程。《晋察冀画刊》的印刷量很大，每期都印刷一万份，供读者在军队中流通翻阅。从1947年至1948年间，晋察冀画报社还创办了一份《摄影网通讯》，供各军分区的摄影记者互相交流摄影技艺。

至此，中共领导的晋察冀画报社形成了蔚为壮观的影像出版规模，而且涵盖了影像制作和影像交流等多个方面，以摄影为代表的影像媒介逐渐成为中共宣传体系的核心力量。在《晋察冀画报》之后，我党先后创刊了《冀热辽画报》《冀中画报》《山东画报》《胶东画报》《人民画报》《东北画报》。解放战争时期，华北、华东、中原、西南等军区成立后，又相继出版了《华东画报》《华北画报》《中原画报》《西南画报》……到新中国诞生前，各解放区、野战部队先后创办的摄影画刊达二十余种。② 影像的生产传播走出了晋察冀，在中共领导的各个地区间广泛流传，其传播范围几乎深入到我党统辖范围内的所有地区。中华人民共和国成立以后，《晋察冀画报》所开创的影像宣传体系被进一步完善，自上而下，以行政区划为建设单位，逐渐形成了覆盖全国的画报体系，影像宣传跟行政权力进一步融合，影像成为中国共产党和新中国宣传体系最为重要的媒介形式之一。

结　论

从左翼电影运动到延安电影团，中共首先把电影作为一种通俗文艺加以利用，在使用的过程中重剧本轻导演、重文字轻影像。袁牧之奔赴延安之后，延安电影团的成

① 杨健.沙飞与中国共产党敌后抗日根据地的图像建构[J].上海鲁迅研究，2012(2)：161.

② 张金科，陈守兰.晋察冀画报社的创建与发展[J].党史博采，2010(12)：46.

立与电影实践的最终流产,实际上说明由于历史情境的限制和物质条件的匮乏,电影媒介还不能胜任当时的宣传需要。直到沙飞带着"摄影武器论"来到晋察冀边区,并且在1939年1月成功举办了摄影展,让党的领导人真正看到了摄影作为一种影像媒介在群众中所能产生的巨大影响力,中国共产党才真正开始重视影像的力量,并自觉地将其应用到已有的宣传体系之中。

当以摄影为中心的影像实践变成现实,摄影画报所具有的传播效果也进一步印证了沙飞的"摄影武器论"。以《晋察冀画报》为先驱的影像媒介的创立,以及后续摄影画报系统的不断壮大,开启了中共宣传系统以影像为中心的传播实践。摄影成为与文字并驾齐驱,甚至比文字更重要的宣传媒介形式。此后,中国共产党建立了一支庞大的摄影队伍和以画报为主要载体的摄影传播体系,这个体系一直延续至今。①

[本文系2015国家社科基金艺术学项目"新中国画报史:图像中的社会变迁"(项目编号:15BF071)的研究成果]

〔曹培鑫,中国传媒大学新闻传播学部电视学院教授;赵鹏,中国传媒大学新闻传播学部电视学院硕士研究生;彭天笑,中国传媒大学新闻传播学部电视学院硕士研究生〕

〔特约编辑:陈欣钢〕

① W.J.T.米歇尔在其《图像理论》一书中提到了"图像转向"这一概念,为学术研究的"方法论转向"提供了一条新的道路。这个概念的提出跟读图时代的到来有着密切的关系,也是在现实生活中图像重要性的逐渐显现在学术领域中的反映。而借助技术的极大进步,图像阅读越来越成为人们生活中的重要组成部分,图像本身越来越对人们的观看方式和思维方式产生影响的时候,尤其在中国,应该可以推演到19世纪晚期和20世纪的初期。当技术的进步带动新兴的影像媒介产生的时候,社会生活中对媒介应用的图像倾向已经先于学术界的"图像转向"发生了。在本文中,笔者借用了米歇尔"图像转向"这个词语本身,但探讨的是我党对于图像,尤其是以电影、摄影为代表的影像本身应用的转变和逐渐倚重,所以笔者使用"影像转向"一词以示区分。

传媒教育

媒介环境和政策环境的双轮驱动

——中国新闻传播教育年度盘点(2016—2017)

Two-Wheel Drive of Media and Policy Environment

—Annual Inventory of China Journalism and Communication Education (2016—2017)

◎陈　勇　张　昆

Chen Yong, Zhang Kun

摘要:2016 年以来,我国新媒体蓬勃发展,传统媒体的转型也随之步入到一个全新阶段。在此背景之下,党中央加强对新闻舆论的领导,并对新闻传播教育提出了新的要求。新闻传播院系顺应新的媒介环境,积极响应国家相关政策,在人才培养、科学研究和社会服务等各个方面都取得了较大进步。但是,部分新闻传播院系也存在盲目追逐新技术、理论研究与教育教学脱节等问题。

关键词:新闻传播教育,媒介环境,政策环境,教育改革

Abstract: New media has prospered in China since 2016 and the transformation of traditional media has also come into a new phase. Thus Central Committee of CPC enhances its leading to the public opinion, and sets new demands for journalism and communication education. Schools of journalism and communication at any universities or colleges should adapt to the new environment of media and respond to the new policies actively, making progress in talent cultivation, scientific research and social service, etc. But schools of journalism and communication are subject to excessive pursuit new technology and fall into the disconnection of theories and teaching.

Keywords: journalism and communication education, media environment, policy environment, reform of education

2016 年以来,大数据、虚拟现实技术、人工智能、网络直播和短视频的兴盛推动我国新媒体进一步蓬勃发展,传统媒体的转型也随之步入深水期。在此背景之下,党中央加强对新闻舆论的领导工作,并对新闻传播教育提出了新的要求。在媒介环境和政策环境的双轮驱动之下,我国新闻传播教育在人才培养、科学研究和社会服务等各个方面都取得了较大进步,但同时也还存在一些问题亟待改进。

一、新媒体发展助推本科人才培养改革

(一)媒介格局变迁与人才需求变化

随着新媒体日新月异的发展,我国的媒介格局发生了重大变化。一是传统媒体的市场份额急剧减少,受众的注意力转移到了网站、微博、新闻客户端和微信公众号等互联网平台上;二是公共传播日益兴盛,许多过去依赖媒体传播信息的企事业单位,现在可以通过自己运营的网络平台直接发布信息。因此,社会对新闻传播人才的需求也发生了较大变化。

首先,传统媒体在融合与转型的过程中,对传统采编人才的需求开始萎缩,对熟悉新媒体传播规律、掌握新媒体传播技术的人才的需求日益增长。2016 年以来,一些中央级媒体在招聘中专设了新媒体传播方面的岗位。如中央电视台和中国国际广播电台在 2016 年的校园招聘中均将“新媒体”岗与“新闻采编”岗分开招聘;人民日报社 2017 年校园招聘的采编业务岗位要求新媒体方向的新闻或传播专业学生;新华社总社的 2018 年校园招聘则专门设立了新媒体中心采编岗位,新华社分社的 2017 年招聘中,有 6 个分社要求招聘专门的新媒体记者。除了新媒体采编岗位,人民网和新华网的舆情监测室近两年都在招聘网络舆情分析师。数据新闻编辑和记者也是目前媒体急需的人才,澎湃新闻、上海第一财经和封面新闻近两年都有此类招聘。

其次,伴随着从新闻传播到公共传播的转变,非媒体机构在新媒体传播方面的人才需求快速增长。根据研究者对 2017 年 2 月至 2017 年 6 月 180 家非媒体机构招聘信息的统计分析,汽车产业、高校事业单位、房地产行业和政府单位对于新闻传播人才的需求最大,位于非媒体机构用人需求第一梯队。非媒体机构的招聘岗位需求以策划、编辑、运营、文案和营销为主,对于从业者均有一定的软件技术能力要求,要求具备图片处理和视频处理技能。[①] 同时,非媒体机构对数据挖掘和舆情分析方面的人才也有迫切需求。

正是因为新媒体环境下社会对新闻传播人才需求的转向,许多新闻院系对于人才的培养也随之转型,要么增设与新媒体相关的专业,要么对传统专业的课程体系和人才培养模式进行相应调整。

---

① 刘蒙之.从专业传播到公共传播:基于 2017 年非媒机构公共传播人才招聘文本的词频考察[EB/OL].(2017-08)[2017-11-11].http://www.jianshu.com/p/a4cf1b9f85e4.

(二)大量增设网络与新媒体专业

自2012年教育部在新闻传播类专业中特设“网络与新媒体专业”以来，一大批高校开始申请兴办网络与新媒体专业，仅2016年就有47所高校申报。迄今为止，全国已有197所高校开设网络与新媒体专业(本数据未包括2011年和2012年获批“新媒体与信息网络”专业的10所高校)。从院系的分布来看，网络与新媒体专业大多设立在新闻传播、传媒和文学等院系，也有部分高校将该专业设立在商学、法学、教育学和计算机科学与技术等院系。从高校层次的分布来看，开设网络与新媒体专业的一本院校数量远远低于二本和三本院校。一本院校中仅有暨南大学和上海外国语大学等四所院校申请开设。究其原因，很多一本院校较早就根据新媒体的发展对传统专业进行了调整，如华中科技大学在1998年就组建了网络新闻本科班，其传播学专业紧接着于1999年设立网络新闻传播方向；中国人民大学新闻学专业在2000年设立了网络传播方向，2008年增设数字新闻传播方向；武汉大学新闻学专业于2001年设立网络传播方向等。

网络与新媒体专业的开设使得新闻传播院系培养的人才能够更好地适应新媒体的发展，但也存在一些亟待解决的问题。首先，专业培养目标不明确。目前创办了网络与新媒体专业的大多数院校，只是在新闻学和广告学专业的课程体系基础上增加了一些新媒体方面的课程，然而传统的新闻学和广告学专业也在朝着融合传播方向发展，这就导致了网络与新媒体专业的定位与现有的新闻学和广告学等专业难以区分，在很大程度上造成了专业的重复建设，也造成了人才培养重叠。其次，教学条件落后。很多高校网络与新媒体专业的师资基本是从原有的新闻学和广告学等专业抽调出来的，真正掌握数据新闻、数据分析、数字营销和数字技术等知识的老师凤毛麟角，而且教学设备落后，实验设施匮乏，实践基地短缺，使得学生的培养质量难以保障。

(三)课程体系和人才培养模式适应新媒体环境发展

对于传统的新闻学和广告学等专业，新闻传播院系主要是通过调整课程体系和人才培养模式来适应新媒体环境的发展。一是针对新闻与传播学大类专业开设新媒体方面的基础课程。如复旦大学新闻学院开设了“媒体融合概论”，中国传媒大学的新闻、广告、广播、电视编导等传统专业加入了新媒体和融媒体方面的课程，中国人民大学新闻学院、武汉大学新闻与传播学院和华中科技大学新闻与信息传播学院则开设了数字传播技术方面的学科基础课程。二是增加了一些新媒体方面的专业方向课程。

如中国人民大学和复旦大学等高校的新闻学专业都增设了“媒体融合报道”的课程，华中科技大学的广告学专业则增设了新媒体广告设计、新媒体营销以及社会化媒体运营与创新三门必修课程。三是加强跨学科的新媒体人才培养。如中国人民大学新闻学院于2016年7月和蓝色光标传播集团成立未来传播学堂，启动“未来传播英才培养计划”，面向包括理工科在内的中国人民大学所有专业学生进行选拔，旨在培养数字媒体时代跨媒体、跨学科和跨文化的精英传播人才。四是加强与新媒体企业的合作。近两年来各大新闻院系兴起了一股与新媒体企业合作的热潮，如2016年复旦大学新闻学院与网易传媒签订战略合作协议，2017年中国传媒大学与京东集团联合成立“中传一京东大数据联合实验室”、北京师范大学与微软及封面新闻共同成立“人工智能与未来媒体实验室”、中国人民大学新闻学院与石景山中译语通公司签署“全球新闻大数据实验室共建方案”以及与今日头条共建高校新媒体实务课程共享平台。这些合作将促进新闻传播院系在新媒体方面的产学研发展，为本科人才培养提供强大的智力和硬件支持。

总体来看，当前新闻传播院系的课程体系和人才培养模式正在越来越好地适应融媒时代的需求，但也有一些不足。其中一个最为突出的问题是没有摆正理论和技能之间的关系，存在注重新媒体技能培养、忽视理论基础和思维训练的倾向。如有些地方院校过于强调新媒体的知识体系，将新媒体方面的课程设置得过细，开设了互联网思维、新媒体写作和全媒体传播等课程。但实际上这些课程的内容难以支撑起一门独立的课程，只需作为其他课程的一个部分讲授即可。

二、研究生教育与时俱进，迅速发展

(一)研究生规模较大扩张

2010年1月国务院学位委员会第27次会议审议批准设立新闻与传播硕士专业学位，此后我国新闻传播学硕士点进入迅速扩张阶段。截至2016年，我国设有新闻传播学学术硕士点的院校已发展到100所，设有新闻与传播专业硕士点的学校多达118所。博士研究生教育则处在一个稳定发展的阶段，格局基本不变，招生人数稳中有升，总体规模在逐渐扩大。目前全国共有19个新闻传播学博士点，其中有16个新闻传播学一级博士点和3个新闻传播学二级博士点。另外，还有上海交通大学和苏州大学设立了新闻传播学交叉学科博士点，以及21所高校挂靠其他学科博士点招收新闻传播学专业方向的博士。2017年新一轮的学位授权点申报工作已经启动，全国有一大批高校申报了新闻传播学的博士学位和硕士学位授权点。根据目前31个省份公布的拟新增博士和硕士学位授权点推荐名单统计，全国拟新增20个新闻传播学博士点、24个新闻传播学学术硕士点和58个新闻与传播专业硕士点。在这一轮申报结束后，全国将新增一大批新闻传播学的博士学位和硕士学位授权点。

新闻传播学的研究生教育开始呈现燎原之势，令人欣喜的同时也让人担忧。一些近年获得授权的学位点质量难以保障，在2014年的新闻传播学学位授权点的评估当中，有博士学位授权学科点评估结果为限期整改，还有首都师范大学新闻传播学硕士学位授权学科评估结果为不合格，而中南大学则在2016年的学位点动态调整当中被撤销了新闻传播学一级硕士点。而且不少硕士学位点的生源也无法得到保证，每年都要进行大量调剂。如果硕士学位点继续快速膨胀，某些硕士学位点的生源就会更加紧张，生源的质量也难以保障。

(二)硕士研究生培养细分开始加强

在2010年新闻与传播硕士专业学位获准设立之后，许多高校同时拥有了新闻传播学学术硕士和专业硕士点。但是，许多高校“没有将专业硕士和学术硕士进行明确区分，未形成独立的专业硕士课程体系，不少学院简单移植了学术硕士的既有课程，其中一些‘研究型’课程并不适合专业硕士‘职业型’人才培养方向”①。不过，近年来也有部分高校开始注重专业硕士和学术硕士的分类培养。对于专业硕士的培养，一些高校采用了一系列措施来加强其实践能力的提升，教学方式除了课程教学，还采取了案例分析、专题讲座、模拟演练、现场实习等多种形式；实行校内和校外的双导师制；加强实习环节，实习时间至少要求半年以上；学位论文类型多元化，既可以是学术性论文，也可以是调查报告和专业作品。还有一些高校则根据学术硕士和专业硕士的不同培养目标，对二者的课程体系设置予以明确区分。如在《武汉大学新闻与传播学院硕士学位研究生培养方案(2017年版)》中，新闻与传播专业硕士的专业必修课程主要为实务类，新闻学和传播学学术硕士的专业必修课程则全部为研究类；新闻与传播专业硕士的专业必修课程相比新闻学和传播学专业学术硕士，只有社会科学研究方法、新闻与传播基础理论两门课程比较接近。

当然，只停留在对学术硕士和专业硕士进行分类培养的层面还是远远不够的。一些高校的新闻传播学硕士的培养多年来存在严重的同质化倾向，如新闻学专业学术型

① 蔡雯.新闻教育亟待探索的主要问题[J].国际新闻界，2017(3)：15.

和传播学专业学术型硕士的课程设置重复率非常高。以陕西师范大学新闻与传播学院为例,新闻学专业学术型和传播学专业学术型硕士的课程基本上按历史、理论、应用三个层次分类,除了媒介经营与管理课外,其他课程几乎完全相同。① 同时,有些高校的新闻传播学硕士的培养方向局限在新闻史论、新闻实务、网络新闻、广播电视新闻和广告传播等几个方面,造成了人才供应的结构性过剩。因此,近两年来一些高校开始对硕士的培养方向进行细化,以凸显特色和个性化,如 2017 年北京大学设立全国首个健康传播方向硕士、中山大学设立全国首个大数据传播方向硕士,这种做法值得大力提倡。

三、国际化办学程度日益提高

(一)国际交流日趋多元化

21 世纪以来,我国新闻传播院系的国际交流越来越频繁,国际化办学程度越来越高,但交流与合作的对象主要集中在美国、英国、法国、德国等发达国家。近两年根据国家战略发展的需要,新闻传播院系交流与合作的对象日趋多元化,扩大到了俄罗斯以及非洲、亚洲的一些国家。而且随着我国新闻传播教育实力的增强,对外交流也以原来的学习他国经验为主,转变为学习他国经验和输出我国经验并重。2015 年 5 月,习近平与普京宣布 2016 年和 2017 年为"中俄媒体交流年"。2016 年 7 月,中俄 35 所高校共同成立中俄新闻教育高校联盟,同时中国人民大学还承办了"中俄新闻教育和传媒发展"国际研讨会。此外,一些新闻院系还积极参与国家"一带一路"的战略合作项目。比如,华中科技大学新闻与信息传播学院招收了来自塞内加尔、缅甸、乌兹别克斯坦、肯尼亚、巴拿马等多个国家的 20 多位留学生。

(二)与美国的交流合作日益密切

虽然我国新闻传播院系的国际交流日趋多元化,但与老牌新闻传播教育强国——美国的交流依然是重中之重。近两年我国新闻传播院系与美国的交流合作日益密切,如一些新闻传播院系分别与密苏里大学新闻学院、国际中华传播学会、密歇根州立大学传播艺术与科学学院、伊利诺伊大学厄巴纳－香槟分校媒体学院、威斯康星大学麦

① 南长森.学术型硕士与专业型硕士的学术面向和市场面向——以陕西师范大学新闻传播专业为例[J].当代教师教育,2015(3):87.

迪逊分校传播艺术系等签署合作协议或达成实质性合作意向。其中与我国新闻传播院系合作最为紧密的当为密苏里大学新闻学院。密苏里大学新闻学院作为美国办学历史最悠久的世界知名新闻传播院系，对中国新闻传播教育的影响十分深远。20世纪以来，我国新闻传播教育界与密苏里大学新闻学院一直保持密切的联系和合作。近两年密苏里大学新闻学院与我国新闻传播院系的合作进一步加强，先后与河北师范大学新闻传播学院、清华大学新闻与传播学院、中国传媒大学、成都理工大学传播科学与艺术学院等达成了合作关系。其中尤为值得一提的是，密苏里大学新闻学院和中国传媒大学联合开设了“中传－密苏里传播学中外合作办学本科”，这是密苏里大学新闻学院在我国首个联合开设的本科传播学学位，也是教育部首个批准的新闻传播类“中外合作办学专业”。

四、“部校共建”持续深入推进

（一）“部校共建”广泛推进

21世纪初起始于复旦大学“部校共建”新闻学院的模式，于2013年12月开始由中宣部和教育部在全国推广。随后，全国各地掀起了“部校共建”的热潮。首先，除了省级层面，“部校共建”还开始向地市级层面推进。如宁波市委宣传部先后与宁波大学、万里学院共建新闻学院。其次，除了宣传部门，一些媒体也与新闻院系进行了共建。如光明日报社与中国政法大学共建光明新闻传播学院、人民日报社与清华大学共建新闻与传播学院、青岛日报报业集团与中国海洋大学共建新闻学院等。中宣部要求2017年在全国完成100所“省部共建”高校，预计还会有一些新闻传播院系完成“部校共建”。

“部校共建”对新闻传播院系的发展起到了重要的促进作用。首先，共建后的新闻传播院系在所属高校的学科地位和话语权得到显著提升，在学校范围内的资源整合能力明显增强。其次，“部校共建”能够为新闻传播院系提供大量的资金支持。如复旦大学新闻学院在新一轮“部校共建”当中得到了上海市委宣传部3年3 000万元的资金支持，用于建设复旦大学上海新媒体实验中心、马克思主义新闻观教育、提高国际传播能力等项目，并于2017年获得上海市委宣传部今后每年1 000万元投入，作为共建项目后续运营资金；海南省委宣传部自2013年与海南师范大学共建新闻传播与影视学院以来，共计投入1 000余万元；其他“部校共建”的新闻传播院系获得的共建经费也都至少有几百万。这样大手笔的经费投入,对于新闻传播这样的文科院系来说无疑是很可观的,能够极大地促进其软硬件方面的建设。最后,“部校共建”较好地促进了师资和实践平台建设。新闻传播院系的老师很容易进入宣传部所管辖的媒体挂职锻炼,这些媒体的从业人员也被鼓励到新闻传播院系做讲座和授课。同时,在宣传部的支持之下,更多的媒体会与新闻传播院系进行合作,学生也因此可以获得更多的实践平台和实习机会。

但是,“部校共建”仍存在一些困境需要突破。首先,“部校共建”对于媒体来说主要是一种付出,新闻传播院系难以为媒体带来收益,媒体和新闻传播院系的合作并非一种平等的互惠互利关系。因此,对于与新闻传播院系的合作,很多媒体在很大程度只是因为行政力量的推动不得已而为之,全方位的、深层次的合作需要有内在的动力进行推动。其次,进入高校担任教学任务的媒体从业人员的“第一岗位还是在新闻媒体,时间和精力上并不能保证优先满足高校的教学需要,而且这类人员每年处于流动中,无法保证稳定性”①。

(二)马克思主义新闻观进课堂

以马克思主义新闻观统领新闻舆论工作和新闻舆论人才的培养,立足全局加强马克思主义新闻观教育,这是“部校共建”工作的题中要义。2016 年 2 月 19 日,习近平在党的新闻舆论工作座谈会上强调要牢牢坚持马克思主义新闻观。新闻传播院系对马克思主义新闻观的教育高度重视,想方设法采取多种多样的形式进行教学。

一是将马克思主义新闻观设立为常规课程。如中国传媒大学在本科和研究生层次都开设了马克思主义新闻观课程;武汉大学新闻与传播学院将“实践中的马克思主义新闻观”列入学期教学计划;重庆大学新闻学院开设了“马克思主义新闻观”课程;复旦大学新闻学院则将“马克思主义新闻思想”打造成了国家级精品课程,除了列为新闻学院学生的必修课,还将其开设为全校的公选课。此外,一些高校还邀请业界专家进行授课,如重庆大学新闻学院就聘请了中国记协原书记处书记、《人民日报》高级编辑顾勇华主讲“马克思主义新闻观”课程。

二是在课外以讲座和读书报告的形式推进马克思主义新闻观教育。武汉大学举办了“马克思主义新闻观大讲堂”系列讲座;中国人民大学新闻学院举办了马克思主义新闻观与当代中国新闻业论坛;安徽师范大学新闻与传播学院开设“中国特色社会主

---

① 蔡雯.新闻教育亟待探索的主要问题[J].国际新闻界,2017(3):11.

义新闻传播理论与实践”专题系列讲座等。

三是通过课外实践活动践行马克思主义新闻观。如暨南大学新闻与传播学院在井冈山和延安成立“马克思主义新闻人才实践教育基地”，每年暑期都会组织学生前往两个基地开展实践教育活动，包括进行现场教学、情景体验、专题讲座及基层调研等，加深学生对国情、民情和社情的认知与理解。福建省委宣传部在2016年9月与厦门大学、福建师范大学共同主办了“青年新闻人 重走长征路”大型联合采访活动，两校新闻学子深入福建8个县区及江西瑞金市采访，在宣传和体验长征精神的过程中深化对马克思主义新闻观的认知。

新闻传播院系高度重视马克思主义新闻观的教育，采取了丰富多彩的教育形式，取得了一定的教育效果。但实事求是地讲，当前马克思主义新闻观的教育效果并非十分理想，主要停留在“入耳”的层面，要想真正做到“入脑”和“入心”，还任重而道远。据一些学者调查，在广西一些高校，学生对马克思主义新闻观缺乏明确的认知、马克思主义新闻观相关课程普遍不受欢迎等问题突出；①在武汉一些高校，很多人对马克思主义新闻观的内涵构成、重要概念的提出者以及马克思和恩格斯的主要新闻理念不甚了解；②在西部一些高校，学生对马克思主义新闻观的了解和熟悉程度非常低，大部分学生认为马克思主义新闻观与自己未来的职业发展关系不大，不看好马克思主义新闻观未来在中国的发展。③ 造成马克思主义新闻观教育效果欠佳的原因是多方面的，其中非常重要的一个原因是当前所讲授的马克思主义新闻观的内容体系未能与时俱进，不能适应当前新闻传播行业的快速变化，理论说服力不够强。

五、科学研究日趋活跃，成果丰硕

（一）新闻院系的智库建设初显成效

2013年4月，习近平总书记提出要建设有中国特色的新型智库，高校与科研机构是新型智库建设的重要部分和建设主力，在新型智库建设中具有举足轻重的地位。2014年，教育部出台了《中国特色新型高校智库建设推进计划》，进一步提出要大力建设特色新型高校智库，为党和国家提供科学咨询和智力支持。在2015年国家首批建

---

① 黄仲.广西高校马克思主义新闻观教育情况调查研究[D].桂林：广西大学，2016：21-32.

② 王鲁婧.武汉高校新闻专业马克思主义新闻观教育情况研究[J].西部广播电视，2017(2)：49.

③ 郭小良.高校新闻专业学生马克思主义新闻观教育现状调查——以西部四所高校为例[J].新闻知识，2016(4)：62-65.

设的 25 个高端智库中,依托高校建立的有 6 个。但这 6 个高端智库没有一个是直接以新闻传播院系为主体来建立的,只有部分智库整合了新闻传播院系的力量,如中山大学传播与设计学院参与了中山大学粤港澳发展研究院的智库建设;中国人民大学新闻学院参与了中国人民大学国家发展与战略研究院的智库建设。

近两年来,新闻传播院系的智库建设有了进一步发展,在由南京大学中国智库研究与评价中心、光明日报智库研究与发布中心联合课题组发布的"中国智库索引"(CTTI)首批 489 家来源智库(2017—2018)中,有中国传媒大学广播电视研究中心(现更名为国家传播创新研究中心)、上海交通大学舆论学研究院、上海外国语大学中国国际舆情研究中心三家以新闻传播院系为主体的智库上榜。尤为可喜的是,2017 年 9 月 20 日,高校高端智库联盟成立仪式在京召开,设在高校的国家高端智库试点单位、进行智库签约的教育部人文社会科学重点研究基地等首批 31 家联盟成员单位代表共同签署了公约,复旦大学信息与传播研究中心成为全国新闻传播学科唯一签约高校高端智库联盟的高校。

但是,相比一些传统学科,新闻传播院系所建设的高端智库数量仍然偏少,其影响力也亟待提升。新闻与传播学科的"研究对象是人类的新闻信息传播和其他信息传播现象及其规律,涉及传播者、传播媒介、受众,涉及由信息和意见的传播而形成的舆论"[①],既影响到人心向背和社会稳定,也关系到民意民智的汇集和政府决策。因此,新闻传播院系理应成为政府智库的中坚力量。当前新闻传播院系的智库建设相对落后,这和新闻与传播学科在社会中的重要地位是不相称的,急需在今后加大智库建设的力度。

(二)国家社科基金、教育部人文社科基金资助项目的变化

2017 年,新闻学与传播学类国家社科基金立项共计 170 项,其中青年项目 39 项、一般项目 110 项、重点项目 11 项、后期资助项目 10 项。与 2016 年相比,青年项目增加了 2 项,增加 5%;一般项目增加 13 项,增加 4.9%;重点项目增加 3 项,增加 3.7%,项目整体立项率呈上升状态。

从 2017 年国家社科基金立项项目的选题类型来看。在青年项目中,与新媒体相关的选题立项增多的趋势明显,有超过 60% 的项目是关于新媒体研究的。在一般项目中,研究选题则更为广泛,但也相对集中在新媒体和对外传播方面,特别是直接以

---

① 丁柏铨.对新闻学与传播学参与国家智库建设若干问题的探讨[J].新闻爱好者,2014(2):6.

"一带一路"为核心的项目有 10 项，占比近 10%。值得注意的是，新闻传播史研究的立项也多达 14 项，较以往有较大幅度增长。相对来说，基础研究在重点项目中依然占有较高的比例，有当代中国新闻观念、媒介信息对司法公正判断影响和南宋新闻事业等史论方面的研究。当然，除了基础研究，重点项目当中的不少研究也与当前社会的热点和焦点高度相关，如关注对外传播、老龄化社会和媒介融合发展等问题。

在 2017 年教育部人文社会科学研究规划基金项目与青年基金项目中，新闻学与传播学类共计立项 68 项，相比 2016 年增加 21 项，有较大幅度增长。从选题来看，2017 年的立项项目当中，有出版类选题 7 项、国家形象方面的选题 5 项，其他较为分散的选题 12 项，剩余的 40 多项选题基本上都是以新媒体为背景的。选题角度与国家社会科学基金相似，都是关注新媒体对社会、政治、民族文化等方面的影响及其应对策略的。

通过对上述两类社会科学基金 2017 年立项项目的分析发现，新闻学与传播学课题立项数目不断增加，新闻与传播研究整体呈上升趋势。从立项项目的研究主题来看，新闻传播史论方面的研究投入较弱，课题关注点大多数集中在应用层面，且以社会治理、舆情分析与管理、网络文化和心理、对外传播等居多，这些问题则需要引起我们的重视。虽然从应用价值来看，这些课题有助于为党和政府提供相对有效的社会治理策略，但对新闻传播史与新闻传播理论的关注不够，不利于新闻传播学学科的长远发展。

(三)马克思主义新闻观研究

马克思主义新闻观是当前学界关注的焦点和热点问题，近两年来这方面的研究主要包括以下几个方面：

第一，我国马克思主义新闻观理论体系研究。

不少学者探讨如何构建我国马克思主义新闻观的理论体系。有学者提出，当前中国马克思主义新闻观的核心观念主要是党性原则观念、人民中心观念、新闻规律观念和正确舆论观念。"党性原则观念"是马克思主义新闻观的第一观念，是总体性、统领性的观念；"人民中心观念"是新闻价值目标观念，居于核心地位；"新闻规律观念"是根基性的观念，是新闻宣传、新闻舆论坚守历史唯物主义或实事求是根本原理的必然要求；"正确舆论观念"是实现党性原则观念、人民中心观念的方法论观念。[①]"在新形势

---

① 杨保军.当前我国马克思主义新闻观的核心观念及其基本关系[J].新闻大学，2017(4)：18-24.

下,马克思主义新闻观的重要组成包括新闻舆论工作的使命观、政治观、人民观、真实观和创新观。"①

还有学者关注习近平的新闻思想对马克思主义新闻观的发展,如有的学者从习近平关于新闻舆论、网络传播和哲学社会科学工作的三次重要讲话中提炼出同新闻学相关的十对范畴,认为这些范畴从范畴认知的角度对马克思主义新闻观予以了深化;②有的则归纳总结了习近平的新闻舆论思想,认为是当代马克思主义新闻观的重大创新。③另有学者对我国马克思主义新闻理论体系建构的知识演进路径进行了考察,总结出我国马克思主义新闻理论体系的建构经历了三个发展阶段:延安整风时期"辩证唯物主义"语境下的"党报范式"的建构、改革开放后"新闻规律"旗帜下"新闻事业范式"的建构和当前"交往实践观"视域下的"新闻生产范式"的建构。④

第二,马克思主义新闻观对实践的指导作用。

学者们认为马克思主义新闻观在推动媒体发展、引导舆论和改革新闻教育方面有着重要的指导作用。"学习和掌握马克思主义新闻观,不仅有助于顺利推进传统媒体与新兴媒体融合发展,有助于深化新闻教育改革,还有助于把中国大学真正办成有中国特色的社会主义新型大学,培养新闻学学子真正成为政治理论觉悟高、新闻知识扎实可靠、实际操作和动手能力强的合格的新闻舆论工作者。"⑤"马克思主义新闻观以辩证唯物主义和历史唯物主义为哲学基础,是指导主流媒体新闻报道工作的理论基础和行动指南。在进行新闻报道工作时,需要建构起客观、实践、辩证、历史思维等马克思主义哲学的思维方式,从而促进主流媒体发挥强大的舆论导向作用。"⑥即使是全媒体时代的舆论引导工作也要以马克思主义新闻观为指导。⑦

第三,马克思主义新闻观教学改革的途径与方法。

马克思主义新闻观教学改革也是学者们关注的重点。有学者认为"推进马克思主义新闻观教学体系建设,需要进一步从教学机制、教学内容、教学设计、教学实践等四

---

① 胡钰.论马克思主义新闻观的时代内涵[J].思想教育研究,2016(3):26-30.

② 童兵.从范畴认知深化马克思主义新闻观研究——对习近平关于新闻舆论、网络传播和哲学社会科学工作讲话提出的十对范畴的思考[J].新闻大学,2016(5):17-24.

③ 林如鹏,支庭荣.习近平新闻思想:当代马克思主义新闻观的重大创新[J].暨南学报(哲学社会科学版),2017(7):1-10.

④ 齐爱军.我国马克思主义新闻理论体系建构的知识演进路径考察[J].新闻与传播研究,2017(7):6-27.

⑤ 童兵.马克思主义新闻观:推动媒体融合发展和新闻教育改革的指导思想[J].新闻与写作,2017(4):41-45.

⑥ 张力元.从马克思主义新闻观视角探析我国主流媒体新闻报道的哲学思维建构[J].改革与开放,2017(18):139-142.

⑦ 杜喆.全媒体时代舆论引导的逻辑缘起与归宿[J].人文杂志,2017(9):127.

个角度切入,以此推动马克思主义新闻观进课堂、进教材、进头脑"①。如"在教学内容的设计上,马克思主义新闻观教学体系由一个个具体的知识模块构成,需要强化知识模块之间的系统性,让不同的知识形态和知识内容形成对接的基础"②,从而形成在主体、时间、知识、视野、社会等维度上推动"多维互动"下的马克思主义新闻观的教学设计创新。同时,虽然"马克思主义新闻观教育属于政治社会化的范畴,其有意识形态属性,但不能把政治社会化过度政治化,也不能把意识形态问题过度意识形态化,而应该'去政治化'和'去意识形态化',不能以牺牲意识形态教育的规律性为代价,片面追求所谓的政治正确"③。

此外,还有学者对马克思主义新闻观教材和拓展阅读的问题作了较为深入的阐述:"因为西方新闻事业早我们近300年,他们的学术水平也高于我们。""我国对于西方国家的新闻专业理论和学术著作,改革开放以来采取了相当开明的政策,在中国公开翻译出版或公开传播的中文、原版新闻传播学著作,对中国的新闻教育,对中国的新闻事业的发展,产生过一定的积极作用。但同时,也应该看到,这些著作以及一部分外籍学者在中国高校的自由演讲,也产生了相当消极的作用。"④因此,我们在使用时必须加以分析和批判。

六、新闻教育改革的探索与记录

(一)新媒体环境下的新闻教育研究

新媒体环境下的新闻教育该何去何从,学界近两年来对此作了不少探索,主要集中在以下几个方面:

第一,新媒体环境下的新闻教育培养目标。

随着新媒体的快速发展,新闻教育的人才培养目标应当如何变化成为学界热议的话题。相当一部分学者认为,无论新的媒体环境和媒介技术如何变化,新闻教育所培养人才的内核应该保持不变,重点还是要培养专家型新闻人才。这类专家型人才应当

① 刘涛,林如鹏,支庭荣.一元主导与多维互动——马克思主义新闻观教学体系建设的现状、理念与路径[J].中国大学教学,2017(12):26.

② 刘涛,林如鹏,支庭荣.一元主导与多维互动——马克思主义新闻观教学体系建设的现状、理念与路径[J].中国大学教学,2017(12):25.

③ 张涛甫,王智丽.政治社会化视域下大学生对马新观的认知与态度的实证分析[J].兰州大学学报(社会科学版),2017(4):51-52.

④ 童兵.把马克思主义新闻教育观落到实处[J].新闻与写作,2017(9):147.

具备广博的学识及扎实的某一方面的专业知识、独立的思考能力、深刻的批判精神和高尚的职业精神。当然,在新的媒体环境下,传统的专家型新闻人才也应当注入新的内涵——必须掌握全媒体的新闻传播理念、知识与技能,成为一专多能的新型专家型新闻人才。①

不过,也有学者对培养具有多学科知识和多媒体技能的复合型人才的目标进行了反思,认为“所谓的新媒体技能本身就是一个黑洞……互联网的组合化创新使得媒体形态层出不穷,技法的掌握已经难以跟上,盲目跟从这种技法已经不太现实……知识的细分本已使知识难以穷尽,而总体化趋势更是意味着多学科、跨学科知识也难以应对。因此,所谓复合型人才,就变成了看似新颖却又自相矛盾的一个命题”②。但是,对于如何来解决这一矛盾,该学者却没有开出药方。

此外,全国有将近700所高校开设了新闻传播学类本科专业,若这些高校都来培养专家型新闻人才,无疑也是很不现实的。故而有学者提出“要分层次办学,高层次的新闻院系在这方面应肩负起更多的责任”③。

第二,新媒体环境下新闻教育存在的问题。

许多学者认为新闻教育在快速扩张的同时也出现了不少问题。首先是定位不准,几乎所有的高校按照新闻传播教育的职业特征进行同样的定位,没有特色。④ 其次是师资不够,“比较突出的问题是难以保证从事新闻传播业务课程教学的师资数量和质量”⑤。再次是专业过于细分,“对新闻传播学科的专业设置,教育部2014年颁布的本科专业调整目录中增加了专业数量……虽然增加专业数量有助于新闻传播学科在教育管理部门争取资源,但相对于媒介及产业融合的加速,业界对复合型与跨媒体传播人才的需求增强这一趋势,这种专业细分化却是值得商榷的”⑥。从次是“表现出技能化和工具化的趋势,如一些高校在课程结构与课程体系调整时,凡与新闻传播理论和技能无直接关系的各类公共课能不开尽量不开,能少开的尽量少开。尤其文史类、管理类、艺术类的课程,在人才培养方案修订中,被大量剔除出去”⑦。最后是资金不足,

---

① 何志武.新闻传播教育,转型还是坚守?[J].青年记者,2016(3):73-74;邓建国.新信息环境下我国专家型新闻传播人才的培养模式探讨[J].新闻大学,2017(2):133-138;范以锦.宽口径就业背景下的“学以致用”[J].新闻与写作,2017(3):10-13;黄瑚.新媒体时代专家型新闻人才的认知与实践[J].新闻与写作,2016(6):135-139.

② 唐海江.互联网革命与新闻传播学科重构之反思——一种技术自主性的观点[J].社会科学战线,2016(7):149.

③ 范以锦.宽口径就业背景下的“学以致用”[J].新闻与写作,2017(3):13.

④ 张昆.新闻理想与教育情怀——写在《三思新闻教育》付梓之前[J].新闻与写作,2017(8):51.

⑤ 蔡雯.新闻教育亟待探索的主要问题[J].国际新闻界,2017(3):13

⑥ 蔡雯.新闻教育亟待探索的主要问题[J].国际新闻界,2017(3):8.

⑦ 蔡雯.新闻教育亟待探索的主要问题[J].国际新闻界,2017(3):9-10.

“很多地方性院校中的新闻院系，专业设备短缺，设备状况不良，全媒体教育还停留在口号和规划上。即便是一些重点高校，也普遍存在不能及时跟进业界变化，购买引进新技术产品的情况，实验教学因此存在严重的滞后性”①。

第三，新媒体环境下新闻教育的改革举措。

面对新媒体的快速发展以及新闻教育长期存在的一些问题，学者们也纷纷献计献策，提出了一系列的改革举措：“在定位方面要因地制宜，因校施策。重点大学可定位研究型职业教育，一般大学可以尝试职业教育”②；“对于不同岗位，应该有不同的考核评价标准”③，并且要“鼓励高学历、长于理论研究的年轻教师到新闻传媒一线参与实践”④；“应该鼓励和支持以新闻传播学一级学科来招收本科生和设计培养方案，淡化专业间的区分，而且应该鼓励各教育单位根据自己的资源优势规划设计培养目标，设立不同的教育项目”⑤；“在新闻实务教学过程中要更加强调方法论和认识论，新闻实务教学的方法需要和社会科学的多种方法甚至大数据挖掘等文理交叉的方法有效地结合”⑥，乃至与实验课更紧密地结合；通过学校自办媒体和以毕业设计取代传统的毕业论文来培养学生的实践能力。⑦

第四，数据新闻人才的培养。

数据新闻人才已经成为当下新闻教育的一个重要培养方向，有些学者专门探讨了如何培养数据新闻人才。学者们对高校数据新闻人才培养的现状进行了调研，发现数据新闻人才的培养存在诸多问题：夸大数据新闻在新闻传播领域的重要性；课程定位不明确，课程内容安排随意；课程缺乏系统性，没有统一的标准；师资匮乏；教学方式单一，网络共享资源缺乏；地域差异显著等。⑧

因此，有学者提出应当整合不同专业的师资及传播平台资源，如与统计、视觉设计、信息管理等学院合作办学，同时充分利用网络资源共享平台来提供更自由的学习时间和更丰富的课程内容。⑨ 在教学内容方面，应聚焦数据挖掘、数据分析处理、数据

---

① 蔡雯.新闻教育亟待探索的主要问题[J].国际新闻界，2017(3)：16.

② 张昆.新闻理想与教育情怀——写在《三思新闻教育》付梓之前[J].新闻与写作，2017(8)：51.

③ 张昆.新闻理想与教育情怀——写在《三思新闻教育》付梓之前[J].新闻与写作，2017(8)：52.

④ 蔡雯.新闻教育亟待探索的主要问题[J].国际新闻界，2017(3)：11.

⑤ 蔡雯.新闻教育亟待探索的主要问题[J].国际新闻界，2017(3)：16.

⑥ 张志安.对新闻传播实务教学改革的思考[J].青年记者，2017(5)：62.

⑦ 辜晓进.媒体育成与新闻基因传承——兼论高校新闻教育改革中的创新与坚守[J].新闻大学，2016(3)：140-145.

⑧ 许向东.对中美数据新闻人才培养模式的比较与思考[J].国际新闻界，2016(10)：108-109；黄志敏，王敏，李薇.数据新闻教育调查报告[J].新闻与写作，2017(9)：17-24.

⑨ 许向东.对中美数据新闻人才培养模式的比较与思考[J].国际新闻界，2016(10)：109.

可视化等数据新闻技术。在教学策略上,则应采取开设数据新闻系列讲座、案例教学、慕课式教学和团队教学等多元化的教学形式。[①]

总体而言,近年来学界对新媒体环境下的新闻教育进行了较为全面深入的研究,为中国未来新闻教育的改革和发展提供了重要借鉴。但是,现有研究主要还停留在经验性描述的层面,极少从理论层面对新闻传播教育进行探讨。今后的研究应当借鉴教育学和哲学等学科的理论,对新闻传播教育的实践进行理论升华。

(二)中国新闻传播教育年鉴的编纂

"年鉴作为大型综合性工具书,以年为时间单位,全面、系统、真实地记录上年度特定领域的新发展、新变化、新成就、新问题,具有数据权威、反应及时、出版连续的特点,兼具工具性、学术性和政策性。某种年鉴的编纂出版,常常被视为某个学科领域、某个行业成熟的标志。中国新闻传播教育已有近百年的历史,国内有 681 所大学开设新闻与传播类专业,其中'985''211'大学开设新闻与传播类专业的比例高达 55.9%。"[②]因此,中国新闻传播教育界急需一本体系完备的教育年鉴,以保持中国新闻传播教育的文脉,为后人研究今天的新闻传播教育留下宝贵的第一手文献资料。

正是基于这一认知,中国新闻史学会新闻传播教育史研究会决定承担起这一历史责任,成立了《中国新闻传播教育年鉴》编委会。从 2015 年 5 月到 2016 年 7 月,编委会动员了一百多人参与编写,经编辑部审定,最终完成的样稿近 150 万字。在编委会第三次全体会议上,又广泛听取委员们的意见,在此基础上编辑部对文稿又进行了修改、精简,最终于 2016 年 10 月出版《中国新闻传播教育年鉴(2016)》。该年鉴是中国第一本以新闻传播教育为主体的年鉴,由三个大的版块组成。"第一版块总论篇旨在回溯、梳理中国新闻传播的历史……第二版块是平台与人物篇,旨在彰显中国新闻传播教育的主体,从行业(专业)组织、新闻院系、研究生硕博士学位授权点、博士后流动站,到对中国新闻传播教育产生过重大影响的教育家们,成为本版块的核心内容……第三个版块是成果与政策,旨在综述和解读中国新闻传播教育界的教学成果、专业与学科评估、教育政策及各种统计数据。"[③]

在 2016 版年鉴的基础之上,中国新闻史学会新闻传播教育史研究会又于 2017 年 8 月推出了《中国新闻传播教育年鉴(2017)》。2017 版年鉴较之 2016 版做了一些改

---

① 陈积银,杨廉.哥大新闻学院数据新闻教学的解读与借鉴[J].新闻大学,2016(10):131-132.

② 张昆.新闻传播教育年鉴编纂的必要性论析[J].现代传播,2016(11):141.

③ 张昆.新闻传播教育年鉴编纂的必要性论析[J].现代传播,2016(11):143.

进:“其一,将年鉴的首篇由大跨度历史综述改为年度综述,从新闻传播教育的宏观视野,全面勾勒了中国新闻传播教育界在 2016 年的各种发展、变化及存在的问题。其二,在人物史方面,除了原有的‘教育家研究’‘口述史’以外,增加了一个新的专栏‘新任院长施政方针’。其三,‘2017 版’还首度以学术地图的形式,白描大区(包括以各省、直辖市、自治区为基本单位组成的大区域,如华北、华中等区)新闻传播教育的总体概况。其四,‘2017 版’还以‘他山之石’为栏目名称,介绍国外一些著名新闻传播院系在媒介融合背景下适应社会需求的新举措,为当下中国新闻传播教育改革提供了可资借鉴的参考系。特别要指出的是,‘2017 版’还设置了一个新的专栏‘新闻传播教育史钩沉’,请当代中国新闻传播教育史的见证人和亲历者,就新闻传播教育史上重大的历史事件、重大问题、重要人物、重要过程,在基于事实的基础上,撰写回忆文章,再现历史真相。”①

2017 年 9 月,《中国新闻传播教育年鉴》编委会又在华中科技大学召开会议,研讨 2018 版年鉴编辑事宜,准备在前两版的基础上进一步对年鉴体系进行完善。

结　语

回顾 2016 年来中国新闻传播教育的发展历程,可以发现新媒体环境的发展和国家有关政策的推行,对新闻传播教育的发展起到了主导作用。我们应该看到,新闻传播教育的发展与媒介环境和政策环境有着非常密切的关系,因此,新闻传播教育必须与时俱进,适应新的媒体环境并积极响应国家相关政策。但新闻传播教育又不能盲目追逐新的媒介技术潮流,受工具理性的主宰,而是应当在坚守传统新闻传播教育内核的前提下合理地对技术加以利用。此外,新闻传播教育也应当在不违背国家政策的前提下保持一定的独立性,在人才培养和科学研究方面都应遵循教育和学术的自身规律,使新闻传播学科得以长远发展。

〔陈勇,湖南理工学院新闻与传播学院副教授;张昆,华中科技大学新闻与信息传播学院教授、博士生导师〕

〔特约编辑:陈欣钢〕

① 张昆.今日信史 明日年鉴[M]//中国新闻史学会新闻传播教育史研究委员会.中国新闻传播教育年鉴(2017).武汉:武汉大学出版社,2017:1-2.

开启马克思主义新闻观教育新境界

Commence a New Frontier of Marxist Journalism Education

◎ 刘卫东

Liu Weidong

摘要:2017年10月3日,习近平同志在给中国人民大学建校80周年贺信中强调,党和国家事业对高等教育的需要比以往任何时候都更加迫切,对科学知识和卓越人才的渴求比以往任何时候都更加强烈。他希望围绕解决好为谁培养人、培养什么样的人、怎样培养人这个根本问题,扎根中国大地办大学,努力建设世界一流大学和一流学科。这是习近平"2·19"讲话发表以来,对包括马克思主义新闻观教育在内的高校工作的又一次重要讲话。当前,在新闻教育战线全面贯彻习近平同志系列讲话精神过程中,如何在马克思主义新闻观指导下,凝练具有中国特色社会主义新闻传播理论新体系;在接续、弘扬中华民族优秀文化基因和精神血脉中,创新马克思主义新闻观教育新领域;在深入挖掘马克思主义技术文化思想精华与传播伦理美学精髓中,开启马克思主义新闻观教育新境界,是马克思主义新闻观教育与研究面临的新课题。

关键词:马克思主义新闻观,教育研究,新境界

Abstract: On October 3, 2017, President Xi addressed in his congratulation letter to the 80 anniversary of Renmin University of China that CPC and China need higher education, scientific knowledge, talents more urgently and strongly than ever. He hopes the universities based on China's actual conditions can be built, strive to construct worldwide first-class universities and disciplines by centering on what we cultivate talents for, what kinds of talents we need, how to cultivate. This is another important speech about journalism education including Marxist journalistic view since his "2 · 19" speech. At present, Marxist journalistic view education is confronting many new issues: how to extract a new theoretic system with Chinese socialistic characteristics for journalism and communication under the direction of Marxist journalistic view education during the process of implementing fully the spirit of President Xi's speech; how to expand Marxist journalist view education during the process of continuing and upholding the Chinese excellent culture and spirit tradition; how to explore new frontier of Marxist journalist view education through excavating the essence of Marxist technological culture and communication ethical aesthetics.

Keywords: Marxist journalistic view, education study, new frontier

2017 年 10 月 3 日,习近平同志致信祝贺中国人民大学建校 80 周年。在贺信中习近平强调,当前,党和国家事业正处在一个关键时期,我们对高等教育的需要比以往任何时候都更加迫切,对科学知识和卓越人才的渴求比以往任何时候都更加强烈。他希望中国人民大学以建校 80 周年为新的起点,围绕解决好为谁培养人才、培养什么样的人才、怎样培养人才这个根本问题,坚持立德树人,遵循教育规律,弘扬优良传统,扎根中国大地办大学,努力建设世界一流大学和一流学科,为我国高等教育事业繁荣发展,为实现“两个一百年”奋斗目标、实现中华民族伟大复兴的中国梦作出新的更大的贡献。

党的十八大以来,习近平同志在不同场合先后八次谈到党的意识形态工作的极端重要性问题,其中包含了对新闻教育工作如何坚持马克思主义新闻观的论述。当前,在我国新闻舆论工作和新闻教育战线,如何在马克思主义新闻观指导下,凝练具有中国特色社会主义新闻传播理论新体系;在接续、弘扬中华民族优秀文化基因和精神血脉中,创新马克思主义新闻观教育新领域;在深入挖掘马克思主义技术文化思想精华与传播伦理美学精髓中,开启马克思主义新闻观教育新境界,是未来三至五年间,马克思主义新闻观教育与研究面临的新课题。

一、在马克思主义新闻观指导下,凝练具有中国特色社会主义新闻传播理论新体系

中国特色马克思主义新闻传播理论话语体系,是融中国特色社会主义新闻传播工作的实践创新、理论创新、机制创新于一体的话语体系,应具有中国特色、中国品格和中国气质,应具有多层次新闻传播理论的积淀和学术涵养。目前,在中国内地新闻传播学术领域,对马克思主义新闻观教育教学的认识和实践仍然处于各抒己见的探索阶段。从基础理论、方法论意义、话语体系建设等角度看,科学的马克思主义新闻观教育体系还不够完善,其影响力与当前快速发展的国家实力和中国日益增强的国际地位还不匹配,党领导下丰富的新闻传播实践经验和理论建设,特别是有中国特色的新闻传

播话语体系的构建,尚处于不断探索或完善的过程中。因此,在马克思主义科学思想体系指导下,新闻传播教育界应该顺应当今世界和当代中国媒介发展大势,认真总结体现鲜明的中国特色和不断创新的新闻传播实践活动经验。在激发马克思主义新闻教育思想活力的过程中,构建适应中国国情的新闻传播话语体系,这是时代赋予新闻学术界的历史使命。

针对构建中国特色新闻传播新理论、新话语体系中存在的问题,有学者指出,“针对数十年存在的西方话语和理论强势入侵,我们在新闻传播学术研究中学‘洋’有余、自信不足,自为困难、自主乏力的问题,上下左右一直在强调。在多元共存成为人类景观、交流互鉴成为文化发展趋势的背景之下,应当摆脱依附心理,走出学徒状态,在虚心学习西方先进思想理论的同时,一定要‘脚踏着祖国大地’,立足中国实际、总结中国实践,运用中国智慧,书写中国理论,为新闻传播理论烙上中国的印记。”①

随着传播新技术的快速变革,传统的新闻传播理论研究范式、研究视角和研究内容都发生了颠覆性的变化,面临前所未有的挑战。随着国际地位的提高,中国新闻传播事业快速发展,越来越受到世界新闻传播学界的关注,五千年中华文明史中的传播思想资源也越来越引起世界的兴趣。“世界新闻传播理论的进步发展亦需要中国智慧的启迪、中国学说的参照、中国学派的贡献。当此之际,我们应该努力挖掘整理中华民族思想史中的新闻传播资源,总结升华现当代新闻传播改革创新的实践,形成中国的新闻观、传播观,与世界学者们一起,共同修改和证伪传统理论,共同发现和完善新的理论,将新闻传播学术研究推向新的境界。”②中国学术界在凝练具有中国特色社会主义新闻传播理论新体系过程中,不能再把新时期新闻传播理论创新突破、繁荣发展的希望寄托在西方学者身上,而应在深入挖掘中国优秀历史文化和借鉴世界传播文明中,向国际新闻传播界提供具有“中国味道”“中国范式”的新闻传播理论体系,在中西融合的构建思路上有所贡献。

具有中国特色社会主义新闻传播理论的新体系,主要包括马克思主义新闻观的哲学基础、马克思主义新闻观的唯物辩证法特质、马克思主义新闻观的内涵与要义,以及马克思主义新闻观科学方法论等内容。

在马克思主义新闻观科学体系的总体架构中,首先要阐明马克思主义新闻观创立的时代背景,马克思主义新闻观产生的社会基础,马克思主义新闻观的唯物史观特征等内容。其次,在分析马克思主义新闻观的哲学基础上,主要从人的社会性和普遍交

① 张小平,蔡惠福.向世界贡献中国新闻传播理论的“青蒿素”[J].新闻战线,2016(8).

② 同上。

往特征来考察社会信息传播的必然性，始终把“人”作为研究和服务的主体；从物质决定精神、事实产生新闻的唯物史观中认识新闻传播本质，同时也不能忽视作为意识形态的新闻舆论工作对现代化转型和社会进步的软性调控作用；从经济基础与上层建筑互动关系上把握新闻传播的社会治理功能。再次，马克思主义新闻观的唯物辩证法特质包括对立统一率制约新闻传播的机制，质量转化率平衡新闻传播的效果，动态平衡率揭示新闻传播的规律，时空相对率决定新闻传播的价值等。再再次，在马克思主义新闻观的内涵与要义中，系统总结党性与人民性相统一的基本原则；坚持真理、修正错误的本质追求；新闻规律与舆论导向的一致性；新闻法治与出版自由的矛盾统一体；调查研究与群众路线工作原则；社会效益放在首位，同时注重经济收益的运营思路；与时俱进与改革创新的当代特征等内容。又次，对马克思主义新闻观科学方法论的研究，主要从系统科学体系架构的角度，分别从以下三个层面来建构。一是基础层面，作为科学的世界观和方法论，马克思主义新闻思想对新闻传播理论建设的思想价值和指导原则；二是中间层面，作为人文社会科学与文化体系，马克思主义新闻思想对新闻传播一般规律的探索和新闻科学的认知与追求；三是高级层面，作为政治组织和阶级的意识形态体系，在马克思主义政党领导下社会主义国家执政过程中，对思想观念、上层建筑等社会主流意识形态的指导作用。最后，在中国社会主义新闻传播事业波澜壮阔的伟大历史实践中，以中国共产党党报理论为代表的主流传播媒介系统，用马克思主义新闻思想指导新闻传播实践，创造了不同于西方新闻传播工作的独特机制，彰显了中国精神与表达。这主要包括八大机制、三种精神。

八大机制是：体现“为人民服务、为社会主义建设服务，为党和政府中心工作服务”的政治机制；准确全面报道的专业平衡机制；新闻舆论监督的社会净化机制；主流媒体引领健康时尚的示范机制；干预社会生活、推动社会进步的软性治理机制；针砭时弊、伸张正义的“公平”机制；追求积极传播效果的内参反馈机制；批评与自我批评的纠错机制。三种精神指的是：唯真求实的科学精神，团结鼓劲的进取精神，与时俱进的时代精神。

总之，马克思主义新闻观的教育、践行与发展，需要马克思主义新闻思想的倡导者、提出者在指导思想、意识形态、价值体系中的决定性作用；需要马克思主义新闻观的教育者、研究者的诠释作用，即将马克思主义新闻观理论通俗化，传播规律解读民间化，话语体系建构中国化；需要主流媒体的关键作用，即通过践行马克思主义新闻思想的实践环节，彰显新闻媒体“以人民为中心”的工作导向和本质特征。

二、在接续、弘扬中华民族优秀文化基因和精神血脉中，创新马克思主义新闻观教育新领域

从某种意义上说，马克思主义新闻观是马克思主义中国化过程中的产物，特别是在配合中国新民主主义胜利和社会主义建设过程中，马克思主义新闻观与中国社会经济政治发展实际相结合，逐渐成为指导当代中国新闻传播实践的主流意识形态。

如果从历史基因与文化血脉渊源上考察可以发现，马克思主义新闻观的时代特征与大众化发展指向，来自于马克思主义和中国传统文化具有的某种内在融合的精神气质。“马克思主义作为一种域外文化能够在中国生根、成长且结出硕果，成为党的指导思想和社会的主流意识形态，不仅仅是中国社会发展需要它，更是因为其与中华传统文化有诸多的暗合之处，具备在中国社会传播的文化土壤。中华传统文化源远流长，可谓博大精深，在推进马克思主义中国化进程中能够发挥独特的作用，也能够为马克思主义中国化发展提供基本路径。”①二者诸多暗合之处主要体现在以下方面。

从马克思主义新闻观与中国传统文化的思维方式看，二者均含有丰富的辩证法思想。在马克思主义新闻观的唯物辩证法特质中，对立统一率制约新闻传播的机制，质量转化率平衡新闻传播的效果，动态平衡率揭示新闻传播的规律，以及时空相对率决定新闻传播的价值等，包含了丰富的唯物辩证法原则。而中国传统文化中朴素的辩证法思维，遍布儒家思想、道家理念和法家学说之中。“毛泽东同志曾说，辩证法是一种宇宙观，不论是在古代中国还是在现代欧洲，一直是存在的。中国传统文化经过长期的历史发展，积累了丰富的辩证法思想，对人与自然、人与社会有着深刻的思考，认为万事万物之间存在着相互依存和变化的关系，比如‘天人合一’思想就是例证。”②

同马克思主义新闻观一样，“中国传统文化对于自然、宇宙、社会的思考形成了一种朴素的辩证法思维，实际上反映了人们对于思维和实践的认知。就马克思本人而言，他早在19世纪中期就专门研究过中国历史，对中国传统文化有较为深刻的理解，其很多文章也闪烁着中国辩证法的智慧”。③ 至于以毛泽东、周恩来、刘少奇，以及邓小平、江泽民、胡锦涛和习近平等同志为代表的党的历代领导集体，对马克思主义新闻观的认识和实践，无不具有鲜明的唯物辩证法的特质。

---

① 郭文飞，彭晓燕.马克思主义与中国传统文化的融合[J].人民论坛，2017年5月下.
② 同上。
③ 同上。

从社会理想和终极关怀的角度看，两者均关注人类发展的终极目标。马克思主义认为人类社会发展的最高形态是共产主义，主张消灭社会分工，建立“真正的自由人的联合体”，以实现“全人类彻底解放”作为最高价值目标，体现了人类对美好生活的向往和追求。马克思主义新闻观的核心内涵就是新闻工作要全心全意为人民服务，为实现共产主义伟大理想而提供思想和意识形态保障。“中国传统文化认为，人类社会的发展最佳状态是天下为公、选贤任能的大同社会，大同社会的理想状态是人人能够按需取得社会的分配权，人与人的关系是平等的。”①这也正是费孝通先生的“各美其美，美人之美，美美与共，天下大同”的思想内核，它代表了中国传统文化倡导和追求的理想社会状态。

“各美其美”，就是各个民族要弘扬自己优良的文化传统。“美人之美”，就是要学习他人的优秀文化。其结果就是“美美与共，天下大同”，即各个国家、不同民族的优秀文化互相包容、互相学习，就可以展现一个多彩的世界、多元的文化。这样代代相传，最终建立一个世界各国、不同民族互相融合的“大同”社会。

总之，具有五千年历史积淀的中国传统文化，“能够为马克思主义中国化提供一种适合于中国的语言范式、补偿性思想资源和精神内涵。通过推动马克思主义和中国传统文化的融合，发挥中国传统文化的表达优势和精神优势，推进中国传统文化的时代创新，有利于推进马克思主义中国化”。② 中国共产党人在长期的历史进程中，将中国传统文化和马克思主义结合起来，创造性地构建了具有中国特色的社会主义理论、道路、制度和文化等社会形态，特别是习近平同志提出的“人类命运共同体”的价值追求，正是马克思主义中国化与中国传统文化暗合的重要体现。上述思想和认知，也顺理成章地包含在马克思主义新闻观体系之中。

三、在深入挖掘马克思主义技术文化思想精华与传播伦理美学精髓中，开启马克思主义新闻观教育新境界

2017 年是中国人工智能技术发展的重要转折点。“人工智能”首次被写入 2017 年“两会”政府工作报告，成为传媒深度融合的重要技术基础。在“人工智能＋新闻”的智慧传播时代，深入挖掘马克思主义技术文化思想精华与传播伦理美学精髓，可以为推动媒体深度融合提供更为广阔的思路，也将开启马克思主义新闻观教育与研究的新

① 郭文飞，彭晓燕.马克思主义与中国传统文化的融合[J].人民论坛，2017 年 5 月下.

② 同上。

领域和新境界。

当前,马克思主义新闻观教育工作已经在着手解决公共传播领域中马克思主义主流意识形态的主导地位问题、互联网文化主权和网络社会舆论的积极引导与有效治理问题,以及传播权力让渡与公民媒介素养的关系问题。除此之外,今后一段时间,加快解决人工智能时代传播者人文素养、传播技术文化与伦理等问题,是当前最为迫切的前沿性研究课题。

(一)加快解决人工智能时代传播技术的文化与伦理问题

人工智能伦理学是基于人机互动科学技术上发展起来的综合仿生类新兴学科。它与网络伦理、人工生命伦理等均属于技术伦理研究范围。人工智能体的道德伦理问题已成为智能体发展过程中必须面对的问题。随着机器人在人类生产生活中的广泛应用,人工智能体的道德张力也逐步加大。有关人工智能的技术伦理和技术美学的研究已经由前科学状态转化为潜科学,日益受到人们的关注。毋庸置疑,人工智能体应该具有道德和伦理意识,并且其道德和伦理属性应完全符合人类健康的道德伦理体系及其本质。

在对人工智能体道德伦理的研究进路中,马克思主义技术文化辩证法和传播伦理美学对人工智能技术科学的道德伦理设计将起到重要的指导作用。在当前媒介深度融合过程中,迫切需要马克思主义新闻观对当下的技术伦理问题做出科学的解释。科学与技术越进步、越发展,越需要马克思主义技术文化和传播伦理的指导。这是传播技术发展中迫切需要解决的重大问题,随着这一问题的破解,人工智能体的伦理体系也会随着人工智能体道德体系的完善而纳入健康发展的轨道。

(二)加大马克思主义新闻观中传播技术美学与人文素养关系的研究力度

技术美学是伴随 20 世纪现代科学与技术进步而产生的美学分支学科。它与文艺美学和审美教育相并列,构成三大应用美学学科。传播技术美学是研究传媒物质生产过程中媒介器物文化的美学特征及其存在问题的学科。从某种角度分析,无论自然技术还是社会技术,其产生的过程都伴随着技术发明者、使用者对技术本身包含的美的想象和美的挖掘、展示过程。可以说从技术或艺术诞生之日起,二者就密不可分,彼此不可分割。正因为如此,大科学家、大艺术家都自觉地遵循技术发明和艺术创造相互作用的规律，以各自不同的专业方式去探索真（科学）、善（艺术）、美（科学与艺术）的本质。[①]

所谓“人文素养”就是以人为中心，以人为观照对象的精神品质、能力要素、知识水平的综合表征。人文素养的灵魂，不是技术能力本身，其核心内涵是对人类生存意义和价值的关怀、追问，是揭示人的处世哲学，包括“价值观”“人生观”“世界观”等人生哲学内容。人文素养追求人生和社会的美好境界，推崇人的感性理念和情感世界，尤其看重人的自由想象力和生存的多样性。总之，以人的价值理性、人的生存权利与尊严为万物的尺度。它包含了科学精神与艺术精神的统一，道德精神与法治精神的统一。

马克思主义学说的本质之一就是将技术与人文作为矛盾统一体来对待，承认自然科学技术与社会科学技术以及人文学科素养三者相辅相成的对立统一关系。马克思主义新闻观中传播技术美学与人文素养关系的体现，就是强调人是一切社会关系的总和，信息传播的所有要素、过程、目标、原则、效果追求等，都是围绕人的价值和生存意义进行的。正因为此，马克思主义新闻观的本质与核心就体现在全心全意为人民服务上，大力提倡新闻工作者到基层去，到群众中去，到生活中去，“三贴近”“走转改”就是这一宗旨的生动体现。因此，开启马克思主义新闻观教育教学新境界，应该在大力提倡马克思主义新闻观大众化、时代化的同时，将马克思主义新闻思想中美的追求、美的内涵、美的形态，与当今日新月异的传播技术结合起来，在深入挖掘马克思主义技术文化思想精华与传播伦理美学精髓中，开启马克思主义新闻观教育新境界。为了达到此目的，要在新闻传播教育工作中提高教师队伍传播技术美学和传播伦理美学素养，特别是在授课过程中，处理好新闻报道的准确、真实、快速与美感、良善、情怀之间的关系。

综上，当前马克思主义新闻观教育教学工作，应该全力解决好为谁培养新闻传播人才、培养什么样的新闻传播人才，以及用什么样的教材、内容、方法培养新闻传播人

---

① 歌德：建筑既是科学的，又是艺术的，这是它的本质内涵、表现手段与形式所决定的，优秀的建筑更是科学与艺术相结合的奇葩。李政道：科学跟艺术是不可分割的，就像一个铜板的两面，它们共同的基础是人类的创造力，它们所追求的都是真理的普遍性。钱学森：我们应该自觉地去研究科学技术和文学艺术之间的这种相互作用的规律。威廉·弗莱明：现代技术的一切光辉都出现在现代艺术的创作之中。波特兰·罗素：艺术家与科学家的工作并不是对立的，他们都是以各自不同的方式去探索真理。卡尔·波普尔：伟大的科学家、理论家相当于伟大的艺术家。他们像艺术家那样会受到想象、直觉和形式感的引导。高尔泰：精神的运动和物质的运动实际上是同一个运动过程，正因为如此，自然科学才有了与美学共同的语言。绘画也有可能处理为一种科学，他们会像工程师一样，非常精确地对宗教画上的人物的光环的尺寸进行测量。数字所蕴含的美，带给数学爱好者的极大的美的兴奋，绝对不输给画家。艾德纳·圣·文森特·米莱：只有欧几里得（数学家）见过纯粹的美。所以说，我们没必要把人文与科学做严格的划分。

才这个根本问题。“坚持立德树人,遵循教育规律,弘扬优良传统,扎根中国大地办大学,努力建设世界一流大学和一流学科。”为此要首先解决好教师对马克思主义新闻观的认知问题。因为,从本质上看,马克思主义新闻观实际上是“世界观、人生观、价值观”在新闻领域的具体体现。如果教师这“三观”不解决好,那么,从“十年树木,百年树人”角度看,其危害极大,负面影响无穷。

此外,马克思主义新闻观是中国特色社会主义新闻事业和新闻教育工作的基础,它涉及中华民族复兴的千秋大业,涉及中国共产党举什么旗、国家建设走什么路的目标、宗旨、方向等原则问题,这个“基础”如果不牢,将使民族复兴大业“地动山摇”。

同时,践行马克思主义新闻观教育也是新闻传媒类专业教师“师德”的彰显过程,“德之不存”,则枉为人师 。古人云:“立人先要立德,无德者,国之祸也,德者,国之栋也。”马克思主义新闻观教育应该以高尚的人格与教育良知,铸造新闻教育的师魂品性,锻造师资队伍的师德精神,营造健康清新的育人环境,创造新闻教育的革新路径,打造新闻教育的品牌特色,培养让党放心、让人民满意的新闻与传媒工作者,这是新闻教育工作者必须承担起的崇高使命。从教育教学规律看,新闻传播教育工作不仅是一个传授、灌输和引导的过程,更是一个感化、熏陶和养成的过程,教育人、培养人、发展人是高校新闻传播育人工作的出发点和落脚点。有鉴于此,以马克思主义新闻观为指导,把大学生培养成德才兼备的人,培养成社会主义核心价值观的弘扬者和践行者,培养成合格的社会主义现代化建设者和接班人,是新闻传播教育发展的必然取向,也是当代中国社会发展的客观要求。

总之,新闻传播教育应该在马克思主义新闻观指导下,做好凝练具有中国特色社会主义新闻传播理论新体系的工作;在接续、弘扬中华民族优秀文化基因和精神血脉中,创新马克思主义新闻观教育新领域;在深入挖掘马克思主义技术文化思想精华与传播伦理美学精髓中,开启马克思主义新闻观教育新境界。

〔刘卫东,天津师范大学新闻传播学院教授、博士生导师〕

〔特约编辑:陈欣钢〕

中德新闻传播教育的比较与思考

Journalism and Communication Education Comparison Between China and Germany

◎ 吴璟薇

Wu Jingwei

摘要：承袭了德国人文社会科学注重独立思考与理论创新的特色，德国新闻传播教育将科研与教化并重。本文将从学术史的角度，分析德国新闻传播教育产生的社会背景，并与中国新闻传播教育进行对比，总结德国新闻传播教育的特点及其可资借鉴之处，助力中国新闻传播教育的长远发展。

关键词：德国，新闻传播教育，特殊模式，理论创新，概念史

Abstract: Inheriting the traditions from German humanities and social science which highlights the independent thinking and theoretical innovation, German education of journalism and communication has initiated a special model. This article explores the social background on which the German education of journalism and communication developed and compares its characters with the Chinese model from the perspective of Academic History. By analyzing how German model differs from the Chinese ways, we finally find how to develop Chinese education for journalism and communication.

Keywords: Germany, special model, journalism and communication education, theoretical innovation, Concept History

由于教育体系不同，中国和德国的新闻传播教育差别较大。在中国，新闻传播本科专业的课程设置比较注重实务，以培养专业记者为主。而德国的高等教育体系有一个非常大的特点，那就是将综合性大学（Universität）和高等专科学校（Fachhochschule）严格区别开来，前者以理论和思辨教育为主，后者则注重培养学生的实践动手能力。因此，德国综合性大学的新闻传播教育仍以理论为主、实践为辅，尤其注重培养学生的独立思考能力和理论创新能力。而新闻采编等业务技能的培训，则交由培养实践能力的高等专科学校来负责，根据“learning by doing”（在实践中学习）的教学理念，提高学生处理实际问题的能力。总体说来，在新闻传播教育方面，中美两国较为相似，而德国则有着自己非常独特的新闻教育理念，这些教育理念又根源于德

国的学术传统。

本文将从学术史的角度,分析德国新闻传播教育体系产生的历史背景和发展过程,并对中德新闻传播教育体系进行比较,思考德国经验的可资借鉴之处。

一、德国新闻传播教育模式形成的社会背景

19 世纪初期的德国虽然错过了第一次工业革命,却非常幸运地赶上第二次工业革命,以军事立国的普鲁士最终完成了德意志的统一。然而,无论是在国家治理、经济发展还是文化教育上,德国都没有追随自己在欧洲的兄弟姐妹——英、法两国的模式,也没有学习大洋彼岸的美国,而是渐渐走出了自己的发展道路。伴随着经济的发展和国际地位的不断上升,德意志地区的思想观念和学术研究也在逐渐发生变化。1790—1840 年这 50 年是欧洲现代学术迅猛发展的时期。在此期间,德意志的学者对欧洲现代学术的发展起到了引导和决定性的作用。①19 世纪上半叶,由于新教的传播,加上法国大革命与启蒙思想的影响,德意志的意识形态发生了变化。到 1850 年,德意志的大学几乎完全转化成研究机构。②

(一)德国新式大学的成立与理论创新

此时,德意志的大学建立起注重创新的“研究律令”,主要体现在以下四个方面:

“其一,在原创研究的基础上出版新的研究成果是教师的责任,也是获取哪怕并不重要的大学教职的必要条件;其二,为了支持研究,大学开始兴建图书馆、学院和实验室等基础设施;其三,教学重新定位,尝试向学生介绍研究方法;其四,普鲁士教授认同一种大学的意识形态,即赞美原创研究。在 19 世纪早期的德意志大学中,‘探索的体制化’第一次融入了教学。”③

直到 1860 年前后,这样的教育研究理念才逐渐传播到了英国和美国。④ 在德国大学的教育体系中,创新被放到了首要地位。“比大学的机构组织更重要的是理论的创新,是在精神上和哲学上重新焕发青春。”⑤因此,德国大学也渐渐达成了一种共识,将“创新”作为一种“学术意识形态”(Wissenschafsideologie)。“柏林大学创建后,这一

① STEVEN T R. The prussian universities and the research imperative[M]. Princeton: Princeton University Press, 1972:1.

② 沃森.受教育中间阶层的崛起[M]//德国天才:第二卷.王志华,译.北京:商务印书馆,2016:5.

③ 同上:5-6.

④ 同上:6.

⑤ 同上:9.

'学术意识形态'得到了空前成功的实践,成为19世纪德意志大学的官方意识形态,人们不但赋予它一种令人敬畏的、宗教式的地位,而且还将它定义为德意志大学的'思想',强调科研和教学的统一。"①

虽然在学术上建立起了重视创新的意识形态,但当时的学术和教育环境并不像众多知识分子所设想的那样良好。早在18世纪,功利主义的思想已经在大学蔓延,甚至开始威胁到学术和教育质量。于是,当时的新人文主义学者尝试从传统文化中寻找解决上述问题的方法。他们从希腊罗马精神中找到了可以提升德意志教育之思想道德和美学能力的内容,并且将这些内容在高中和大学推行。② 他们认为,学习经典文化可以帮助学生"摆脱堕落的生活"。

(二)独特教育体系的创立

在确立科研体系的同时,德国也发展出了独特的教育体系。中小学和大学有着明确的学习目的:中小学以获取知识为主,而大学则更加注重培养学生的独立思考能力。哲学家施莱尔马赫(Friedrich Daniel Ernst Schleiermacher)认为,大学应该是衔接中小学和科研机构的桥梁。"适合'德意志天才'……大学应该启动一个进程……完全是一个全新的知识生命进程,以启蒙年轻人的学术思想……从而养成习惯……以学术的观点看待一切事物。"③因此,大学所提供的教育不应该是"面包学业(Brotstudium)",即学生为了获得一份养家糊口的工作而学习基础知识,而应该"促进学术知识的积累"。这一理念也影响到后来德国高校的教学体系设置:综合性大学主要培养学生的理论思维和科研能力,而高等专科学校则传授应用型职业技术,从而能满足业界对于技术工人的需求。

(三)德意志学术传统的形成

19世纪的德国大学,逐渐形成了几个重要概念,其中最重要的两条是教化和批判。

1.教化(Bildung)

在德语中,教化这个词有着特殊的意义,指的是人们通过精神上的、身体上的以及

---

① 沃森.受教育中间阶层的崛起[M]//德国天才:第二卷.王志华,译.北京:商务印书馆,2016:9.

② STEVEN T R. The prussian universities and the research imperative[M]. Princeton: Princeton University Press, 1972:223.

③ 沃森.受教育中间阶层的崛起[M]//德国天才:第二卷.王志华,译.北京:商务印书馆,2016:11.

社会和文化方面的塑造而达到的“人性化”(Persönlickeit)和一种精神能力。现代意义上的教化理念指的是人们提高其精神、文化和生活技能,以及提高个人和社会技能的过程。威廉·冯·洪堡(Wilhelm von Humboldt)在现代大学的理念中尤为强调教化与科研的结合。同时,教化这个词在德语中具有特殊的含义,它包含了教育和社会化的过程,与英美的教育(Education)有所区别。

2.批判(Kiritik)

批判的理念起源于18世纪康德哲学。“该术语意味着,焦点从现存的知识内容转向针对知识来源和现存知识真实性的评判性评估。”①批判理念注重从来源上对知识进行真实性的反思,因而也形成了德国学术的一大传统特色——概念史(Begriffsgeschichte)的研究方法。

“如果没有任何固定的、永恒的、坚持不懈的事物,世界的可辨别性将会停止,一切都会陷入混乱。人们认为,概念出现在个体的灵魂中,就像树上的树叶一样,它们的存在可以通过研究它们的起源而被认识,并从人类的灵魂中被解释出来。这一过程将所有事物汇集到人的主观性上,最后就能获得真相。所谓的历史,就是我们对概念或词义的认识的历史。”②

因此,众多德国人文社会学科的研究都从概念史的方法入手,通过解释某个概念在不同历史时期的变化,进而讨论社会结构变迁与历史发展进程。哈贝马斯的《公共领域的结构转型》、艾利亚斯(Norbert Elias)的《文明的进程》,都是典型的“概念史”著作。使用概念史的研究方法可以梳理一个学科的前后发展路径,更好地找准自身学科定位。同时,这一方法也帮助德国的知识分子成功地找到了本国的学术特色。其中一个典型的例子就是艾利亚斯的《文明的进程》一书,他对文明(Zivilisation)和文化(Kultur)的区分并非自己首创,而是来自德国的学术传统。1848年欧洲革命后,知识分子认为自己重视的东西才是德国的,而宫廷里的繁文缛节只是抄袭法国。以知识分子为代表的市民阶层开始试着建立德国的“文化”,而上层的宫廷社会则模仿法国的宫廷制度,说法语,遵守严格的礼仪。因此,牧师和教授作为中坚知识分子开始思考:什么才是德意志自己的东西?他们试图寻找不同于他者的自我认同。德国统一前后,德意志民族正是在寻找自我认同的过程中,找到了一条具有自身发展特色的道路。

---

① 沃森.受教育中间阶层的崛起[M]//德国天才:第二卷.王志华,译.北京:商务印书馆,2016:15.

② FREGE G.Die grundlagen der arithmetik: eine logisch mathematische untersuchung über den begriff der zahl [M]. Centenarausgabe, Meiner: Hamburg, 1986, S. VII (7 f.)

二、德国新闻传播专业的课程设置特色

创新、学术、教化、批判的精神一直在德国高等教育体系中流传至今，其新闻传播教育也保持了高等教育的传统，注重理论基础、培养独立思考能力、推崇创新精神，并在教学中把教化与科研相结合，促进教学相长。在德国，综合性大学的新闻传播专业的设置也极具特色，虽然在 20 世纪 60 年代后受到美国经验主义的影响，但仍然与英美两国，以及中国的新闻传播教育存在很大差别。

在现代德国学术体系中，与新闻传播研究相关的主要有新闻学(Journalistik)、公共媒体学(Publizistikwissenschaft)、传播学(Kommunikationswissenschaft)、媒介学(Medienwissenschaft)四大领域。因此在德国的综合性大学，与新闻传播相关的学院命名，都与上述四个领域密切相关。

例如，柏林自由大学(Freie Universität Berlin)设有"公共媒体学与传播学学院"(Institut für Publizistik-und Kommunikationswissenschaft)，慕尼黑大学(Ludwig-Maximilians-Universität München)设有"传播学与媒体研究学院"(Institut für Kommunikationswissenschaft und Medienforschung)，多特蒙德工业大学(Technische Universität Dortmund)设有新闻学院(Institut für Journallistik)。另外，由于研究团队的规模较小，这些学院通常也会隶属于社会学与哲学研究大类，例如莱比锡大学(Universität Leipzig)；或者社会学与政治学研究大类，例如柏林自由大学；又或者经济学研究大类，例如柏林洪堡大学(Humboldt Universität zu Berlin)、耶拿大学(Friedrich-Schiller-Universität Jena)。①

上述四个领域各具特色，也代表着德国新闻传播学在不同时期的发展特点。新闻学和公共媒体学出现的时间较早。其中，新闻学更多传授新闻实践专业技能，学生实习时间也比较长，而公共媒体学则更加注重从理论层面对大众媒介进行研究。② 公共媒体学的前身可以追溯到专门研究印刷媒体出版、发行、组织结构及社会功能的报学(Zeitungswissenschaft)。③ 三十年战争期间，柏林的弗里德里希一威廉大学(Friedrich-Wilhelms-Universität)开设报学专业。1916 年，莱比锡大学开设了报学学

① 德国大学的机构组成名称与中国有很大不同，通常一所综合性大学下设众多"研究大类"(Fachbereich)，在这之下又按照专业划分学院(Insititut)，学院之下再根据每位教授的研究重点划分教席(Lehrstuhl)。

② Was genau wird beim Journalistik Studium vermittelt? [EB/OL].(2017-10-28)[2017-10-28].http://www.bild.de/infos/studium/journalistik-10692384.bild.html.

③ Otfried Jarren, Heinz Bonfadelli und Gabriele Siegert. Einführung in die Publizistikwissenschaft. 3.[M]Auflage, Stuttgart:UTB, 2010.

院(Institut fuer Zeitungskunde),1993 年改为传播学与媒介学学院(Institut für Kommunikations- und Medienwissenschaft)。[①] 目前,大多数综合性大学的新闻传播院系都采用"公共媒体学"这一名称,极少用"新闻学"命名。

另一个比较注重理论研究的领域是传播学。20 世纪 60 年代,受到美国的影响,德国开始盛行民意研究(Meinungsforschung)。可以说,德国传播学的兴起与德国大选的民意调查和电视辩论密切相关。随着伊丽莎白·诺艾尔一诺依曼(Elisabeth Noelle-Neumann)1966 年在美因茨大学(Johannes Gutenberg-Universität Mainz)创办公共媒体学学院(Institut für Publizist),量化研究方法开始引入德国新闻传播学界,并且产生了较大影响,这也标志着传播学作为一个研究领域在德国确立下来。德国的新闻传播学研究开始从以历史和哲学视角关注媒体社会影响的质化研究,转向以量化为主,融合了心理学、社会学等视角的经验研究。[②] 而学者们也试图在公共媒体学与传播学之间划出一个明晰的界限,但凡与量化方法有关的经验研究,都称为传播学。[③] 70 年代,德国的新闻传播学领域还分化出了媒介学。虽然早在 1916 年莱比锡大学开设的报学学院中已有相关研究,但作为一个研究领域,媒介学此时才得以确立下来。它结合了文学、戏剧学以及音乐学(Literatur-, Theater-, Kunst- und Musikwissenschaft)的研究视角,关注大众媒介、公共传播,以及媒体美学与媒介史。媒介学是一个涵盖了社会科学与人文学的研究领域。

三、中德比较:德国当代新闻传播教育的特色

与中国相比,德国大学的新闻传播学专业设置主要有以下特点:

第一,在德国的综合性大学中,新闻传播教育特别注重理论。德国大学教育改革后,本科的学习年限变为三年,即六个学期。学生入学后,先学习基础理论,例如从第一学期开始研读卢曼(Nikolas Luhman)的系统论(Systemtheorie),或者哈贝马斯(Jürgen Habermas)的公共领域理论,难度很大,阅读量也很大。通常到第五个学期才会安排学生到媒体参与实践。以柏林自由大学公共媒体学与传播学学院的学生为例,每个周末会有一个半小时到德国电视二台(ZDF)参加实践教学。而中国的情况则

---

① Arnulf Kutsch.Zeitungswissenschaft im Dritten Reich, Sieben Biographische Studien[M].Köln: Ertay Hayit, 1987.

② Hans-Bernd Brosius und Christina Holtz-Bacha (eds.).German Communication Year Book[M].Cresskill: Hampton Press, 1999:3.

③ Lutz Hachmeister und Michael Meyen. Kommunikationswissenschaft[M]// Lutz Hachmeister, Hrsg., Grundlagen der Medienpolitik. Ein Handbuch. Bonn: bpb, 2008:221.

相反，学生入学之初，学校主要开展通识教育或者新闻实务课程，学生进入高年级后，学校才会慢慢开设理论课程。在德国，播音主持等实践性较强的专业课程不会出现在综合性大学里，这方面的教育主要由高等专科学校来完成。

第二，在德国的综合性大学中，本科的大课（Vorlesung）和研讨课（Seminar）几乎占一半，学生参与讨论的机会比较多。而硕士研究生阶段则以研讨课为主，每周安排一次论文讨论会（Kolloquium），占两学分，所有筹备硕士论文的学生必须参加。讨论会的特点在于，“有着更小的课堂规模和更亲密的气氛。这儿不是表达口才的地方，而被认为是学习的高阶阶段，是为那些真正投身于专业研究的人才而开设的”。[①] 在中国的新闻院校中，本科几乎是清一色的大课，到了研究生之后才设置研讨课。硕士研究生的讨论会一般不计入学分。

第三，本科生必须辅修第二专业（Nebenfach），这也是德国大学的特色。在新闻传播专业的课堂上，经常可以看到政治学、社会学等其他专业的学生，甚至有主修自然科学的本科生同时辅修新闻传播学。辅修第二专业可以拓展学生的知识面，跨学科的学生构成也丰富了课堂讨论的内容面向。中国的大学现在也在慢慢尝试着拓宽新闻传播学学生的专业领域，鼓励学生辅修第二学位。

第四，就学科范围来讲，德国的新闻传播教育也有自己的特色。在中国，根据2009年颁布和实施的《中华人民共和国国家标准 GB/T 13745－2009》，新闻学与传播学下设新闻理论、新闻史、新闻业务、新闻事业经营管理、广播与电视、传播学，以及新闻学与传播学其他学科这七个学科分类。上述学科体系的划分基本是按新闻实践的内容构成进行分类，而德国则是按照研究领域的理论基础和研究方法将新闻传播学划分为新闻学、公共媒体学、传播学和媒介学四个领域。

第五，课程设置的稳定与灵活并重。由于深受洪堡现代大学教育思想的影响，德国新闻传播学类专业课程的设置比较灵活，注重将科研与教育紧密联系起来，设有“固定课程”和“机动课程”，意即在教学大纲中只规定专业必修课的内容，至于选修课，其内容通常来自任课教师的研究课题或当年新闻传播领域的热点话题，学生通过参与最前沿的议题讨论，做到紧跟前沿、与时俱进。在中国的新闻传播学课堂上，虽然课程名称相对固定，但教师也可以根据最新的研究情况调整课程内容。甚至，一些大学目前也在开发科研与教学相结合的培养模式，比如清华大学的“学生研究训练”［SRT，Student Research Training］。

① 沃森.受教育中间阶层的崛起[M]//德国天才：第二卷.王志华，译.北京：商务印书馆，2016：5-6.

四、德国经验的可资借鉴之处

经过19世纪以来的改革与发展，德国在教育和科研上开创了一种不同于英、美、法的新模式。经过近100年的不断完善，到20世纪初期时，德国在哲学社会科学的发展上已经创建出了一套属于自己的独特体系，也形成了富有深度和创新特色的学术传统，其新闻传播教育也秉持了这一传统。目前，中国的新闻传播教育正在探寻一条符合自身特点的发展道路，这与19世纪的德国非常相似。因此，笔者认为，在讨论中国新闻传播教育之时，我们可以从德国经验中找寻可资借鉴之处，取其精华、为我所用。如前所述，通过对德国新闻传播教育的梳理与分析，我们可以将新闻传播教育领域的“德国经验”归纳为以下几点。

(一)注重概念史的研究方法

在自身哲学和社会科学的基础上，通过概念史的方法，德意志将自己与英、法等其他发达国家进行比较，找寻适合自身发展的独特路径，并以此为基础，发展出了独具特色的哲学社会科学教育及科研体系。德国的新闻传播教育植根于这一深厚的哲学理论基础。《公共领域的结构转型》等在新闻传播领域产生深远影响的著作也是沿用了概念史的范式，分析了公共领域在德国社会的两次转型。20世纪70年代后，虽然德国的新闻传播学教育受到美国的巨大影响，但仍然能保持自己的理论特色，在编写大学教材时，也能做到德文与英文并重。

(二)植根于哲学理论体系

德国学术发展模式的优势在于：思想与哲学先行。在社会科学发展之前，德国哲学已经发展出了自己独特的、高水平的理论体系。借助这一理论体系，新闻传播学等人文与社会科学得以发展。其中，卢曼的系统论对德国新闻传播理论的发展产生了重要影响，因此也形成了从宏观层面和中观层面思考媒介问题、分析媒介系统与其他社会系统互动关系的学术传统。因此，比起美国的大众传播学模式，德国的新闻传播学理论更加注重多方互动，也更适合用来解释新媒体时代的信息流动关系。

(三)强调原创的重要意义

德国大学和学术界几乎将“原创”放在了最高位置。“原创”成为大学的“研究律令”,并将这一意识形态融入到教学中。在德国的新闻传播教育中,非常注重理论的原创性,博士生的论文需要完成大量的文献综述工作并且实现理论创新。博士论文完成以后,也需要作为专著发表才能最终获得博士学位。同时,在德国,如果要申请教授职位,通常需要花2—3年的时间完成教授资格论文,以确立自己独创而系统的学术地位。

(四)将大学作为学术传承的重要场所

德国的中小学和大学都有自己明确的定位,三者之间紧密衔接以确保教育的系统性与持续性。特别是,德国会对综合性大学和高等专科学校进行划分,综合性大学注重学术研究,高等专科学校用于技能训练,以满足社会对技术人才的实际需求。

(五)从古代传统中找到今日之需

在社会变革中,德国的大学也面临着功利主义带来的弊端,但它能够在欧洲传统文化中及时找到适用于当下的思想文化,并在教育中有效推行。

伴随着中国经济和社会的发展,我国也急需一套能够彰显中国特色的学术体系。虽然近现代科学与学术体系起源于欧洲,后来在美国开花结果,但无论是社会发展还是学术发展,中国与欧洲、与美国都存在巨大差异,不可照抄欧洲和美国的模式和体系。中国新闻传播学的发展,既带有梁启超等中国文人的传统,也深受美国的影响。因此,在新闻传播领域,借助概念史的方法,对中国语境下的新闻传播基本观念进行梳理,探索基础概念在本国社会中如何变化,以及这种变化与社会变迁、与全球化的关系,并与他国概念进行比较,可以帮助中国新闻传播学找到适合自己的发展道路。同时,类似于当年的德国,目前中国的大学中也存在功利主义的情况。笔者认为,或许中国也可以从历史传统中发现一些能够为当下所用的理论与思想,从“经典”中寻找解决功利主义和信仰缺失等问题的具体办法。此外,中国的新闻传播教育也需尝试将教育与科研相结合,结合自身特色进行创新,探索符合中国国情、具有中国特色的新闻传播教育发展路径。

[本文为国家社科基金重点项目《当代中国新闻观念研究》(17AXW001)研究成果]

〔吴璟薇,清华大学新闻与传播学院助理教授、马克思主义新闻学与新闻教育改革研究中心主任助理、伊斯雷尔·爱泼斯坦对外传播研究中心研究员〕

〔特约编辑:赵希婧〕

广告学专业教学的三大问题与突破路径

Three Problems and Solutions in the Advertising Education

◎ 李德团　杨先顺

Li Detuan, Yang Xianshun

摘要:本文从人才需求、人才定位、实践资源三方面,通过数据分析发现本科院校尤其是地方院校的广告学专业教学存在三大问题:广告产业的发展态势与实践型人才需求的结构矛盾;广告人才培养的定位趋同与专业教学的执行难度;广告产业区域的不平衡与专业教学的资源瓶颈。本文提出需从三方面探索教学的突破路径,并认为数字营销传播实战型教学将成为未来广告学教学的转型路径。

关键词:广告学,教育教学,数字营销传播

Abstract: Through the data analysis of three aspects of need of talents, position of talents and practice resources, this article identifies three problems of undergraduate advertising education, esp. provincial colleges: structural conflict between developmental trend of advertising industry and the need of pragmatic advertising talents; homogenization of advertising talent cultivation and hard implement of professional teaching; imbalance of advertising industry and limitation of professional teaching resources. The solutions to these problems will be put forward in three aspects. The article holds that practical digital marketing and communication will be the key to the transformation of advertising education.

Keywords: advertising, advertising education, digital marketing and communication

一、问题的提出

据教育部高等学校新闻传播学类专业教学指导委员会调查:截至 2015 年底,全国共有 681 所高校开设新闻传播学类专业,7 个专业布点数为 1 244 个,在校本科生约 23 万人,占在校本科生人数的 1.4%。[①] 另据教育部《2015 年全国教育事业发展统计

① 胡正荣,冷爽.新闻传播学类学生就业现状及难点[J].新闻战线,2016(11):27.

公报》,全国共有 1 219 所本科院校,由此测算开设新闻传播学类专业的院校已达56%。根据笔者基于中国教育最大门户网站——中国教育在线的查询,全国开设广告学专业的普通本科院校已达 239 所(另有独立学院 72 所),开设广告学专业的本科院校达19.3%(据年度公报,2016 年共有 1 237 所本科院校)。广告学已成为新闻传播学类七大专业布点中的热门专业。

一份调研报告显示:新闻学、广告学与广播电视(新闻)学三大专业占据主流地位,各专业均强调实践教学的重要性。① 另一份针对国外 18 所知名高校新闻教育的调查指出:课程设置偏重实务性课程的学校有 8 所,课程设置中技能与实务类课程约占51%。② 在此基础上,顾理平提出新闻传播教育理论教学与实践教学相互结合的二维支撑,以回应时代对新媒体实践人才的需求。③ 张迪对世界 12 所一流新闻传播院系(包括港澳台)的调查表明:为应对传播技术、商业模式及全球化的变化新趋势,新闻传播院系积极调动各类资源,调整以为业界培养实践人才为目标的本科生教育的培养目标、专业设置与课程安排。④ 张昆亦指出新闻传播类专业所培养的学生属于应用型人才的范畴,但是国内一流大学又是完全的学术导向,因而导致本类职业型专业与一流大学作为研究型、学术型学校的定位产生矛盾。⑤ 黄旦认为,当务之急就是要将网络化思维贯彻在教学和研究的全过程中,新闻传播学科建设面临整体转型。⑥

以上研究探讨的多是海内外知名高校新闻传播教育,对一般本科院校尤其是地方院校关注不够。并且,这些研究将新闻传播教育作为一个整体把握,对下设的广告学专业教育的探讨较为零散。总体上目前的研究缺乏从整体上把握广告人才需求矛盾、人才定位不准确、区域资源不平衡问题的数据分析。我们认为,广告学专业教学定位应以广告产业实践为导向,以应用型人才培养为目标,面向产业实践是广告学专业教学的刚性需求。本文拟从人才需求、人才定位与教学资源三个方面进行数据分析,探讨本科院校尤其是地方院校广告学专业教学存在的突出问题,提出面向广告产业实践的教学路径。

---

① 倪宁,蔡雯.媒介融合时代的中国新闻传播教育:基于 18 所国内新闻传播院系的调研报告[J].国际新闻界,2014(4):131.

② 陈丽菲.国外新闻传播学科教育发展新趋势探讨[J].新闻记者,2015(10):57-64.

③ 顾理平.新媒体环境下新闻传播教育的核心、支撑与融通[J].现代传播,2016(8):141-144.

④ 张迪.媒体变革背景下的海外新闻传播教育现状与发展趋势[J].国际新闻界,2014(4):168.

⑤ 张昆.一流大学传媒教育定位的困惑与思考[J].新闻记者,2016(2):54-59.

⑥ 黄旦.整体转型:关于当前中国新闻传播学科建设的一点想法[J].新闻大学,2014(6):1-8.

二、广告学专业教学的三大问题:需求矛盾、定位趋同、资源失衡

人才需求是基于广告产业的供需市场而形成的人才供给与满足状态,它反映的是广告产业的发展态势对人才需求的结构性影响,包括需求数量与质量;人才定位是在人才需求市场的基础上,在院校总体定位指导下,基于院校属性、所在地域、专业教育取向等综合因素确定专业人才培养目标;教学资源则是指院校所在城市的广告产业区域资源及其辐射、延伸的跨越时空的社会资源平台,决定广告学专业教学服务社会的取向与价值,进而影响广告人才需求与人才定位。

(一)需求问题:广告产业的发展态势与实践型人才需求的结构矛盾

整体而言,广告产业的发展态势良好,与国民经济高度正相关。马二伟对 1981—2013 年广告经营额与三次产业增加值数据相关性分析表明,广告产业与国民经济有着非常高的相关性。① 截至 2015 年,全国广告经营单位 67.2 万户,广告从业人员 307.3 万人,广告经营额超过 5 900 亿元,较上一年(5 605.6 亿元)增长了 6.56%,②是世界第二大广告市场。但是,广告产业的利好发展,并不意味着旺盛的人才需求。

表 1　2006—2015 年中国广告经营单位与单位从业人员配比

年份	经营单位(万户)	从业人员(万人)	单位人员配比
2006	14.3	104.0	7.3
2007	17.3	111.3	6.4
2008	18.6	126.6	6.8
2009	19.8	131.9	6.7
2010	24.3	148.1	6.1
2011	29.7	167.3	5.6
2012	37.8	217.8	5.8
2013	44.5	262.2	5.9
2014	54.4	271.8	5.0
2015	67.2	307.3	4.6

数据来源:根据国家工商行政管理总局年度统计数据整理

① 马二伟.大数据时代广告产业结构优化研究[J].国际新闻界,2016(5):156.

② “十三五”广告业年营业额将超万亿元 业态会大变[EB/OL].(2016-08)[2017-08-19].http://www.ce.cn/cysc/newmain/yc/jsxw/201608/03/t20160803_14440886.shtml.

中国广告经营单位尽管从十年前的14万余户，猛增至十年后的67万余户，从业人员亦从104万增至307万，但单位从业人员的配比不增反降，从十年前的7.3降至十年后的4.6，先后经历7人时代（2006）、6人时代（2007－2010）、5人时代（2011－2014）、4人时代（2015—），广告经营单位数量的高速增长并未带来广告人才的旺盛需求，中国广告公司整体“弱小”结构加剧，反而表现出对人才的高要求。就国民经济行业分类而言，广告业属于商务服务业（代码：7240），实务经验、人脉资源、实践能力自然会成为用人单位的首选。作为学校教育的广告教学面临双师型师资匮乏、学生实务能力得不到锻炼的双重困局，学生毕业后在“弱小”的广告公司谋求职位，亦有一定难度。陈刚指出：学生技能训练方面始终无法突破，学校教育只能通过案例教学和模拟教学让学生体会和想象实际操作，并利用实习的方式进行弥补。[①] 这从一个侧面反映出广告业对实践型人才需求的结构矛盾。“这就导致许多缺乏实习实践经验的应届毕业生在就业的过程中屡屡受挫，使得应届毕业生就业问题更加突出。”[②]

即便在广告业最为发达的上海，广告学专业在2012－2013年连续两年被上海市教委列为预警专业，招生录取率和毕业生签约情况均不太理想。广告产业快速发展带来的是广告人才需求及对实践的高要求，这必然导致本科院校增设广告学专业的数量下降。2010－2016年7年间，广告学专业平均年增幅仅为5.5％，明显放缓，2016年无新增专业，说明本专业已基本趋于饱和。从院校性质来看，以综合类院校增设为主，达14所（42.4％），其次是理工类7所（21.2％）。

表2　教育部2010－2016年新增广告学专业区域分布

年份	新增数	区域分布		
		东部	中部	西部
2010	11	6	4	1
2011	8	1	2	5
2012	8	5	0	3
2013	1	1	0	0
2014	2	2	0	0
2015	3	1	1	1
2016	0	0	0	9
总计	33	16	7	10

数据来源：根据教育部备案或审批同意设置的高等学校本科专业名单整理

① 陈刚.走向数字营销实战的广告教育创新[J].青年记者，2016(25)：67.

② 胡正荣，冷爽.新闻传播学类学生就业现状及难点[J].新闻战线，2016(11)：29.

从区域分布来看，专业增设呈现东西部两头偏大、中部偏小的"V 型"趋势，但东部增长明显高于西部，专业增设达 16 所(48.5%)，这反映出广告学专业既是东部发达地区高校发展布局的热点专业，亦是西部、中部欠发达地区院校尤其是以市场为导向的民办高校竞相追逐的热门专业。新设广告学专业的 33 所院校中，民办院校(含独立学院)就占 15 所(45.5%)，其实践型人才培养水平亟待提升。潘奇等对 129 所民办高校的调查指出：虽然民办高校多定位于地方性本科院校，但他们培养出的人才与区域经济社会发展人才需求严重脱节。①

(二)定位问题：广告人才培养的定位趋同与专业教学的执行难度

人才培养方案指导广告学专业教学的方向和内容。培养方案确立的培养目标定位、课程设置、集中实训环节是教学的导向性规定，尤其是培养目标定位，关乎培养怎样的广告人才。黄升民早在 2011 年就指出：中国绝大多数高校不适合"学术型"定位，更适于应用型定位，事实上以很强的专业技能为主导的广告专业定位占大多数。② 尽管如此，目前的广告人才培养目标仍存在定位趋同、缺乏差异性的问题。

仅以地处中部的湖南省的本科院校为例，湖南省共有 34 所本科院校(不含独立或民办学院)，其中开设广告学专业的院校达 13 所(占 38.2%)，具体分布如下：5 所综合类院校，4 所理工类院校，2 所师范类院校，1 所财经类院校，1 所农林类院校(专业已于 2013 年撤销)。湖南院校广告学专业以新闻传播取向为主(11 所)，艺术设计取向仅有 2 所。从人才培养定位来看，8 所院校均定位于高级专门(型)人才，其中地方院校就占 6 所，仅有 3 所定位于培养复合型人才。

这种人才定位的趋同反映出院校之间专业培养方案的相互模仿。院校在创建广告学专业之初借鉴兄弟院校办学经验的现象是普遍存在的，我国新闻传播教育也是在模仿美国模式与苏联模式基础上建立起来的。但是，应该指出的是，地方院校不仅人才定位趋同，而且特别强调对"高级""专门"应用人才的培养，这种相互模仿不仅囿于教学条件难以实现，而且明显与其所处城市的广告产业发展状况不匹配，也与广告学专业的综合性特点不一致，其专业教学尤其是实践教学无法满足产业对高级人才的要求。

毕竟，地处中部的湖南省院校培养高级、专门应用人才缺乏基础资源条件，而且广

① 潘奇，阙明坤.民办本科院校专业设置的问题、成因与对策——基于 129 所民办本科院校的调查[J].教育发展研究，2016(17)：80.

② 黄升民.关于广告学专业三个关键问题的思考[J].广告人，2011(8)：47.

告学专业以地方院校为主，从开设历史来看，亦是先从地方院校辐射至省会城市，大多数院校为新建本科院校，处于应用型转型发展阶段，所在城市经济欠发达。开设广告学专业的院校仅有3所在长沙，10所院校在地市，虽然2016年湖南全省广告经营额达242.3亿元，位列全国八强，但湖南卫视广告经营额占据了近半壁江山，超100亿元，属于典型的媒体驱动型广告发展模式，全省亦仅有15家广告公司获得中国一级广告企业资质。

以笔者院校所在城市为例，全市广告公司基本为设计、制作等广告下游公司，无知名综合性广告代理公司。学校囿于地缘劣势无法与省外知名广告公司合作建立实践实习基地，而省内屈指可数的广告公司、以湖南广电为主的媒体资源又炙手可热，基本没有创建的可能性。在培养高级应用型人才的目标导向下，专业教学亦无特色，既不能很好地以专业服务地方，又缺乏培养高级应用型人才的先天基础，实践教学也流于形式，所谓培养高级应用型专门人才的目标成为难以完成的任务。

塔尔德指出：虽然模仿是普遍存在的社会行为，但是，"实际上，模仿有两种，一种是亦步亦趋地模仿对象；一种是反其道而行之。对于后一种模仿，塔尔德将其称为'反模仿'"。[①] 因此，地方院校广告学专业应进行"反模仿"定位，纠正培养"高级"应用型、专门型人才的拔高定位，结合办学条件的实际、所在城市广告业发展水平状况进行重新思考。服务地方，务实教学是当务之急。

（三）资源问题：广告产业区域的不平衡与专业教学的资源瓶颈

国家工商总局年度统计资料显示：北京、广东、上海、江苏、浙江五个地区是我国广告产业最为发达的地区，其广告经营额从2004年开始一直占据我国广告经营总额的60%以上，2015年全国广告经营额前五位的省市分别是北京、广东、江苏、上海、浙江，广告经营额总和达到4 033.93亿元，占全国广告经营额的67.5%。[②]

有研究者从产业经济学的视角指出："经济的整体发展决定了广告业的发展，有什么样的整体市场就会有什么样的广告产业。"[③]经济、市场、媒介、人力、技术、资本等优异的资源是广告产业发展的基本要素，直接影响区域院校广告学专业教学优质资源的获取。以上五个省市均为东部区域，为该区域高校提供了优质的广告教学资源。但高

---

① 塔尔德.模仿律[M].何道宽，译.北京：中国人民大学出版社，2008：序言第9页.

② 搜狐网.2015年我国广告业发展回顾与展望[EB/OL].(2016-05-13)[2017-08-19].http://mt.sohu.com/20160531/n45216.

③ 韩淑芳.中国广告产业不均衡发展问题探析——基于产业经济学的视角[J].湖北大学学报（哲学社会科学版），2016(2)：111.

校的城市分布也意味着资源优势的不平衡,为此,有必要分析具体城市的广告公司分布,以便更好地理解广告公司对所在城市院校的广告学专业教学资源的直接影响。

表 3　2010—2014 年北上广三城市广告公司广告营业额 TOP100 占比

城市	年份				
	2010	2011	2012	2013	2014
上海	58	69	71	68	80
北京	9	5	10	7	5
广州	4	1	1	5	2
总计	71	75	82	80	87

数据来源:根据中国广告协会中国广告企业(非媒体服务类)广告营业额年度前 100 名数据整理

上海成为当之无愧的广告发达城市,远超北京、广州,广告公司平均占比达 69%,2014 年高达 80%,呈现高度集中趋势。按拥有排名前十强的广告公司数量排序为北京、上海、广州。广州呈现“省广”一家独大现象,北京、上海则是跨国 4A 广告公司云集之地,不过部分上榜的上海跨国广告公司其实是其在北京的母体公司之延伸。

整体而言,上海、北京是跨国广告公司最多的城市,且前十强基本来自这两地,因此,上海、北京大量的跨国广告公司资源为两地高校提供了得天独厚的优质教学资源。广州 4A 广告公司的实力依然雄厚,因此,广州高校优势仍在。这三地高校可以直接将国际 4A 广告公司实践资源与课程对接,实践实习亦可延伸至国际 4A 广告公司,以最先进的国际 4A 广告公司的经验实现广告人才的国际化目标。

二三线及其以下城市优质广告公司资源则十分匮乏,而大量新建本科院校分布在非省会城市,且多为二三线及其以下城市。有统计表明:从 2000 年到 2015 年的 16 年间,我国新建本科院校(含独立学院)678 所,其中 51.6%设立在非省会城市。全国现有 339 个地级及以上城市,新建本科院校已分布于其中的 196 个城市,布点率达 57.8%。① 这些地区的高校不具备按 4A 广告公司理念培养学生实战能力的先决条件,缺乏资源的先天优势。以笔者所在的湖南省为例,地处中部的湖南省并不具备优质广告公司实践资源,对 2010—2014 年中国广告企业营业额 TOP100 的统计发现:长

① 人民网.新世纪我国新建本科院校 678 所 占“半壁江山”[EB/OL].(2016-04-11)[2017-08-19].http://edu.people.com.cn/nl/2016/0407/c1006-28258472.html.

沙仅有10次上榜，且集中为2—3家广告公司，资源成为专业教学的现实瓶颈。

三、广告学专业教学的三大突破路径：模拟型、文化型、实战型

（一）提升竞争力：构建“以大赛促学”的模拟型教学路径

2010年《国家中长期教育改革与发展规划纲要（2010—2020年）》提出，高校要重点扩大应用型、复合型、技能型人才培养规模；促进高校办出特色，建立高校分类体系，实行分类管理。[①] 这对于强调以实践为导向的应用性学科——广告学而言，正顺应了国家对应用型、复合型、技能型人才培养的需求，而根据不同院校的功能定位与办学规划，结合区域经济特色，形成差异化广告人才培养模式，强化实践教学是广告教育的使命。教育部等《关于进一步加强高校实践育人工作的若干意见》就特别提出要强化实践教学环节，认为实践教学是深化课堂教学的重要环节，各高校要结合专业特点和人才培养要求，分类制定实践教学标准，增加实践教学比重。[②]

目前广告教育已形成了课程实践、赛事实践、专业见习、实习实践、毕业设计等一系列实践教学体系。因此，广告学专业特别强调面向产业的实践，且越来越有协同新闻传播学类其他专业的趋势。这一点明显区别于新闻传播学类其他专业。以新闻学专业为例，其实务教育已从过去单纯的采写编扩大到音视频制作、数字技术、数据分析和展示、广告营销等各个方面。[③] 张志安指出，新闻学要从传统的“新闻专业人才”向广泛的“公共传播人才”转变。[④] 高晓虹团队创建的广播电视新闻人才培养“五条线”（写作线、英语线、观摩线、创作线、理论线）模式获得了广泛认可，[⑤]其中的“创作线”可以说是广告学专业教学“创意”“创作”的核心内容。李建新提出的新闻学专业教育面临“造”工作而非“找”工作，变“以文为生”为“卖文为生”的新变化与新要求，[⑥]亦从一个侧面反映出新闻传播教育的广告与营销思维。而以广告大赛为平台，“以大赛促学”并协同新闻传播类其他专业，成为广告学专业普遍的实践教学模式。“以大赛促学”模

---

① 国家中长期教育改革和发展规划纲要（2010—2020年）[EB/OL].(2010-08-15)[2017-08-19].http://www.moe.edu.cn/publicfiles/business/htmlfiles/moe/moe_838/201008/93704.html.

② 关于进一步加强高校实践育人工作的若干意见[EB/OL].(2012-09-15)[2017-08-19].http://www.moe.edu.cn/publicfiles/business/htmlfiles/moe/s6870/201209/142870.html.

③ 白净.新闻专业教育如何应对融媒科技的挑战？——新闻传播实务教学论坛综述[J].新闻记者，2017(4)：91.

④ 张志安.对新闻传播实务教学改革的思考[J].青年记者，2017(13)：61.

⑤ 李蕾，高海珍，高晓虹.新闻教育的坚守者[J].新闻与写作，2014(6)：23-24.

⑥ 李建新.中国新闻传播教育的新变化与新应对[J].新闻大学，2015(3)：141-142.

式成为地处二三线及以下城市院校广告学专业实践教学的自觉选择,被融入到整个教学体系构建中。虽然大赛作为模拟实践的性质没有改变,但是,有分量的广告大赛沟通业界与学界的作用已成共识,一定程度上可有效缓解广告产业对实践型人才需求的结构性矛盾。

“以大赛促学”是一种模拟实践教学模式,以世界级、国家级、省级等广告专业赛事,培养学生的创新创意能力和团结协作精神,其重点是训练学生运用广告专业知识,培养广告思维,获得一定的专业技能。例如,美国广告联合会 AAF 旗下俱乐部创办的全国大学生广告比赛(NSAC)是目前全美很有影响力的学生广告大赛;为更好地实现广告理论与实践的对接,日本著名广告公司电通公司于 1948 年创办“广告电通奖”,1949 年创办“学生广告论文电通奖”并延续至今,旨在扩大广告在大学生群体中的影响。世界五大广告大赛——克里奥国际广告奖、纽约广告奖、戛纳广告奖、伦敦国际广告奖、莫比杰出广告奖近年来也开始设立专门针对学生的竞赛单元。如此高级别、高规格的专业赛事是新闻传播类其他专业所无法比拟的。直接面向广告学专业的国内国际大赛更是比比皆是:官方认定的“全国大学生广告艺术大赛”(下简称“大广赛”),各机构主办的学院奖、金犊奖、One Show,等等。

其中,大广赛是教育部指定的唯一文科赛事,成为全国众多院校尤其是欠发达地区院校竞相追逐的专业竞技平台。仅 2016 年第八届大广赛就有 1 357 所院校参赛,参赛院校覆盖率高达 90.3%,覆盖全国 31 个省、自治区、直辖市,参赛学生人数达 70 余万人,占在校生(2 625.30 万)的 2.7%,参赛作品约 36 万件,成为名副其实的模拟实践教学竞技场。[①] 一些地方院校通过获奖迅速提升了专业知名度,参赛学生亦通过自己的优秀作品获得了实习、工作的机会,竞争力显著上升,成为“以大赛促学”的直接受益者。为了获奖,较多的地方院校直接按大广赛要求组织专业教学,甚至以大广赛获奖代替课程成绩,学校也设置了高额的奖金支持“以大赛促学”的教学方式,激发了学生的参赛热情。

但是,应该指出的是,“以大赛促学”模式的作用不能完全以参赛作品获奖与否来评价,更应强调从各类省级、国家级、世界级大赛尤其是业界举办的广告大赛中学习、临摹优秀作品,不仅要参赛,还要学赛,找到学习广告专业的热情,并以大赛为平台不断延伸,拓展出更多的工作机会,从中获得未来广告业的实践经验,这才是“以大赛促学”教学模式的要义。

---

① 第八届大广赛创新出彩[EB/OL].(2016-08-24)[2017-08-19].http://www.sun-ada.net/htm/08-news/20160819-baodao.html.

(二)寻求差异化:建立"服务地方经济"的文化型教学路径

教育部2015年要求启动引导地方本科院校向应用技术型院校转型的改革试点工作。转型涉及600多所地方本科院校,约为普通本科高校总量的55%,应用型人才定位将成为地方本科院校的时代选择。另外,教育部规定2009年以后新建院校全部定位为地方性应用型院校。"新建本科院校的主要任务是培养适应地方经济社会发展需要的应用型人才。"①

从广告学专业的属性来看,广告学专业具备服务地方经济、培养应用型人才的内在属性,人才定位应主动适应地方院校的总体办学定位和发展规划,在缺乏广告产业优质实践教学资源的先天条件下,转变发展思路,在与广告相关的区域经济和文化创意产业领域贡献实践智慧,以形成差异化的人才培养目标,改变培养所谓"高级应用型人才"的盲目定位。尤其在服务地方文化领域,广告学专业能够对接地方文化的品牌化传播、地方文化的产业化营销;同时,地方的特色区域文化也为广告学专业教学提供了丰富的文化资源。因此,广告具有扎根文化的内在属性,广告学专业教学应该注重广告与文化的结合。

文化的本质就是"人化"和"化人"。"人化"是按人的方式改变、改造世界,使任何事物都带上人文的性质;"化人"即再用这些改造世界的成果来培养人、装备人、提高人,使人的发展更全面、更自由。"化人"是"人化"的一个环节,一个成果、层次和一种境界。② 因此,广告学专业服务地方文化的实质是赋予地方文化人文属性,塑造特色的文化品牌;反过来,通过特色文化的品牌化实现营销的产业化,培育服务地方文化的专业特质,并从专业上提升地方院校特色强校的应用型人才培养水平,促进地方文化与地方院校的良性互动,获得差异化发展。

心理学家班杜拉认为,采取何种行动往往是行为、人和环境之间三元交互作用的结果。地方院校广告学专业开展"服务地方经济"的文化型教学行为,按照班杜拉的三元交互行为理论的进路,③教学行为主要受三个方面的影响:一是区域文化环境是决定教学行为的潜在因素,正是地方文化的在地化,潜在地影响了人才定位的差异化;二是自我调节是教学行为的中介,这意味着地方院校的专业教学需根据自身情况,在师

① 傅大友.新建期、应用型、地方性:新建本科院校转型发展的关键词[J].中国高等教育,2010(22):26.

② 李德顺:文化的本质是"人化"和"化人"[EB/OL].(2012-03-08)[2017-08-19].http://www.wenming.cn/xxph/sy/zywz/201203/t20120326_579173.shtml.

③ 张厚粲.行为主义心理学[M].杭州:浙江教育出版社,2004:440.

资差异、学生生源及素养差异等方面进行自我调节,而非盲目追求同质化人才定位;三是人与环境交互决定行为。地方经济决定了广告产业的发展程度,广告学专业教学应积极与地方文化这一大环境形成交互关系,树立特色人才培养目标。

文化部"十三五"时期文化发展改革规划指出,实施差异化的区域文化产业发展战略,推动形成文化产业优势互补、联动发展的布局体系;引导各地根据资源禀赋和功能定位,走特色化、差异化发展之路。在国家实施文化强国战略的指引下,地方院校广告学专业的教学应围绕培养应用型人才的总体定位,以专业服务区域文化,注重实务教学。从"十三五"时期文化发展改革规划来看,广告学专业的教学至少可以在以下六个方面有所作为:促进文化消费计划、文化创意产品扶持计划、特色文化产业发展工程、数字文化产业发展计划、文化金融创新工程、文化产业公共服务平台建设工程。

(三)贴近前沿性:探寻"数字营销传播"的实战型教学路径

传统新闻学面临新媒体挑战的一个重要方面就是:传统媒体广告营收的断崖式下滑引发学界恐慌,新闻学专业教学增加广告、营销类课程已是不争的事实。但广告学专业面临新媒体的冲击则更为显在:首先,在学界,营销学、传播学、品牌学以及传媒技术的发展不断扩充广告的内涵,广告已从单一的"广而告之",转化为以过程为导向的"营销传播"和以结果为导向的"品牌传播",随着网络与数字技术的推进,广告日益呈现以品牌传播为终极追求的"数字营销传播"内涵;其次,在业界,传统广告公司正面临数字化转型的现实生态,广告公司这一传统的代理机构正更名为与数字化高度关联的营销传播公司,知名广告公司或4A广告公司纷纷转型为营销传播公司,并加大数字营销传播的投入。比如,广东省广告公司(GDAD)转型为省广集团(GIMC),并于2015年推出GIMC(国际化整合营销传播)新平台战略,中国最早的广告4A组织——广州4A也于2016年更名为广州市整合营销传播公司委员会,大牌广告客户亦加大了数字营销预算和投入。广告产业正面临巨大的挑战,广告越来越呈现出数字营销传播的倾向,"试错"将成为未来广告实践的重要经验,广告与大数据、营销传播的协同运作已是大势所趋,而移动互联网时代的到来,亦将带来广告产业链的角色重构与平台化转型。[①]

相应地,广告学专业教学面临数字营销传播转型的挑战。这种挑战主要来自两个方面。一方面,专业教学有了新的学习平台。李载木(Jaemu Lee)等人认为,学习与广

① 陈刚.走向数字营销实战的广告教育创新[J].青年记者,2016(25):68.

告公司相关的数字化学习内容(E－learning)是广告实践有效的替代及弥补方式。[①]这就意味着教师需要加强数字化学习资源的知识更新与供给。另一方面,对专业教学提出了更高的要求。金孝真(Hyojin Kim)对185所开设传播学类专业的大学的数字媒体课程内容的分析表明,广告/公关课程比新闻、通信和商业/营销课程更偏重于数字技能和概念知识。[②] 这其中,整合营销传播(IMC)对广告教育的冲击就是明证。盖尔·F.科尔(Gayle F. Kerr)等人指出,广告学科在研究、策划、创意,尤其是媒体等方面需要重新定义和反思,部分原因是整合营销传播的出现及其对广告的影响;然而,澳大利亚各高校的广告教育培养方案及课程设置并没有出现较大的变化,大多数高校仍然沿袭20年前的课程体系。[③] 同样,目前国内大多数院校广告学专业教学还停留在传统广告作业模式上,已不能满足业界发展的需要,毕竟大多数院校所在区域资源优势欠缺,较难跟进业界的发展变化,更无法在短时间内适应广告人才需求的变化。但是,数字营销传播为广告学专业教学提供了新的思路。

北京大学率先开展新型的数字营销传播实战教学工作,从2015年春季开始,联合腾讯和联想两大数字营销平台,指定时段,提供经费,分组竞争,反复进行数字营销传播实践的试错与调整,推广品牌、销售产品。2016年春季学期广告系大三的"广告类型研究"课程和专硕一年级的"广告案例研究"课程中,亦有类似的实战型教学内容。其后北大在2016－2017年创意传播管理暑期学校继续引入数字营销传播实战教学,学员反响强烈。虽然北大的数字营销实战教学目前侧重的是大数据平台广告投放实践,还没有完全做到广告产业的全过程营销,但数字营销实战教学弥补了过去广告教学缺乏实战和技能训练的缺陷,为广告教育教学创新提供了崭新的管理模式和发展思路,具有开创性的意义。[④]

在国外,从2007年开始,福克斯体育(Fox Sports)推出"创意大学"(Creative University)计划,在南加州大学和佛罗里达大学试验,大获成功后将规模扩大到更多的美国大学。2012年秋季,西北大学梅迪尔学院本科娱乐营销课程要求学生为福克斯体育完成一项社交媒体品牌推广项目策划案,经过课堂实战竞争,2013年直接将优胜组

---

① LEE J,LEE Y J.Development and application of E-learning content for advertising education[J].International journal of advanced science and technology,2012,47(3):1-12.

② HYOJIN K.The current status of digital media education in advertising and other communication disciplines [J].Journal of advertising education,2012,16(2):27-36.

③ KERR G F,WALLER D,PATTI C.Advertising education in Australia:looking back to the future[J].Journal of marketing education,2009,31(3):264-274.

④ 陈刚.走向数字营销实战的广告教育创新[J].青年记者,2016(25):67-68.

的方案付诸实施,学生收获良多。[①] 除此之外,美国广告教育基金会(AEF)从 1985 年起组织资深广告人演讲者项目(Speakers Program)(现更名为广告业界演讲者项目,Inside Advertising Speakers Program)进入大学,目前已成为该基金的旗舰项目,是业界与学界相聚、对话、沟通的重要渠道。[②] 在国内,从 2016 年起,由中国商务广告协会数字营销委员会主办,虎啸奖组委会承办的"虎啸数字商业传播前沿课程"开始邀请实战专家走进高校课堂。2016 年,在中国传媒大学开讲 8 场课程;2017 年在中国传媒大学、南京大学、辅仁大学三所大学开讲 29 场课程,内容涉及场景营销、人工智能、原生营销、品牌战略、社交网络、媒体数据等前沿话题。[③] 虽然,虎啸课程目前仅在国内重点大学开设,但其目标是"架构一线实战专家与不同城市高校师生间的交流之桥",辐射面亦将逐渐扩散,地方院校也可以提交申请。

以上数字营销传播教学模式已经打破了课堂内外、学界业界的界限,实现了线上学习与线下学习、业界授课与学界教学的有效结合。美国教育专家迈克尔·霍恩(Michael B.Horn)称这种在线学习融入实体教学的方法为"混合式学习"(Blended Learning),并据此提出转换(Rotation)、弹性(Flex)、菜单(Ala Carte)、增强型虚拟(Enriched Virtual)四种学习模式。[④] 当然,数字营销传播教学模式并非完全等同于混合式学习,但是,以互联网这一在线学习平台开展项目实战教学,或者观摩、学习实战专家面授视频,将其融入实体教学,仍然切中混合式学习的实质。

结　论

匈牙利学者阿尔帕德·费伦茨·帕普—弗里(Árpád·Ferenc·Papp-Váry)对 10 本有关广告职业的小说进行定性分析后认为,这些小说所描述的广告职业总体情况让人震惊,甚至大多数是负面的,但毫无疑问,这比大多数大学生想象的广告的光鲜图景有着更为现实的描述。因此,作者建议将这些小说融入广告教育中,并指出为学生提

---

① 张迪.媒体变革背景下的海外新闻传播教育现状与发展趋势[J].国际新闻界,2014(4):161.

② ALEX P,SCOTT L M.Interview with paula alex, CEO of the advertising educational foundation,1985—2016[J].Advertising & society review, 2017,17(3-4):7.

③ 虎啸公益行:坚守,为高校教育注入公益附加值[EB/OL].(2017-07)[2017-08-19].http://www.sohu.com/a/156873652_121629.

④ 霍恩,斯泰克.混合式学习——用颠覆式创新推动教育革命[M].聂风华,徐铁英,杨斌,译.北京:机械工业出版社,2015:32-53.

供完整的广告职业图景是极为重要的。[①] 的确，广告学专业教学面临新媒体与数字化的冲击，专业“光鲜”背后隐含着教学的困境：一是人才需求的结构性矛盾仍然突出，需要通过“以大赛促学”的模拟型教学提升竞争力，以对接业界需求；二是人才定位趋同，需要通过“服务地方经济”的文化型教学寻求差异化，以实现差异化定位；三是区域资源不均衡，需要通过“数字营销传播”的实战型教学探寻前沿性，以实现数字资源的供给。当前的广告产业正面临数字营销传播的整体转型，我们认为，作为回应社会实践的反思性专业，广告学应以产业实践为导向；专业教学应在人才需求、人才定位、资源供给方面有所回应；而数字营销传播作为目前最为前沿的实践领域，既是广告行业整体转型的现实路径，亦是未来广告专业教学的先进平台，具有整合模拟型、文化型、实战型教学模式的特质，值得进一步深入探讨。

[本文是湖南省2015年普通高校教学改革研究项目“欠发达地区本科院校广告学专业‘以大赛促学’实践教学体系的构建”(课题立项文件号：湘教通〔2015〕291号第467项)的研究成果]

〔李德团，湖南科技学院传媒学院广告学系讲师；杨先顺，暨南大学新闻与传播学院广告系教授，博士生导师，学院党委书记兼副院长〕

〔特约编辑：涂凌波〕

① ÁRPÁD · FERENC · PAPP-VÁRY. The depiction of advertising industry in novels and their incorporation in education: MEB 2013 - 11th International Conference on Management, Enterprise and Benchmarking[C]. Budapest, 2013: 167-180.

国际传播

中国对外传播迷思与拐点
——试论中国对外传播的区隔化传播

Myth and Inflection Point of China External Communication
—A Discussion on the Segmented Communication of China External Communication

◎ 孟　建　史春晖

Meng Jian, Shi Chunhui

摘要:本文通过分析目前中国对外传播过程中的现实环境和制约因素,试图以传播学视野为主导,从传播学、社会学、国际关系学三个学科维度分析中国对外传播中的区隔化传播,梳理与总结对外传播理念与运作的新路径。本文认为,对外传播的关键是实现区隔化传播,也就是在"精准传播、分层传播"等理念的基础上建立起立体的传播战略体系。我们在对外传播中可以首先从区隔出发,采用一种区隔化的传播理念。这种区隔化的传播理念并不是从批判的视角来分析阶级的分层,而是将分层作为对外传播的前提。文章分析了"信息资源""阶层""空间""效果"四种区隔,指出区隔化传播是对外传播的拐点,也是跨越区隔实现"人类命运共同体"的前提。

关键词:对外传播,区隔化,媒介,社会,国别

Abstract: Through analysis of environment and limitations of China's external communication, this article will analyze distinguished communication mainly in communication study, under three dimensions of communication study, sociology, and international relations. It aims to sort out and summarize the conceptions and new operation ways of external communication. This article holds that the key to external communication is to realize distinguished communication, i.e. constructing a stereo strategical system of communication based on accurate communication and hierarchical communication. External communication can start from the conception of distinction. The conception of distinguished communication takes hierarchy as the premise of external communication, rather than analyzes the hierarchy from a critical way. This article deals with four kinds of distinction: information resources, hierarchy, space, effect, which is the inflection point of external communication and the premise of realizing community of shared future of human across borders.

Keywords: external communication, distinction, media, society, nationality

许多学者认为,“以张骞通西域为内容的传播活动,掀开了中国传播史上对外传播的第一页”。①“在古代的对外传播中,国家实力与国家政策决定了该国对外交往和传播的强弱。”②而在当下,传播革命的迅猛发展,使得不同国家、不同地区以及不同族群间的信息交流互动更加迅捷、更加频繁、更加复杂,中国如何面对这场前所未有的变革,如何在激烈的媒介化竞争中做好我国的对外传播工作,已经成为当前一个极为重要的课题。习近平总书记在“7·26”讲话③中指出,“在新的时代条件下,我们要在迅速变化的时代中赢得主动”。经过新中国近70年的奋起直追,经过改革开放40年以来的跨越式发展,中国已经走到了世界舞台的中央。但是“西强我弱”的舆论格局还没有根本改变,我国对外传播中传播观念、话语体系、传播技巧的构建还有很大提升空间,诚如人民日报社前社长杨振武所指出的,“主动做好对外传播,才能在国际舆论场中亮明我们的观点、表明我们的态度,才能构建好国家形象,提高我们的感召力和影响力”。④

对外传播是一条双向交流的对话之路,“中国对外传播经历了从硬件设施到核心能力的打造,再到护航‘一带一路’的发展阶段”⑤,对外传播理念从以宣传为主进入到注重对话与交流层面,但理念认知和实践运作方面仍有很大的提升空间。当今世界价值观念的对立依然存在,中国话语若要深入到其他国家(地区),就必须考虑当地受众的理解与接受程度。在这种情况下,如何进一步认识我国对外传播存在的误区,如何进一步提高我国对外传播的效果,是新闻传播界面临的一个重要课题。本文通过分析当下中国对外传播的现实环境和制约因素,试图以传播学视野为主导,从传播学、社会学、国际关系学三个学科交叉维度分析中国对外传播中的“区隔化”这一传播学研究的命题,阐释我国对外传播的新理念与新思路。

---

① 李敬一.中国传播史论[M].武汉:武汉大学出版社,2003:146.

② 陈日浓.中国对外传播史略[M].北京:外文出版社,2010:1.

③ 2017年7月26日习近平在迎接十九大省部级领导干部研讨班上的讲话。

④ 杨振武.人民日报:把握对外传播的时代新要求——深入学习贯彻习近平同志对人民日报海外版创刊30周年重要指示精神[EB/OL].(2015-07)[2017-09-21].http://opinion.people.com.cn/n/2015/0701/c1003-27233635.html.

⑤ 程曼丽.中国对外传播的历史回顾与展望(2009—2017年)[J].新闻与写作,2017(8):5-9.

一、对外传播的现实环境与制约因素

随着中国走到了世界舞台的中央，了解一个客观、真实的中国的需求越来越强烈。长期以来，西方国家占据着世界话语的主导权，中国对外传播的声音与话语处于弱势地位。我国软实力在对外传播领域的缺失，特别是在有效传播方面的缺失，严重制约着我国进一步的发展。那么，中国对外传播的现实环境是怎样的？制约因素又有哪些？这是让世界了解一个真实中国需要面对的首要问题。

（一）对外传播的现实环境

中国对外传播的现实环境主要体现在三个方面：一是世界迫切地需要中国声音；二是西强我弱的舆论格局仍旧存在；三是中国对外传播核心能力建设，特别是有效传播能力的建设有待进一步提升。

随着“一带一路”“人类命运共同体”等倡议和理念的提出，中国在世界的发声越来越频繁，影响力也日见其大，与此同时，“中国威胁论”“中国殖民论”等唱衰中国的声音仍旧不减。世界需要中国声音，同时迫切地需要了解一个客观真实的中国。如今，在西方媒体借助互联网的兴起不断更新自己的传播手段与传播技巧的同时，我们在对外传播的过程中也取得了相应的成绩。早在 2009 年，我国就以前瞻性的战略眼光，把官方媒体的传播能力建设纳入重要的战略规划并予以推进。在国家政策的强力支持下，担负对外传播主要责任的新华社、人民日报社、中央电视台、中国国际广播电台等媒体在硬件方面得到了大范围的提升，覆盖面更广的同时也更有利于中国声音传到世界各地。“目前，新华社海外分社已达 170 多个，驻外机构数量居世界首位。中央电视台开播了 9 个国际频道，成为全球唯一用中、英、法、西班牙、俄、阿拉伯 6 种联合国工作语言播出的电视机构。中国国际广播电台使用 64 种语言对外播出，是全球语种最多的媒体机构。”①而与此相对应的是，规模的扩大和硬件的提升并不能全面代表传播的有效性，“西强我弱”的总体格局并没有实质性的改变。传播效果一直是传播学研究的重要领域，在这样的现实环境下，如何在对外传播的过程中取得较好的传播效果，即如何让中国声音传递得响亮有效，我们先要深入分析目前中国对外传播运作过程中的制约因素有哪些。

① 程曼丽.中国对外传播的历史回顾与展望(2009—2017 年)[J].新闻与写作，2017(8)：5-9.

(二)对外传播的制约因素

中国对外传播的突出问题体现在:维度单一,层次不分,效果不佳。具体表现为三个方面:有效传播理念的缺失,分层传播结构的失衡与精准运作的偏差。在传播理念上,我们在对外传播的过程中仍然缺乏有效传播理念。由于我国对外传播工作、对外传播研究在理念上一直存在着诸多偏差甚至是误区,缺乏有效传播理念的问题显得格外突出;在现有的对外传播结构中,对外分层传播战略尚未全面进入决策视野,“有效传播”理念的缺失带来对外传播结构的失衡;此外,对外传播往往还停留在“自说自话”层面,缺乏应有的效果,对外传播操作中的偏差给我国的对外传播工作带来了诸多困境。

以上三点问题直接导致传播主体存在一定程度的模糊性,传播内容无法有的放矢,传播受众层次不分。虽然传播内容极为丰富,基础设施不断增强,但传播效果依旧非常有限。在杨振武看来,我国对外传播存在的问题突出表现在“找不准站位,对不准频道,发不准声调,讲不好故事”,其实正是找不准站位、对不准频道、发不准声调才导致了讲不好故事。在这方面,近年来诸如“立体传播”“精准传播”等概念的提出实际上都是在试图寻找“实现有效沟通”途径的学术努力。本文将从“有效传播”“分层结构”与“精准运作”存在偏差这三个制约因素出发,提出区隔化传播理念并寻找运作路径。

二、对外传播的区隔化传播理念

全球化以及互联网的发展正在重构世界媒介传播格局,这也就使得对外传播需要跨越社会区隔以及政治、文化差异。而跨越这种区隔与差异的前提就是要实现区隔化,先区隔才能跨越区隔。也就是说,只有在实现区隔化的运作理念的基础上才能够有的放矢,尊重差异,最终实现融合,打造融通中外的对外传播体系。

(一)区隔与区隔化传播

“‘区隔’意指区别、差别,译自英文 distinction。在《牛津高阶英汉双解词典》中解释为事物或者人按照其质量、品质进行的区分和隔离。”[①]“区隔”这一理论概念源自哲学家布尔迪厄的阶级分层理论,他在文化、阶级与权力层面提出区隔理论。他认为人

① 陈煜婷.阶层化与文化区隔[J].美与时代(下),2014(4):32-34.

们美学趣味的对立最终形成社会意义上的区隔。“对趣味进行区分，并区分了区分者。社会主体由其所属的类别而被分类，因他们自己所制造的区隔区别了自身，如区别为美和丑、雅和俗。在这些区隔中，他们在客观区分之中所处的位置被明白表达或暗暗泄漏出来。”①

布尔迪厄将趣味与阶层联系起来，他的区隔理论被广泛应用于美学、流行文化以及广告等领域。他从文化美学层面来分析文化、资本与权力的关系，进而分析社会阶层的问题，这也是社会学研究布尔迪厄理论的一个切入点。布氏的阶级分层理论是在马克思的生产资料分层和韦伯的资源分层的基础上，将阶层外化为一系列的符号区隔而形成的。格雷厄姆·默多克（Graham Murdock）在他的评论性文章《布尔迪厄，区隔：趣味判断的社会批判》（*Pierre Bourdieu, Distinction: A Social Critique of the Judgement of Taste*）中认为，“布尔迪厄认为阶级的位置是由社会与文化资本以及经济资本的拥有来限定的”。②布氏的区隔理论可以给我们带来很大的学术启发，不同的阶级习惯造就趣味区隔，区隔就是一种社会阶层的分化。“不同人群之间的生活习惯、生活情趣和生活品位引发了群体‘区隔’这种社会分层的最初形态，不同的生活习惯、生活情趣和生活品位成为人群聚合的标准，不同人群的组合形成了社会分层。”③那么，我们在对外传播中可以首先从区隔出发，采用一种区隔化的传播理念。这种区隔化的传播理念并不是从批判的视角来分析阶级的分层，而是将分层作为对外传播的前提。这种区隔化传播理念同时又是跨越社会区隔，跨越政治、文化差异，最终建构人类“命运共同体”的前提。

从这个意义上来讲，我们若想建立立体化的对外传播体系，首先就是要实现区隔化传播。区隔化传播可以说是包含了立体传播、精准传播、分众传播等的一种传播理念。与区隔化传播相对的是“一体化”传播理念，这种一体化的传播理念是我们过去对外传播中的一大误区，也是我们在理念层面已经意识到局限性但实践层面仍未突破的藩篱。在对外传播的过程中，应当避免“一刀切”和“一视同仁”，而是做到分层传播。在传播主体、渠道、内容、受众等方面都要做到科学系统的分层，最终建立一种立体化的对外传播体系。区隔化传播主要有两个特点：层次化与动态化。我们在对外传播的过程中首先要做到层次化，即通过对不同区隔的认知，建立不同的分层体系。此外，由

① 布尔迪厄，朱国华.纯粹美学的社会条件——《区隔：趣味判断的社会批判》引言[J].民族艺术，2002(3)：16-22.

② MURDOCK G.Pierre bourdieu，distinction：a social critique of the judgement of taste[J].International journal of cultural policy，2010，16(1)：63-65.

③ 黄亦军.区隔与认同：费孝通与贵州少数民族[J].贵州民族研究，2011，32(6)：12-15.

于区隔是一个动态的概念,随着空间场域的不同和变更,以及社会分工的不同会形成不同的交往群体,也就是说层级并不是一个固定不变的群体。金(King)和内姆德(Nembhard)在《在阶层群体中角色改变与互动的动态性》(*Role Change and Interaction Dynamics in Hierarchical Groups*)一文中认为,在社会交往的网络结构和传播范式中,角色的变化会改变传播的层次结构,这种传播的层次结构与群体中的人所处的阶层相关,其对传播的效果有着重要的影响。因此,我们在对外传播的过程中也要不断地调整策略,用动态的眼光来进行清晰的层次划分,并制定相应的传播策略。

(二)对外传播中的区隔化传播

虽然国内有不少学者并未直接采用区隔化传播来研究对外传播,但是区隔化传播的理念却早就渗透到相关研究中。早在 2013 年,孟建、董军在《中国对外传播战略的现实困境与适时转向》一文中就提出,我们要迅速改变以往"大一统"的对外传播格局,应立即实施区别化、区域(国别)化、精准化的对外传播战略[①]。张昆、王创业在《疏通渠道实现中国国家形象的对外立体传播》一文中也指出,"所谓的立体传播,指的是传播渠道的多样化、传播主体的多元化、传播面向的多维度和传播覆盖的多层面,进而形成国家形象对外立体传播体系"[②],并从桥梁人群、组织机构、传播媒介三个视角对国家形象的对外传播渠道进行论述,提出要将各渠道进行统合,实现国家形象对外立体的"战略传播"。所以,区隔化传播是包含"精准传播、立体传播"等在内的一种传播理念,是对外传播在今后运作过程中实现历史性转折的基础。

通过梳理对外传播的现实环境和制约因素,我们可以发现,对外传播效果不理想,除去对传播主体认知的欠缺外,很大程度上在于未对受众进行清晰的分层。分层其实指的就是多层,就是进行"区隔"。既然区隔化传播要求做到层次清晰,那么在对外传播的过程中理应首先对受众进行分层。只有从受众的视角出发,在对受众进行清晰分层的基础上,才能够有的放矢地确立不同的传播主体、生产符合不同圈层的传播内容,选取不同的传播渠道,建立起中国对外传播的立体传播体系,最终实现有效传播。传播效果研究一直以来占据着传播学研究的半壁江山,是传播学研究的重要领域,但在对外传播的过程中,如果仅仅从传播效果单方面研究出发,寻找有效传播路径是一种比较单一的思维方式。这一领域的研究亟待引进新的学科视野。本文在坚持传播效

---

① 孟建,董军.中国对外传播战略的现实困境与适时转向——兼论"中国威胁论"的缘起、发展和我们应有的策略[J].对外传播,2013(11):34-36.

② 张昆,王创业.疏通渠道实现中国国家形象的对外立体传播[J].新闻大学,2017(3).

果研究作为主导的基础上，从传播学拓展到社会学、国际关系学这两个主要学科维度，去探寻对外传播中区隔化传播的运作路径。

三、区隔化传播的运作路径

总结中国近年来对外传播实践可以发现，不同国家（地区）、不同政体、不同文化、不同语言的传播受众差异很大，这些差异都影响着有效传播的实现。中国的对外传播要深入不同的文化圈，对受众进行分层是探寻区隔化传播路径的关键。从传播学的视野来看，媒介是绕不开的概念。传播学作为研究人类传播行为和传播发展规律的学科，正随着人类真正进入“媒介化社会”而日益受到重视。互联网的发展以及数字媒介的兴起正在重构人类交往，主要是精神交往的路线图，在这样的背景下，媒介资源的拥有理应成为对外传播路径探寻中不容忽视的重要因素。社会分层理论是社会学研究的重要命题，社会学分层理论可以为受众分层提供基础模型。国际关系学理论能够为对外传播路径提供指引，区分国别（地区）是我们在对外传播过程中最重要的“单元要素”，如何基于国别进行具体的分层是我们探讨的主要路径之一。

（一）数字区隔：基于信息资源的传播分层

在社会分层研究中，对社会资源的占有不同是产生层级的主要原因，社会资源的种类包括经济资源、政治资源、声望资源、文化资源等。从传播学的视角看，信息资源也是社会资源的一个重要类别，对信息资源的占有和使用不平等的研究产生了著名的“知沟”“信息沟”等理论。知沟理论的立足点就是传播资源的垄断性，信息资源，也可以说是媒介资源的占有对社会结构具有巨大的影响，推动了社会结构的再生产。随着数字媒介的兴起，数字信息资源的占有与使用同样带来数字鸿沟。“在当今的知识经济时代，数字鸿沟的存在可谓牵一发而动全身，影响着国家、社会、群体发展的方方面面。在此背景下，网络的使用者与非使用者之间的区隔已成为社会分层的新维度。”[①]有鉴于此，数字区隔就是基于信息资源的占有与使用而进行的分层设计。

对外传播过程中的数字区隔主要体现在媒介使用以及信息资源的占有上，具体主要从传播主体层面和受众层面进行区隔。我国当前对外传播主体依然是国内主流媒体（比如人民日报社、新华社、中央人民广播电台、中央电视台、中国国际广播电台、中国日报社等国家媒体）；在对外传播客体方面，已经初步显现出按照国别来进行分类传

① 丁未，张国良.网络传播中的“知沟”现象研究[J].现代传播，2001(6)：11-16.

播的趋向。但是,传播主体和客体都还不同程度存在着结构单一的问题。如何通过信息资源的占有分别对传播主体与客体进行数字区隔至关重要。首先应对受众进行具体化、多层次的区隔设计。从受众层面来讲,媒介接触越频繁的人占有的信息资源就更多,由于不同的阶层(上层、中层、底层等)对于媒介的接触情况是不一样的,在“高媒介”(特指信息发达国家与地区)接触国家或地区,该如何传播,在“低媒介”(特指信息不发达或欠发达国家与地区)接触国家或地区,该如何传播,都是我们在对外传播过程中要着重区分的。只有在这样的基础上,才能决定使用什么样的媒体资源,通过什么样的渠道,传递什么样的内容等不同的传播战略。

信息资源的区隔同样带来传播主体的区隔。我们在对外传播的过程中应实现从传播主体的一元传播到多元传播。多元的传播主体可以划分为国家作为传播主体、社会组织作为传播主体、个人作为传播主体三个方面。我们现在的传播主体基本上停留在国家传播主体上。有效整合传播资源和力量,充分发挥政府、社会组织、企业、公民个人等不同主体的作用,形成中央和地方相结合、外宣部门和实际工作部门相结合、官方和民间相结合、组织机构和个人相结合的全方位、多元化的传播体系,是彻底改变“一元传播”格局的关键。在当下,传播学面对的“所有人对所有人的传播”新态势,就是对这种“多元传播”格局最好的概括。因此,我们在对外传播的过程中应该整合不同的传播主体,充分发挥“多元传播”的整合效应。

(二)阶层区隔:基于阶层身份的社会分层

“社会学关于区隔的研究主要以阶层化为切入点,研究的基本逻辑认为人们由于具有不同的阶层属性,从而分化成不同的社会群体。”[①]目前,我们在对外传播的实践中,往往将社会看作一个整体而忽略了整体中各个层级的区隔。社会整体观作为一种社会学的重要理论,固然有其重要意义,但从马克思主义社会分层理论来看,该理论尚存在着过于笼统、过于概念化的弊端。马克思主义社会学研究的对象是人类社会中的具体层级,社会学分层理论为受众分层提供了重要的理论基础。

社会成员总是因为各种资源分配的不平衡形成不同的阶层,同一阶层的成员往往具有相似的特征。社会分层研究始终是社会学领域关注的重要问题,它对理解社会运行规律和开展社会治理实践有着突出的价值。马克思、韦伯等分别提出的阶级、阶层理论构成了社会学分层研究的经典理论。马克思依据生产资料占有的不平等对社会

---

① 陈煜婷.阶层化与文化区隔[J].美与时代(下),2014(4):32-34.

进行分层，韦伯根据市场资源竞争提出权力、声望、财富三个维度，这两种分层理论取向是社会学分层研究的主要框架，为后来的分层研究提供了方向。在当下，影响社会分层的因素日趋复杂，社会分层理论也出现了很多新的流派。“（布尔迪厄）根据个人所拥有的资本（包括经济资本、文化资本和社会资本）总量差异，将社会阶层划分为支配阶级、中间阶级及普通阶级。”[①]布氏将文化带入分层领域，提出了自己的分析框架。我们不管采用何种分层形式，都应将对外传播中的受众视作具有共性的多层次群体的有机组合体，只有通过针对不同层次受众的精准传播才能提升传播有效性。

（三）空间区隔：基于地理空间的国别分层

所说的“空间区隔”特指基于地理空间进行的“国别分层”。国际关系理论为解决空间区隔提供了路径指引。其间，“国别”作为国际关系最基本、最重要的“要素单位”的研究思想，对我们做好对外传播工作、实施好对外传播战略是极为重要的。而在对外传播研究中，我们恰恰长期忽视了这一重要的维度。对外传播作为影响者和被影响者在国际关系中形成了复杂的互动关系。在全球化时代，任何国家都不可独立发展，国际社会日益成为你中有我、我中有你的“命运共同体”，而这种“命运共同体”绝非大一统的概念，需要基于地理空间进行“国别”的区别对待，精准传播。

胡邦盛在《我国对外宣传如何实现精准传播》一文中认为，要做到变粗放式传播为精准传播，“必须进行实证的国别研究、区域研究和受众研究，在充分了解受众需求基础上，立足中国实际，贴近受众需求，精心设置议题，针对不同国家不同地区受众，采取不同策略”。[②] 我国当前的对外传播已经开始考虑国别（地区）差异的情况，但是受主客观因素的影响，在对外传播过程中尚未形成分层传播战略，这是我国对外传播战略尚未高度重视的重要领域。即便我国实施了对外分层传播战略，也要看到不同国家（地区）内部存在的明显的差异化现象，如何在保证可行性的情况下更为精细地实施区隔化传播是我们需要解决的重要问题。因此，实现空间的区隔，从“多国一策”转变为“一国一策”的多层次运作路径要求我们在充分调研的基础上，针对不同国别（地区）分别制定与之相适应的对外传播策略。

（四）效果区隔：基于传播效果的重点传播

区隔化传播“层次化”之外的另一个特点，即“动态性”。对外传播若要实现真正

① 朱伟珏，姚瑶.阶级、阶层与文化消费——布迪厄文化消费理论研究[J].湖南社会科学，2012(4)：52-57.

② 胡邦盛.我国对外宣传如何实现精准传播[J].中国党政干部论坛，2017(7)：62-65.

意义上的有效传播,必须尽快建立起“中国对外传播效果的测评体系”,以实现“实践—反馈—调整—实践”的动态传播过程。唯有这样,才能将中国对外分层传播战略落到实处,真正管用。因此,我们在对外传播中首先要对传播效果进行评估,并在此基础上认知不同的区隔状态。我们要依照科学性、操作性、有效性的评估原则,制定出对外传播效果的直接指标与间接指标,通过媒体效果评估(质、量)、专家评估、受众评估三个方面,依托大数据等分析方法,紧紧围绕对外传播的现实状况和现实需求,建立起对外传播效果测评体系,构建起行之有效的运作体系。我们只有在注重效果区隔的基础上,才有可能实现真正意义上的有效传播。在这方面,首先要将一般推进与重点布局结合起来。受资源限制,在进行对外传播过程中,应当根据传播效果与我们的战略利益,将不同国别、地区进行分类,确立“一般推进”国家(地区)和“重点布局”国家(地区),有针对性进行分层传播。其次要将国别差异与区域协同结合起来,比如“一带一路”沿线国家的传播,既要尊重差异化又要寻求同质性,做到区域协同。

在对外传播的过程中,内容的区隔也是需要着重考量的重要因素,但内容的分层还是要在实现以上三点区隔的基础上才能进一步深入与细化。数字区隔、阶层区隔以及空间区隔这三个层面的受众区隔是对外传播运作的先行条件,在此基础上再进行传播主体、媒介使用以及传播内容的分层设计,最终依据效果区隔,有的放矢地建构我国富有传播效果的对外传播战略体系。

传播学作为研究人类传播行为和传播发展规律的学科,正随着人类真正进入“媒介化社会”而日益受到重视。纵观世界传播学一百多年的发展历史,如果说有一条贯穿其中的红线的话,那就是“传播效果研究”。传播效果研究有两个基本方面:其一是对个人效果产生的微观过程分析;其二是对社会效果产生的宏观过程分析。历史表明,每一种传播媒介对其接收者的影响,从这种媒介出现之日起即存在,只是近些年来,人们才对传播媒介对个人和社会的影响以及它们的具体作用进行系统分析。我国的对外传播工作,虽然取得了一定的成绩,但是,就其得到的传播学科的真正大力支持,还是远远不够的。即便是得到传播学科的支持,也往往停留在一般意义上,缺乏学科深层次的支撑。在“传播效果研究”领域,这种问题就更为突出,如片面强调宣传无视传播效果,片面强调舆论斗争忽视传播沟通等,使得我们的对外宣传工作走过了一段相当曲折的路程。本文在某种程度上反映出我国对外宣传工作正在逐步走向一种“文化自觉”:将传播学研究,尤其是被忽视的“传播效果研究”前所未有地提上了议事日程。如何实现有效传播,本文认为制订科学的传播方案是有效提升中国对外传播效果的关键。对外传播有自身的特点和规律,在合作共赢的理念下要积极探索符合国情和世情的传播战略。面对媒介化社会的真正来临,要在对外传播战略中运用好区隔化传播理念,以获得卓有成效的传播效果,为中国的发展创造良好的舆论环境。

〔孟建,复旦大学新闻学院教授、复旦大学国家文化创新研究中心主任;史春晖,复旦大学新闻学院博士生〕

〔特约编辑:陈欣钢〕

墨西哥主流媒体中的中国国家形象研究

——对《改革报》的抽样调查及内容分析

National Image of China in the Mexican Mainstream Press: A Sample Survey and Content Analysis to *Reforma*

◎ 顾 洁 李昊焱

Gu Jie, Li Haoyan

摘要:中墨两国于2013年建立全面战略伙伴关系,近年来两国间合作交流不断深化。本文以墨西哥第一大报《改革报》2007—2015年间的涉华报道为样本,从报道的主题、客观性以及倾向性等角度,分析其报道特点和所运用的框架,并探索其所呈现的中国国家形象以及背后的原因。研究发现,《改革报》关于中国的报道以经济、政治等主题为主,报道数量趋于稳定,涉及题材多元,以客观性报道为主,但在一些话题上存在不少负面性报道。其体现的中国形象基本符合客观现实,但存在一定的刻板印象,在全球化日益深化的大环境下两国需要彼此加深了解。

关键词:国际传播,国家形象,墨西哥,《改革报》

Abstract: China and Mexico has established a comprehensive strategic partnership in 2013. The cooperations and exchanges between the two countries continue to deepen in recent years. Therefore, opportunities and challenges co-exist in the future. By taking the largest daily newspaper in Mexico—*Reforma* as an example, this paper analyses the characteristics of its China-related reports and media frames and reasons lying behind from 2007 to 2015. The analytical focus is laid on the subject, objectivity and favorability of China-related reports. It finds that China-related reports in *Reforma* are mainly based on the subjects of economics and politics, and the number of reports largely remains stable across time. Most events are objectively reported while some negative attitudes can still be found. The embodiment of China's national image is basically consistent with China's objective realities, but there is also a certain stereotype. The two countries need to know each other more in today's environment where globalization is deepened.

Keywords: international communication, national image, Mexico, *Reforma*

一、研究背景与意义

(一)新时期国际传播中的中国形象

1. 国家形象的概念框架

国家形象问题关乎国家利益和荣誉,在当今全球化时代显得特别重要,一直是国际传播领域研究的重点。2015 年 12 月,中宣部部长刘奇葆在讲话中提出要提升"合作传播能力","拓展国际传播事业发展新空间"。因此,作为正在崛起的大国,建构良好国家形象的过程也就是提升我国国际传播能力的过程。

有关国家形象方面的研究,一直是国际传播研究领域的重点,早在 1960 年,西方关于这方面的研究就已广泛展开。所谓的形象,用菲利普·科特勒的解释就是:"人们所持有的关于某一对象的信念、观念和印象。"[①]其一,形象是基于某一特定的对象的,是客观的存在物;其二,形象是施动主体对某特定的对象物的主观认知。大多数研究者对"国际形象"这一概念的界定,也是基于这一基本思路的。"国家形象"研究经过多年发展,现在学界对其概念的界定主要包括以下几方面:

第一,国家形象是对某个特定国家的整体性感知,这种感知是由该国的政治、经济、文化等背景因素混合而成的;

第二,从心理学的角度来看,形象就是各种感觉的再现。这意味着,形象不是事物本身,而是人们对事物的感知。

第三,国家形象的建构包括物化层面与符号层面。所谓物化层面是指一个国家的政治体制、科技创新、经济实力、军事力量、国民素质、商品制造、自然资源以及外交活动等物化形态;而符号化层面则是指一个国家的价值取向、意识形态、媒体报道、影视与文化艺术作品、领导人的讲话以及各种国家形象的宣传与营销等。

2. 中国形象研究:非通用语国家的空白

当前对我国国家形象的研究主要包括两个层面,他塑和自塑。"他塑"是指西方对中国形象的反映、折射和传播以及社会效应;"自塑"是指中国自身对国家形象的传播话语策略。其中,海外媒体作为"他塑"中国形象最具影响力的方式,历来受到研究者的重视。但是,当前对于我国国家形象的"他塑"研究主要集中在使用以英语为代表的

---

① 科特勒.国家营销[M].俞利军,译.北京:华夏出版社,2003:38.

通用语言的西方发达国家的主流媒体平台上，比如《纽约时报》《华盛顿邮报》《泰晤士报》、BBC、CNN 等。研究主要通过对中国当代社会经济文化重大事件的报道，如经济腾飞、和平崛起、人权问题、环境及气候问题、食品安全问题、西藏和新疆问题、社会公平问题的分析，剖析海外媒体中的"中国形象"。

然而，在非通用语国家的媒体如何塑造中国形象这一问题上，当前的研究缺乏关注，仅有的一些研究也来自于语言学领域的学者和研究人员。以意大利国家媒体报道中的中国为例，中意学界对中意关系和国家形象的关注甚少。少部分语言学者以新闻文本为研究对象进行语料分析，但采用的也是话语分析方式和语用学建模的研究方式，研究内容也局限在经济贸易、历史文化和建筑艺术等领域，极少涉及媒介传播和政治话题。①② 然而，随着新时期"一带一路"倡议的提出，我国国际交往与传播的版图正不断扩大，重心也开始向很多非通用语国家倾斜。因此，研究非通用语国家主流媒体如何塑造中国形象已经成为十分迫切的课题。

(二)新时期中墨关系述评

墨西哥与中国于 1972 年建交，为拉丁美洲与中国建交较早的国家。建交 45 年来，两国关系曾一度经历了较大考验，但在近几年进入了全新时期。

墨西哥曾长期与中国保持友好关系，在 20 世纪 70 年代初期，两国在彼此的身份认同方面有着重要的共识。③ 但随着中国市场经济的发展，墨西哥对中国的贸易逆差持续拉大，对墨西哥经济发展造成一定的影响，再加上墨西哥前几任总统多次会见达赖以及实施诸多对华不友好政策，中墨关系一度陷入低谷。④

2012 年 7 月，墨西哥举行大选，革命制度党党首培尼亚·涅托当选新一任墨西哥总统。培尼亚在当选总统之前，曾长期担任墨西哥州州长，期间曾两次访华。因此，在其就任总统后多次表示新政府将进一步加强同亚太地区的关系。中墨关系由此进入新时期。

2013 年 4 月，培尼亚总统访华并出席博鳌亚洲论坛 2013 年年会，中国国家主席习近平与其进行了亲切友好的交谈。同年 6 月，习近平主席应邀对墨西哥进行国事访问，两国元首在短时间内实现互访，并在此次访问中，将中墨由"战略伙伴关系"提升为

---

① 范俊军.生态语言学述评[J].外语教学与研究，2005(2)：110-115.

② 黄知常.语用生态文明意义初探[J].南华大学学报(社会科学版)，2002(2)：63-67.

③ 谌园庭.论 20 世纪 70 年代中国和墨西哥的关系——以国家身份为视角[J].拉丁美洲研究，2014(3)：36.

④ 覃爱玲.中墨关系的难题与突破[J].南风窗，2013(13)：72-74.

“全面战略伙伴关系”。自2013年建立全面战略伙伴关系以来，两国政治互信不断深入，务实合作蓬勃发展，中墨高层交往频密，两国关系处于历史最好时期。[①] 截至2016年，中国已连续14年成为墨西哥第二大贸易合作伙伴，墨西哥则连续7年成为中国在拉美第二大合作伙伴，2016年贸易总额迈向500亿美元。[②] 同时，两国在文化、教育、科技、旅游、体育等领域的交流合作不断加强，使得中墨友谊不断加深。

总的来说，中国与墨西哥有着较为深远的关系往来，两国在各个领域的合作发展潜力巨大，但由于两国经济模式等原因造成的贸易逆差，以及地理位置等原因造成的两国人民的相互不了解等客观情况，一定程度上限制了两国关系更进一步的发展。

(三)新时期中国在墨西哥塑造国家形象的要求

具体来说，中国在墨西哥的国家形象很大程度上由墨西哥媒体所塑造。对于墨西哥民众来说，中国至今仍然是一个十分“神秘”的国度，有相当一部分墨西哥民众对中国了解甚少，一般民众对中国的认识还停留在“中国是大国”“中国制造”等初步的阶段。2016年9月至2017年1月，笔者在墨西哥交流期间，曾在街头随机采访当地民众对中国的印象，有相当一部分墨西哥民众的回答是“我几乎什么都不了解”。此外，受地缘等因素影响，美国媒体在墨西哥覆盖广泛，CNN等美国主流媒体的墨西哥受众颇多，民众易受其传播内容的影响。因此，我国应当在了解墨西哥国民以及主流媒体情况的前提下，洞悉墨西哥民众每天接触的有关中国的新闻主要涵盖哪些议题，墨西哥媒体在这些报道中体现出的立场和态度，从而有针对性地调整传播策略，影响墨西哥主流媒体关于中国的新闻报道，重塑我国在墨西哥媒体和人民心中的形象。

二、研究对象与方法

(一)《改革报》及其背景

墨西哥没有国有媒体，所有媒体均为私营性质。但是政府有权要求一些媒体提供版面、时段或频道来传播政府的声音。[③] 这种私营化的特点，意味着媒体的权威性和公信力必须建立在新闻报道的客观性和公正性基础之上，只有通过客观、准确的新闻

---

① 中国驻墨西哥大使邱小琪在“中墨关系未来走向”研讨会上的致辞，2016年10月19日。

② 中国驻墨西哥大使邱小琪就中墨建交45周年接受墨西哥《改革报》采访，2017年2月15日。

③ 佘家金.管窥墨西哥媒体[J].新闻战线，2009(6)：94-96.

报道，墨西哥各大新闻媒体才能在激烈竞争中生存下去。《改革报》便是在这方面最具代表性的墨西哥媒体。

《改革报》是墨西哥第一大报，报刊语言为西班牙语，发行辐射到整个拉丁美洲以及北美地区的西语族裔，在整个西班牙语世界都具有较大影响力。如今，该报日发行量在20万份左右。《改革报》创办于1993年11月20日，从属于墨西哥改革新闻集团(Grupo Reforma)。从创办之始，该报就是墨西哥新闻行业的典范，以独立媒体、公平公正的态度而闻名。《改革报》是墨西哥第一家将商业部门与新闻采编部门分开的新闻机构，这使新闻记者远离商业投资人的影响，有助于他们写出更公正、客观的报道。

此外，《改革报》还十分重视国际新闻报道，在海外拥有多个记者站。《改革报》也是最早在中国设记者站的拉美媒体之一，自2004年常驻中国之后，便开始不断播送发自中国的原创报道。近年来，《改革报》关于中国的报道体量日渐增大，每年平均发布3 000条左右的新闻。

(二)抽样

1.区间抽样

《改革报》于1993年11月20日开办了官方网站，在线刊登纸质版上刊发的新闻。经过多年运营，该网站目前已经建立了完备的数据库。因此，本研究的抽样就基于该网站展开。在《改革报》网站的搜索栏中输入关键词“中国”(China)、香港(Hongkong)、台湾(Taiwan)、澳门(Macau)并将搜索区间设定为2007年1月1日至2015年12月31日，共得到60 990条记录。[①] 在这些文章中有一些仅仅是提到了中国，而报道主体并不是中国，在构造抽样的时候通过阅读其内容加以辨别并将其从研究的样本中剔除。

2.构造周抽样

为保证数据的代表性，根据《改革报》涉华报道的数量，本研究选用三个抽样年度。按照在2007年、2011年、2015年分别随机抽取四个结构周的抽样方法，并剔除报道主体不是中国的消息，共得到有效样本文章244篇。其中，2007年、2011年、2015年分别得到93、71、80篇。

① 《改革报》官方网站：http://www.reforma.com/。

三、研究结果

(一)主题类别与数量

1.全样本一级主题百分比

本研究将新闻报道的一级主题定为政治、经济、外交、国防军事、社会、科学技术、医疗卫生、文化艺术、教育、体育、人物特写专访、华裔相关以及其他。通过编码对新闻报道主题进行分类,在《改革报》2007—2015 年 244 篇样本文章中,各主题新闻报道数量以及所占总体百分比见表 1。

表 1　全样本一级主题分布

报道主题	频数	百分比
政治	28	11%
经济	112	46%
外交	17	6%
社会	36	15%
科学技术	9	3%
文化艺术	11	4%
体育	18	7%
人物特写专访	7	3%
华裔相关	4	2%
国防军事	2	1%
合计	244	100%

可以看出,《改革报》的涉华报道中各个主题均有涉及,其中经济类报道有 112 篇,占 46%,经济、社会、政治三个主题的报道合计超过了总数的 70%,是《改革报》关于中国报道的重点主题。

2.一级主题抽样年度数量趋势分析

为了进一步了解《改革报》有关中国报道相关主题的时间变化趋势,本研究选取了政治、经济、社会这三大主题进行报道数量趋势分析。由于外交、科学技术和文化艺术等主题占比均小于 10%,因此没有收录。分析发现,在抽样的三个年份内,《改革报》

有关中国的报道中各主题数量基本保持稳定，仅有较小的波动，说明该报对于中国报道的重点并没有发生大的变化，经济类新闻一直是该媒体对中国进行报道的重点。

(二)客观性

1.一级主题引语来源分析

在本研究中，衡量客观性的依据为消息的引语来源。编码时，将《改革报》中有关中国的报道的消息来源分为四类：1)中国消息源（中国政府、官员、机构、专家学者、个人等）；2)墨西哥消息源（墨西哥政府、官员、机构、专家学者、个人等）；3)第三方消息源（其他国家或地区政府、官员、个人等；国际性组织机构）；4)模糊引用（无法确定国籍或来源）。

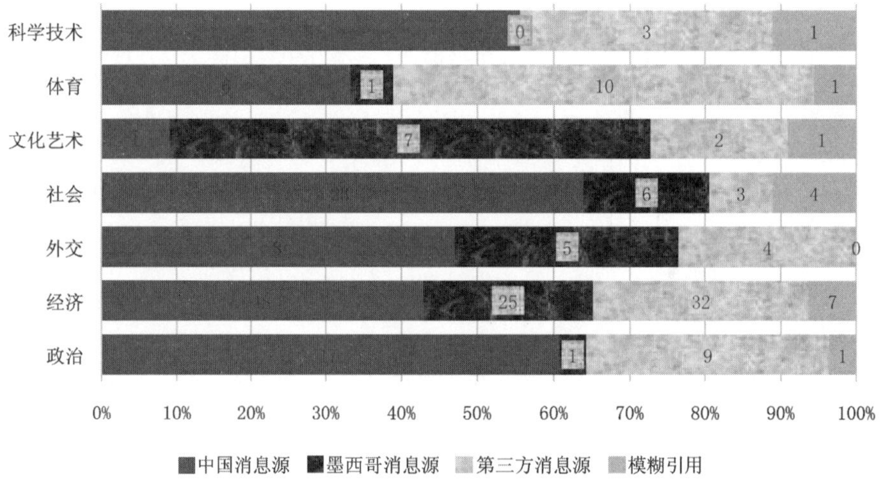

图 1　抽样全文一级主题引语来源

对样本一级主题引语来源进行分析(图 1)可以看出，《改革报》在报道中国时，各类主题(政治、经济、社会、外交等)的中国消息源使用的比重均较高，这也符合《改革报》一贯倡导公正、公平、客观报道的风格。值得一提的是，在文化艺术主题方面，《改革报》更多使用墨西哥消息源，这是因为此类报道的主题多为中国文化艺术团前往墨西哥进行的各种文化艺术交流活动，所以采用墨西哥的消息源较多。

2.二级主题引语来源分析

针对每个一级主题，本研究又进一步细分出若干个二级主题，例如，政治主题可以进一步细分为政府/政策/政局、立法/司法、选举/人代会、官员、国内政治事件等。经济主题分为国内经济发展现状与趋势、进出口/双边贸易合作/关税、金融、中国企业、跨国公司在中国、城市发展等二级主题。研究进一步选择了抽样中报道数量较为集中的政治、经济、外交、社会这四个主题,并对这四个一级主题下的二级主题的引语来源进行归纳。

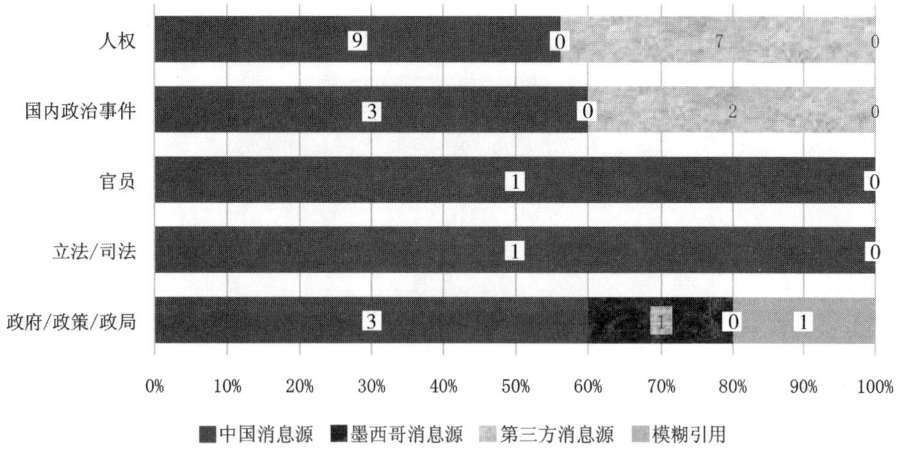

图 2　政治类报道引语来源

从图 2 中可以看出,在涉华的政治类报道中,主要引语来源为中国消息源,不同二级主题差别不大。我们也注意到,在涉及人权主题的报道中,很大一部分报道使用了第三方消息源。笔者认为,造成该现象的原因有两点,一是话题较为敏感,所以《改革报》需要选用第三方消息源来平衡观点;二是《改革报》刻意回避使用中国消息源,以达到对中国人权问题进行负面报道的目的。

在上一部分的分析中我们已经提到,《改革报》在经济类报道中主要采用中国消息源,笔者认为这与有关中国经济的一些重要数据都由中国相关方面发布有关。由图 3 我们可以看到,各二级主题仍以中国消息源为主,而在进出口以及中国企业等涉及墨西哥方面的消息时,该报则会采用墨西哥消息源。

通过对外交类二级主题引语来源的分析发现,在谈及中墨关系时,《改革报》会较为平衡地使用双方的消息源。而在中国与其他国关系的报道中,中国、墨西哥以及第三方消息源都会采用,不会模糊引用,使报道更加客观公正。

通过对社会类二级主题引语来源的分析发现,在社会主题下的涉华报道中,《改革报》大部分采用中国消息源。毕竟,对于中国社会问题的报道,中国国内的媒体更有发言权。

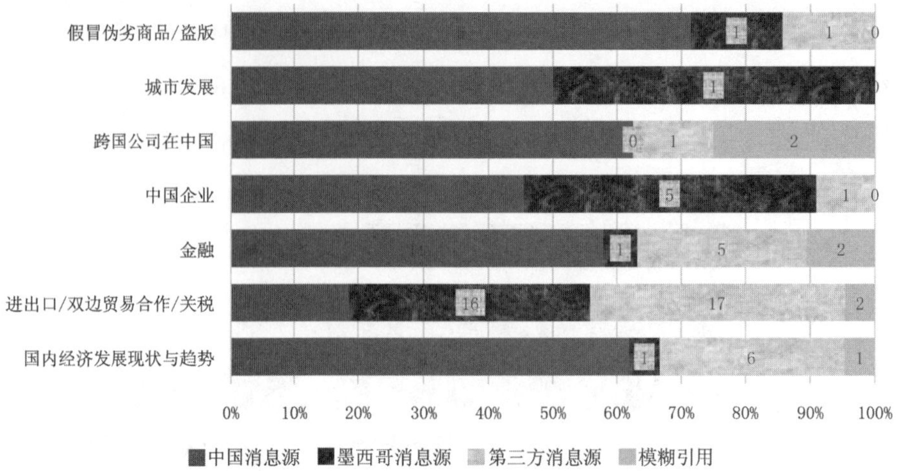

图3　经济类报道引语来源

(三)倾向性分析

根据报道中对中国的态度,本研究将《改革报》全文基调分为三种倾向性:正面肯定、负面否定以及中立报道。而正面肯定又进一步细分为一般肯定以及全面肯定,负面否定分为一般否定以及全面否定。

关于判断标准,本研究一般是根据报道内容、叙事、用词等方面的整体倾向性进行判断。例如,一篇提到中墨关系以及贸易合作的新闻不仅全面、积极地评价了中墨贸易关系的价值,更是用到了促进繁荣等词语,因此该篇新闻被编码为"全面肯定"。如果一篇新闻在中立报道的基础之上肯定中国在某些方面的积极作用的,我们将此篇文章基调定为"一般肯定"。例如,一篇关于中国城市建设的新闻提到了城市建设对于城市化以及解决就业问题等方面起到的作用,但对于城市建设并没有予以全面肯定,该篇新闻被编码为"一般肯定"。而"中立报道"指的是在陈述事实、列举数据、援引专家评论、文章标题等方面均未明显体现倾向性的报道。例如一篇介绍中国全年经济发展状况的新闻罗列了一年来中国的经济发展状况,比如国民生产总值、居民价格消费指数、进出口贸易额的变化等。但是,除了数据罗列以外,并没有添加任何观点陈述。一般否定和非常否定的判断标准以此类推。

在《改革报》2007—2015 年 244 篇样本文章中,中立报道、正面报道、负面报道分别占总数的 60.6%、9.9%、29.5%。由图 4 可以看出,《改革报》中有关中国的报道绝大多数为中立报道。而在能体现倾向性的报道中,负面的比正面的要多。

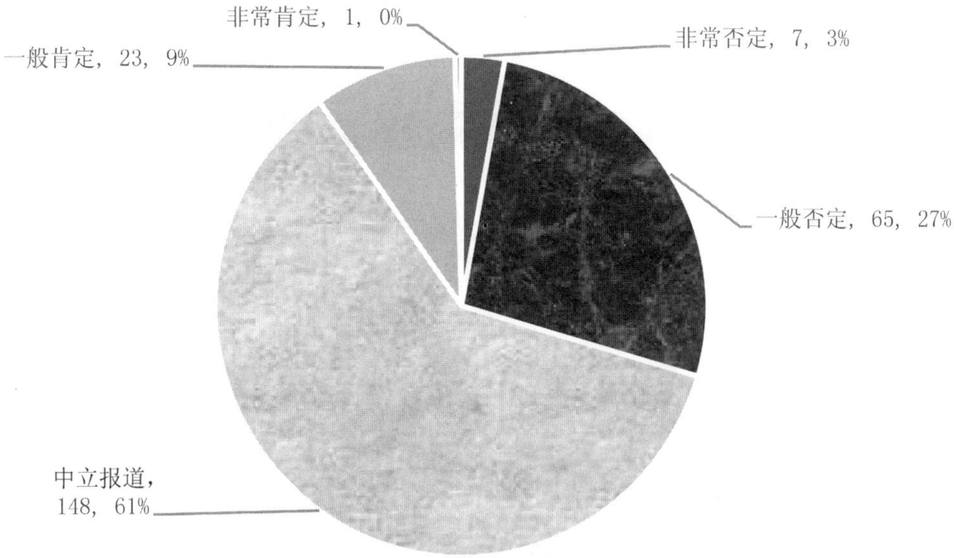

图 4　全样本基调分析

研究进一步根据二级主题的内容划分进行倾向性分析。由于每一个细分二级主题的文章数量相对较少，为了便于分析并体现数据对比的直观性，在分析二级主题时将全文基调重新划分为“肯定”“否定”以及“中立”。与此同时，只有样本数量相对较多的（三年内多于 10 篇）以及内容特征比较鲜明的二级主题才进入分析范围。

从图 5 中可以看出，除了大部分二级主题以中立报道为主外，整体上正面报道数量较少，占比较低，并且在很多话题中（比如人权、国内政治事件、假冒伪劣等）负面报道占了绝大多数。

(四)解构式框架分析

在这一部分，本研究精选了三个典型案例进行进一步的解构式框架分析，以更深入和详细地了解《改革报》如何建构中国形象。

案例一：中墨关系

首先，作为一家在整个西语世界都有较大影响力的报纸，《改革报》密切关注中国同拉丁美洲的关系，关于中国领导人访问拉美国家等新闻事件《改革报》均有报道。在谈到中国同拉丁美洲的关系时，《改革报》通过列举事实的方法，运用了积极和正面的框架。该报认为，中国与拉丁美洲的双边经济关系存在许多挑战，但是双方要通过多元化的合作来解决问题，中国的大量投资为拉丁美洲的经济注入了新的活力。

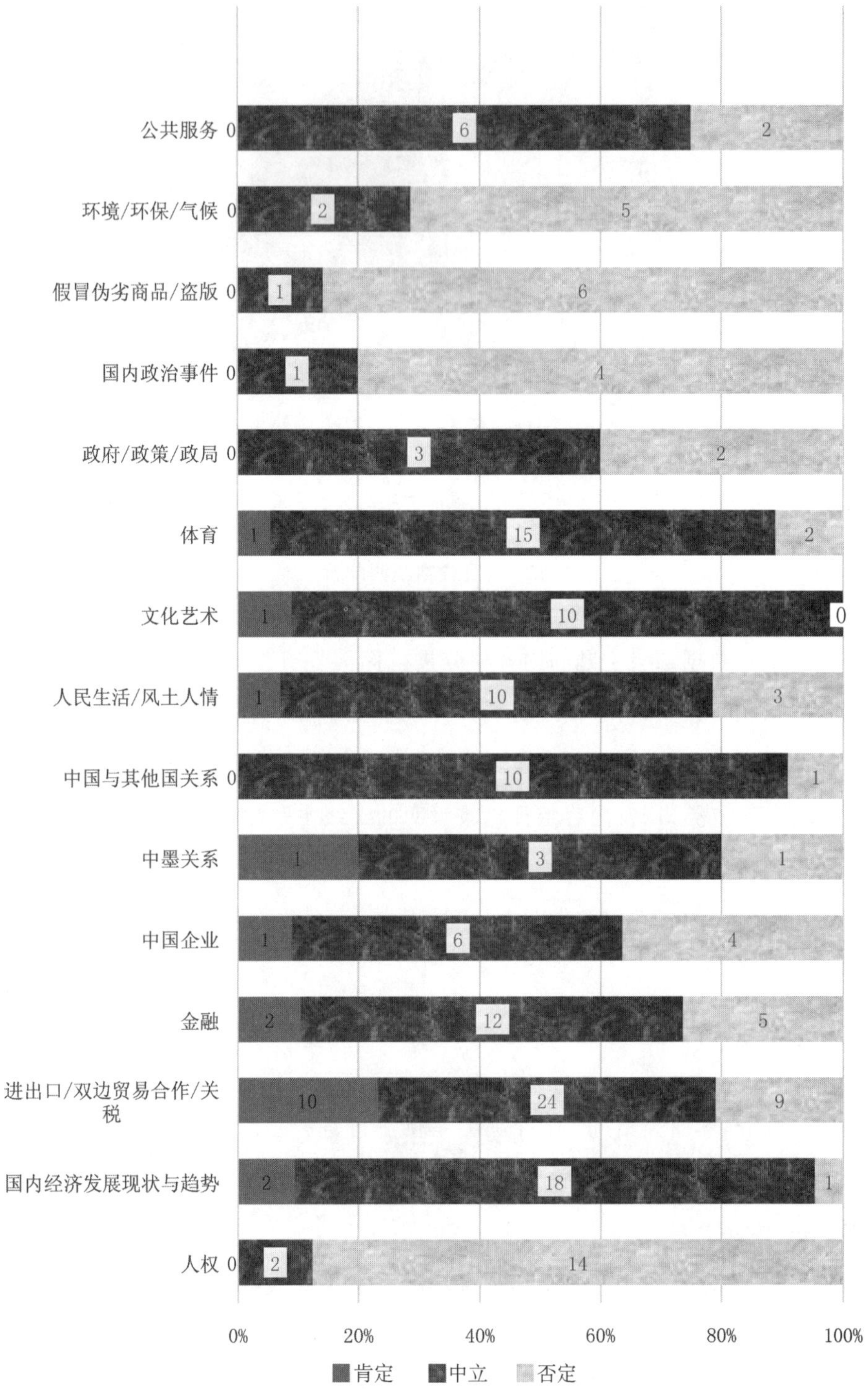

图 5 全样本二级主题基调分析

在报道中墨关系时,《改革报》所用的框架总体是肯定的,在谈及两国关系时,提到"自 2003 年以来,中国一直是在美国之后的墨西哥第二大贸易合作伙伴",也提到了中墨经济发展过程以及经济结构的相似性。该报对中国经济有较多的研究,指出随着中国经济的转型,采矿业等传统产业的产能下降,出口量减少,劳动力生产成本上升,"中国制造"对墨西哥国内市场造成冲击等,明确提出墨西哥方面要谨慎考虑中墨今后关系的走向。在寻求出路方面,该报也积极援引中国方面的声音,认为双方在均为农业大国的情况下,应当寻求技术等方面更进一步的合作,通过这种合作来深化两国的关系。

案例二:中国对外贸易

从前面的分析可以看出,经济是《改革报》最关心的中国话题,对外贸易、双边合作等话题的报道数量也是最多的。在谈到中国的对外贸易时,《改革报》首先肯定中国经济在世界上的地位,认为其发挥的作用越来越大。在这一部分的报道中,《改革报》使用了"竞争"的框架,主要通过两部分内容来展现。一是《改革报》对中国同世界其他经济体(如美国、欧盟等)的贸易动向颇为关注,并在某些领域(比如汽车零部件、家电等)对中国和墨西哥的对外出口情况进行比较,以说明中国对外贸易目前的势头,同时阐述墨西哥在该领域的特点以及优势,以此来体现两国在对外贸易方面的竞争局面。二是直接报道中国与墨西哥双边的一些经济往来、贸易纠纷等。比如该报认为,"中国制造"的崛起和进入墨西哥国内市场,大大压缩了墨西哥国内市场的空间,对墨西哥的企业发展、国民就业等方面造成了一定的影响,因此有必要通过提高关税等方式来对中国的出口进行一定的抑制。关于两国相关的经贸纠纷,《改革报》密切关注双方对于事件的态度。这种报道风格的出现,笔者认为是由两国的经济结构存在很多的相似之处,在对外贸易方面不可避免地存在竞争造成的。

案例三:北京奥运会

抽样年 2007 年是北京奥运会举办的前一年,奥运会的筹备工作也成为《改革报》报道中国的一个很重要的事件。在报道这一事件时,该报关注奥运会基础设施建设工作的农民工,对他们的工作环境、生活状况等都做了描写,"这些工人就在工地上工作和生活,忍受着严寒和冷风","他们每周工作 7 天,每天工作 15 小时"。通过这个框架体现出中国人为奥运会成功举办所付出的种种艰辛。《改革报》还对北京的空气质量以及交通状况进行了报道,认为这是"令人担忧的",以这种框架来表达对北京举办奥运会的看法。当然《改革报》也使用了较为积极的框架,报道了奥运会筹办为北京带来的改变,如增加英语标识等。

四、研究结论

(一)《改革报》涉华报道的主题、客观性与倾向性

本文是对国际传播格局中墨西哥媒体如何呈现中国形象的首次研究尝试，研究结果希望能对当前我国如何进一步做好对外传播、树立我国真实全面的对外形象，以及进一步推进中墨两国合作发展产生一定借鉴意义。通过对《改革报》2007－2015 年244 篇样本文章主题类别、客观性和倾向性的分析，我们可以看出，《改革报》涉华报道主要呈现以下几个特点：

首先，经济、政治、社会类报道在报道内容上占据主流，其中经济类报道占比最大。外交、文化艺术、体育等主题在数量上与上述三类主题有差距，但也占有一定的比重。在报道数量变化趋势方面，上述主题的涉华报道数量以及总量在每一个抽样年份均较为稳定。

关于涉华报道，《改革报》几乎不会进行模糊引用，大部分引用的是中国消息源。关于部分与墨西哥相关的报道也会引用墨西哥消息源，而对于中国国内政治事件以及人权等敏感性新闻，该报倾向于使用第三方消息源。

在倾向性方面，总体来说，《改革报》的涉华报道以客观报道为主。不过相对来说负面报道比正面报道数量要多，在一些争议性话题(比如环保、人权等)中负面报道占多数。因此，整体而言，《改革报》对华报道与该报整体所追求的客观公正的报道倾向基本一致。

(二)《改革报》中的中国形象

中国是一个经济大国。该报在涉华经济报道中较为全面地介绍了中国经济发展的各个方面，其中对中国经济发展状况、对外贸易、金融、股市等方面进行了着重的报道，并引用了较多的数据以及中国的消息源进行报道。通过详尽充分的事实和资料，对包括中国 GDP 增速下降、股市震荡在内的较为复杂的中国经济现象都进行了较为透彻的说明。同时，《改革报》对中国的城市建设发展、跨国公司以及中国公司在海外等话题也较为关注，而对这些内容的报道从不同的角度对中国经济进行了刻画。当然该报也多次提到，在中国经济发展的过程中，同样出现了较为严重的假冒伪劣以及盗版等问题，而墨西哥、美国、欧盟等国际贸易合作伙伴也采取了一系列措施来减少中国

出口对其本国经济造成的冲击。

《改革报》认为中墨的各方面合作皆具有较好的前景。首先,《改革报》对中墨两国关系有着较大的期待,在报道中多次援引官员、专家的话指出两国合作的巨大前景。其次,中国与墨西哥在文化上有着很多的共鸣,两国在文化艺术、体育方面的互动频繁,同时在民众中也产生了较好的效果。除了中墨关系,《改革报》也密切关注中国与世界其他大国的动向。

《改革报》关注中国的腐败现象,并认为人权情况存在一定问题。在政治类主题的报道中,《改革报》通过数量较多的长篇报道重点关注中国国内的各种政治事件,提到中国政府中存在的一些贪污腐败现象,而对我国目前稳定的政局没有内容涉及。"人权"是《改革报》涉华报道中着笔最多的一个政治类议题,该报通过跟踪"艾未未事件"、报道达赖行动等对中国的人权状况进行旁敲侧击式的抨击,认为在中国存在一定的人权问题。

《改革报》较多报道中国的自然灾害和环境问题。除了文字报道,笔者注意到《改革报》也发表了很多关于中国的图片报道,通常是一幅或一组图片,配上较短的文字描述。其中非常多的便是对中国各种自然灾害的报道,这会给人一种"中国是自然灾害多发国家"的印象。同时,该报十分关心中国的环境状况,早在 2007 年就对北京的雾霾问题进行过报道,并以北京奥运会的筹办为时间线,对中国,尤其是对北京的环境状况进行跟进报道。这些环境类的涉华报道以负面倾向为主,并且在社会主题报道中占有很大比例。

[本文系中国传媒大学亚洲传媒研究中心一般项目"非英语国家主流媒体中的中国国家形象研究"(项目号:AMRC2015－1)以及中国传媒大学优秀中青年教师培养工程(第三层次)(项目号:YXJS201518)的阶段性研究成果]

〔顾洁,中国传媒大学新闻传播学部电视学院副教授;李昊焱,中国传媒大学新闻传播学部硕士研究生〕

〔特约编辑:王海龙〕

新媒体研究

多元语境下中美两国互联网信息治理体系的比较研究

Internet Information Governance System Comparison Between China and U.S. in Multi-contexts

◎ 唐远清　程子豪

Tang Yuanqing, Cheng Zihao

摘要:新一轮信息科技风暴使互联网技术加速迭代、跨界融合。创新的信息交流模式更使得社会关系构建、舆论宣传方式、产业发展模式发生了深刻变革。但是,信息安全、谣言传播、隐私泄露、全球互联网治理博弈等问题,依然是阻碍互联网健康发展的顽疾。对于我国而言,由于互联网建设起步较晚,所以相关治理模式还不够成熟。本文通过对美国和中国的互联网信息治理体系进行比较研究,期待为我国政府未来推进互联网治理工作提供一些对策与建议。

关键词:互联网信息治理,美国模式,中国模式

Abstract: A new round of information technology storm has expedited the updates of Internet technology and media convergence, and the innovative mode of information communication has brought about profound changes in the construction of social relations, public opinion and industrial development models. However, information security, spread of rumors, privacy leakage, the global Internet governance game, etc. still hamper the healthy development of the Internet. As China's Internet construction started late, the relevant governance model is not mature enough. Through the interpretation of the Internet information governance system in the United States, this paper analyzes and compares the Internet governance model in China at the present stage so as to provide some suggestions for China's government to promote Internet governance in the future.

Keywords: Internet information governance, American model, Chinese model

信息科技的发展使世界变成了地球村,网络空间逐步成为人类现实生活的虚拟延

展。在当前日益多元的社会语境下,互联网科技的快速普及加速了社会结构的扁平化趋向,表现为人类社会行为方式与组织过程充满着“液态”形式的流动性关系,而互联网空间的存在更是促进了关系网络的外化延展,打破了现实社会过度依附于单一元素、单个机构、单维权力的国家治理模型,使现代国家走上了从“统治”到“治理”的道路。但由于技术漏洞、规范滞后、监管盲区等因素的制约,政府的控制力减弱,致使网络病毒、网络泄密时有发生,互联网信息治理越发成为全世界共同关注的话题。作为网络大国,中国和美国都面临着同样的问题,立足多元语境,对中国与美国的互联网信息治理体系进行比较分析具有一定意义,也有利于吸收他国的先进经验,取长补短,尽快完善我国的互联网信息治理体系。

一、发展演变中的美国互联网信息治理体系

(一)不同发展阶段的美国互联网信息治理方式

1.发展早期的互联网信息治理方式

该阶段的时间跨度为 1983 年至 2001 年“9・11”事件发生前。自 1983 年起,军用性质的美国“阿帕网”(Advanced Research Projects Agency Network,ARPANET)逐步转化为民用,互联网开始走进美国发展的方方面面。这一阶段,美国历经了里根、老布什、克林顿等五届政府。总体来说,在这 20 年中,美国互联网信息科技的发展体现出自主选择、灵活多元的特点,政府只是通过一些科研资金的注入,对各类资本进行方向性的指引。不难看出,萌芽状态的互联网科技对社会发展影响较小,由于相关政策法规的出台需要一个过程,具体实施也存在着一定的滞后性,所以在该阶段互联网信息治理的成效并未完全体现出来。

2.“9・11”事件发生后的互联网信息治理方式

2001 年 9 月 11 日,恐怖分子劫持客机向纽约世贸中心和华盛顿五角大楼撞去,制造了震惊世界的“9・11”恐怖袭击事件。虽说美国自冷战结束以后高度重视国家安全,已经采取了多项措施维护国家安全,但是这些措施多是集中于基础设施建设方面。于是,恐怖分子便利用互联网作为相互联系的工具,策划了一系列复杂而周密的袭击,对美国社会造成了极大的影响。

在此之后,美国不断强化“国家信息安全治理”,颁布了一系列维护网络安全的法

案，其中最为著名的就是《爱国者法》。这部法律赋予了司法部门和网络运营商一些以往没有的权利，同时还首次确立了总统国家安全顾问一职，强力维护国家的网络安全。2002年，美国又先后颁布了《联邦信息安全管理法》和《国土安全法》，为政府获得与国家安全相关的第一手资料与信息提供了法律保障。除此之外，政府还在一些网络科技企业的帮助下组织大规模的网络安全培训，实现政府与企业的配合，共同治理互联网信息传播中出现的问题。

3.奥巴马执政时期的互联网信息治理方式

“9·11”恐怖袭击事件发生后，美国对互联网空间的管理达到了空前严格的程度，这也引发了一些争议。首先是国家安全与公民权利的冲突。《爱国者法》《国土安全法》等法案虽然有效地打击了恐怖主义，但是其不断增加的条款也在美国国内饱受诟病；另外，“网络中立”的讨论也在美国愈演愈烈，支持者认为互联网服务提供商应当没有差别地对待各类信息，而反对者则认为“网络中立”有违公开竞争与信息自由流动的时代发展特征。

具体而言，该阶段是美国出台网络安全政令及网络发展战略最多的时期，其互联网空间治理的思路在对内和对外两个方面都进行了深度调整。一方面，从全球视野来审视，奥巴马政府“全面布局”和“战略前置”的意图十分明显，其把网络空间视为继“陆、海、空、天”之后的“第五大战略空间”，企图不断维护和加强在该领域的话语权和主导权，通过不断“建章立制”来维护美国的网络空间霸主地位。同时，奥巴马政府不断强化“网络威慑”战略，在2008年至2011年四年间，美国进行了大量网络威慑研讨①，以技术为支点，“采取进攻性的手段实行对网络空间中权力、资源、财富的控制”②。

另一方面，针对“9·11”恐怖袭击事件发生后美国国内有关互联网管理制度的争议，奥巴马政府做出了一些调整，首先是调整竞争规则，政府鼓励公平竞争，在规则制定上呈现了“制定—反思—修改”的螺旋式上升轨迹。其次，对于具体的监督机构FCC，规定其应当确保网民能够自由访问互联网内容，避免对于非必要信息的审核。总而言之，这一阶段美国互联网空间的内部治理围绕“提高政府效能，确保网络信息安全”的主题进行，多元共治的模式不断深化发展。

① 魏方方，锁延锋，惠景丽. 美国网络威慑战略解析及启示[J]. 信息安全研究，2016，2(5)：471-476.
② 鲁传颖. 奥巴马政府网络空间战略面临的挑战及其调整[J]. 现代国际关系，2014(5).

4.特朗普执政期间互联网信息治理的发展趋势

美国的政治体系经过几个世纪的发展演变已经逐步趋于稳定,但是特朗普的上台却给这种稳定性增添了几分变数。作为一位政治素人,特朗普时常不按规则出牌,对于奥巴马时代的政治遗产也时常采取否定的策略。总体而言,特朗普上台后的政策走势将更加强调以“美国利益”优先,从不同领域采取措施维护以美国为主导的互联网信息治理体系,以此来稳固美国在网络虚拟空间的霸主地位。

具体而言,首先,特朗普政府高度重视美国所面临的网络安全威胁,强调要提升本国的网络攻防能力。其在上任十天后召开的网络安全会议中明确表示:“美国将迅速采取行动保护关键基础设施和网络,并使信息技术系统现代化。我将使我的内阁部长和机构负责人担负起对维护网络安全的全部责任。”[①]在该原则的指引下,美国正在逐步建设一支具有较强攻击能力的“网络作战预备军”,同时逐步将网络司令部从原有组织中分离出来,成为独立的网络攻防作战实体,以期更加有效地处理本国所面临的网络安全威胁。

其次,对于美国国内的网络空间治理,商人出身的特朗普更加强调维护企业利益,突出表现是对《通信法》第二章和网络中立性的问题表达不满,认为 FCC 支持“网络中立”的做法是一种自上而下的夺权。特朗普高度重视网络知识产权问题,在商业机密盗窃等方面或许会采取更加强硬的措施,以维护美国企业的利益。但另一方面,特朗普亦强调企业应主动配合政府的工作,在特定的条件下提供必要的数据资料。

除此之外,当前全球网络空间治理已经进入到了大国博弈的新阶段。美国在“9·11”事件后通过历届政府的规划与建设,成为当之无愧的“互联网巨头”之一,其关注的范围不断由国内向国际延展。可以预见的是,特朗普政府将更加重视“网络空间外交”,加强有关政策和议题在世界范围内的传播。

虽然特朗普上台后在诸多方面都进行了政策的重构,但可以看出,历届美国新政府上台之后都会祭出新招来逐步形成领导人自己的执政风格,政策的先强后弱成为一种发展定式,特朗普政府的互联网信息治理体系,也会在这种较为激烈的震荡调整后逐步趋于稳定。

---

① 余晓秋.特朗普政府的网络空间安全政策走向[EB/OL].(2017-07)[2017-08-29].http://opinion.huanqiu.com/opinion_world/2017－07/11058942.html.

(二)美国互联网信息治理体系分析

1.治理主体:政府指导下的多元共治

美国是一个典型的移民国家,毗邻太平洋和大西洋的地理位置使该国天生就具备了通达与包容的基因,多元的人口分布更使美国文化呈现出自立性的特点。在美国,个体与国家母体之间的关系类似于一种契约,社会结构也趋于开放。这种开放性结构要求国家的治理结构与之相适应,因此在互联网治理上,美国遵循的是政府指导下的多元共治原则。

具体而言,美国的互联网监管体系既包含国家与地方的治理,又包含市场与社会的监督和制约。国家层面,国会作为联邦最高立法机关,对互联网相关治理法案进行审议,影响国家政策的宏观走向。司法机关则负责具体案件的审判,维护互联网治理的公平公正。政府的工作更多集中于政策的实施,形成了"国家计算机应急响应小组、联合作战部队全球网络行动中心、国家网络调查联合任务小组、情报界网络事故响应中心、网络空间安全威胁行动中心、国防网络犯罪中心"①六大机构具体维护互联网的安全。在州的层面,由于各州政治、经济与思想的差异,每个州会根据实际情况调整相关的互联网治理措施。就市场而言,互联网企业依据法治精神开展运营活动,促进网络科技创新,凭借自身的科技实力与政府权力形成一定的制衡。同时,在社会中,公民通过对互联网的使用与反馈,形成对国家互联网治理的监督,使权力得到合理运行。

不难看出,在美国的互联网治理模式中,各方环环相扣,彼此之间势均力敌。因此,国家很少动用强制力对互联网行为进行管制,而是在彼此妥协的基础上进行平等的交流与沟通,最终达到政府指导下多元共治之目的。

2.立法:法制体系不断完善的双层立法

在美国,互联网的立法包含联邦和州两个层次。从联邦整体的实践来说,美国最高法院、联邦审判法院和申诉法院组成了完整的联邦司法体系,对政府何时可以限制网络自由进行裁定。而就具体立法而言,联邦层级的互联网法律体系主要包含了信息及国家安全、未成年人保护、知识产权保护、个人信息安全四个方面的内容。

网络及国家安全:早期的法案包括《联邦计算机系统保护法案》(1977)、《计算机安全法》(1987)、《电子通信秘密法》(1990)、《电信法》(1996)。在"9·11"恐怖袭击后,美

---

① 新华网.美新英三国网络治理模式对比[J].中国教育网络,2014(10):29-31.

国立法机构迅速制定了《爱国者法案》,并得以通过。但是,该法案中的某些条款却与“网络中立”支持者的诉求出现背离,在美国境内引起了不小的争论。在此之后,美国政府逐步调整完善相关法律制度,先后颁布了《国内安全增强法》(2003)、《2004 财年情报授权法》等一系列法规。

未成年人保护:随着互联网的发展,儿童对网络的使用日益频繁。如何保护儿童不受伤害,美国在立法中进行了有益的探索。1998 年,《儿童在线保护法案》《儿童在线隐私保护法案》被国会批准,两部法案在禁止通过互联网向少年儿童传播有害信息、维护少年儿童隐私权方面做出了有益尝试。2000 年,《儿童互联网保护法案》开始施行。至此,关于未成年人的互联网使用保护体系通过以上三部法案逐步建立起来,为维护少年儿童的合法权益提供了法律基础。

知识产权保护:美国是一个高度重视知识产权保护的国家,早在 1995 年,美国就在《知识产权和国家信息基础设施白皮书》中明确指出互联网的发展对传统的知识产权保护的负面影响。国会于 1998 年通过了《数字千年版权法案》,规定未经许可的网络下载均为违法行为。2008 年,国会通过《优化知识产权资源与组织法案》,扩大了网络侵权的界定范围。2011 年,颁布《禁止网络盗版法案》和《保护知识产权法案》,赋予联邦政府更多打击盗版的权力。

个人信息安全:宏观层面的网络安全固然重要,但是,作为公民的基本权利之一,个人信息的保护同样十分重要。颁布于 1970 年的《公平信用报告法》和 1974 年的《隐私保护法》,从消费者的角度出发,保护其隐私权,不仅遏制了商家通过信息网络收集用户数据的行为,更使得广大消费者在权利受到侵犯时有了申诉的渠道。1997 年,《公共网络安全法》开始施行,该法对个人隐私权、个人信息安全进行了较为全面的保护。1997 年,《数据保密法》则规定企业或组织基于商业目的搜集用户信息或主动提供邮件服务的,应主动对自身行为进行约束。此后,每隔数年美国都会颁布与网络个人信息相关的法律法规,以规范各方行为。

对于美国各州而言,其拥有独立的立法、司法和行政体系,各州可以在联邦宪法规定的原则下,自主制定法律。由于各州的现实情况存在着一定的差异,所以同一部门法在各州可能会出现内容差异较大的情况。就互联网而言,有的州以公共设施为标准进行管理,有的州则制定了管辖本州的电信法。尽管这种各州分立法案的现实造成了某些认定标准上的矛盾,但是却能有效地促进当地互联网事业的发展。

3.技术:"网络中立"争议下的技术监管

"网络中立"的概念源于2003年[①]。当时,一部分美国人认为应当为互联网的发展创造开放与自由的环境。每个人都拥有根据自身需求选择自己欲知的信息、应用、设备以及运营商的权利,政府不应当采取技术手段对信息进行控制,从而确保互联网信息的自由流动。

为了弥合信息自由与信息控制的矛盾,达到"网络中立"的目的,美国在多方面采取措施。首先,对于互联网接入商而言,明确要求其在信息传输过程中不能设置任何优先级,保证对各种内容一视同仁,维持网络工具公平合理的使用。其次,司法系统确立了一系列维护"网络中立"的原则,构建了平等、自由、开放的网络信息传播环境。但针对互联网具体内容而言,如果出现了明显的社会危害性言论,美国政府便会动用技术手段,对信息进行处理。这些技术主要包括分级和过滤两种措施。[②] 分级系统(Rating System)是一种常见的网络管理手段,美国主要使用的是PICS分级系统,其核心为通过技术手段对互联网中海量的信息进行分级筛选。这样,网民就会在查找信息时便捷地找到所需内容,同时将某些违规的内容通过该系统直接进行屏蔽。另外一种技术手段为过滤系统(Filtering System),主要囊括了Cancelmoose、Safesurf等软件。该技术通过设置关键词字符串,限定某些敏感词汇,达到过滤和筛选有害信息的目的。除此之外,美国政府下大力气培养网络技术人才,在反病毒、防黑客、清除网络垃圾信息等方面取得了很大的突破,进一步维护了互联网的安全,最大限度地减少了有害信息的危害。

4.自律:道德引导下企业与网民的行为规范

开放与自由是互联网的两大特性,同时也决定了互联网信息治理体系单纯依赖于法律监管和政府的行政力量是远远不够的。从某种角度来说,企业与网民作为社会主体,他们在网络中的行为理应受到客观认知的控制,现实生活中的规范在网络社会中应得到延续,不能因为互联网的开放属性而在网络空间中为所欲为。

在此基础上,美国形成了比较完善的互联网行业自律体系。一方面,政府会联合行业组织,为行业自律守则的制定与完善提供建议;另一方面,行业组织也会根据实际情况制定相关的自律公约,维护互联网秩序。可以说,美国的互联网自律体系建设是比较完备的,涵盖了著作权保护、隐私权维护、有害信息处理等诸多方面的内容,在互

① 杨然."网络中立"论下的利益交锋[J].世界电信,2006,19(11):7-9.

② 王静静.从美国政府的互联网管理看其对中国的借鉴[D].武汉:华中科技大学,2006.

联网治理体系中发挥了较大的作用。

而针对于网民的行为,除了政府大力度传播网络道德规范的理念,号召网民抵制不健康的网络行为外,各类民间团体与组织也积极响应号召,加入到网民网络道德建设的过程中来。其中比较有影响力的是美国计算机伦理协会提出的“计算机伦理十戒(The Ten Commandments for Computer Ethics)”,其核心即在网络虚拟空间中要有道德价值观念,不做违法的事,不做无礼的事。在此之后,美国各主要互联网基金会、各大论坛和社交媒体都制定了相应规定,共同促进网民道德素养的提升。

二、逐步完善的中国互联网信息治理体系

(一)中国互联网信息治理体系发展的三个阶段

1.1994—2004 年:以技术部门为先导,在探索中不断完善

1994 年,我国正式加入国际互联网,网络科技逐步走进中国百姓的日常生活。当时,政府对于这种新生事物并没有特别的关注,而仅仅从新技术的角度对其进行引导,相关制度规范也一直在摸索中逐步完善。早期的互联网治理方式主要是制定宏观政策,尚未突出互联网的意识形态阵地属性,这就使得该阶段的互联网治理更多地以技术部门为先导。1996 年 1 月,国务院设立信息化工作领导小组,标志着政府开始重视互联网的管理工作。在该阶段早期,国家经济信息化联席会议办公室是互联网管理主体,这在当时是具有一定的创新性和开放性的。

1997 年 6 月,中国互联网络信息中心(CNNIC)成立,作为我国互联网治理的重要力量,该机构早期并不依托于任何政府部门,而是隶属于中科院,发挥了“为我国互联网络用户提供服务,促进我国互联网络健康、有序发展”[①]的重要作用。

随着网络科技的发展,国家进一步完善了互联网管理政策。1999 年,新成立的信息产业部成为互联网管理的主导部门,形成了以技术部门为核心的互联网管理模式,而在具体的产业管理中,公安部、文化部、国家版权局等部门都参与了进来,形成了典型的“多头共管”的模式。

2.2005—2013 年:以国新办为主导,强化内容管理

截至 2004 年底,我国的网民总数已达到 9 600 万,增速十分明显。同时在这一时

---

① 参见 http://www.cnnic.net.cn/gywm/CNNICjs/jj/。

期,QQ 空间和新浪博客悉数登场,互联网信息生产模式发生了巨大变革。草根网民开始取代精英掌握媒介话语权,使我国政府的互联网信息治理工作面临巨大挑战。

同时,这一时期的舆论环境也更为复杂。对于国内而言,得益于社交媒体的逐步发展,各种纷繁多元的信息开始流向普通网民,一些西方媒体不负责任的报道也因此插上了“飞行的翅膀”,互联网已不仅仅是普通的媒体工具,其“巨大的社会动员能力,将严重影响社会的稳定”。[①] 而在国际社会中,中美的网络空间博弈也逐渐成为各方关注的焦点,突出表现就是 2010 年 3 月,Google 退出中国大陆地区。可见网络传播已经成为美国等西方国家继人权、“藏独”、“疆独”、台湾问题之后对中国进行攻击的又一大方向。

因此,这一时期互联网治理的重点逐步发生偏移,开始由产业管理转变为内容管理,主管政府部门也逐步由产业部门转移至意识形态部门,形成了以国新办、国信办为主导的管理模式,同时联合中宣部、新闻出版总署、广电总局、文化部、教育部、全国“扫黄打非”办公室、公安部等部门,着重对互联网信息传播的内容进行管理。

3.2014 年至今:以网信办为主导的互联网信息治理模式

2014 年 2 月,中央网络安全和信息化领导小组成立,习近平总书记亲自挂帅,说明了网络安全和信息化工作的重要性。网信办的建立,凸显出网络信息治理体系建设已经成为我国整体战略的有机组成部分,打破了以往“政出多门”“职能交叉”的局面,此举将内容监管、网络空间治理与信息安全有机地结合在了一起,是我国互联网信息治理体系的一次全面升级。

网信办的建立,也是我国在互联网信息治理工作中的一次有益尝试。作为互联网信息管理的总体协调机构,其成立有效避免了“条块分割”的弊端,将有效“落实互联网信息传播方针政策和推动互联网信息传播法制建设”[②],同时加强各机构之间的沟通协调。而中央网信办作为正部级国家机关,其职权范围较以往的相似部门均有所拓展,预示着在未来的发展中,我国政府对于互联网信息治理工作的重视程度将不断提升。

(二)中国互联网信息治理体系分析

1.治理主体:“主导+联合”的部门协作治理模式

与美国“中央与地方”“市场调节”的互联网信息治理模式不同的是,我国更加强调

---

① 方兴东,张静. 中国特色的网络治理演进历程和治网之道——中国网络治理史纲要和中国路径模式的选择[J]. 汕头大学学报(人文社会科学版),2016,32(02):5-18.

② 见国新办网站:http://www.scio.gov.cn/xwbjs/。

政府部门的作用,从早期的国务院信息化领导小组、信息产业部,到后来的国新办,以及现在的网信办,都是由一个具体的行政部门作为主导,同时联合其他部门密切配合,形成了"主导+联合"的部门协作治理模式。

毋庸置疑的是,我国特殊的国情和特定的意识形态决定了我国的互联网信息治理模式必然会与美国存在较大的差异。这种"主导+联合"的部门协作的信息治理方式在避免错误思想入侵、把握意识形态主动权等方面发挥了重要的作用,为我国的经济建设和社会建设赢得了宝贵的发展空间。但是,网络空间具有开放与多元的特征,仅仅依靠政府的行政命令在当代不免会引起群众的消极抵抗情绪。可喜的是我国政府已经逐步认识到了这一问题的急迫性,开始主动利用互联网工具发布政务信息,推进政府决策的公开化与透明化,运用微博、微信等社会化媒体的传播方式,让广大民众参与到政府部门的日常工作中,逐步实现由"精英决策"向"大众协商",由"幕后式管理"向"开放式管理"的转变。

2.立法:从部门规章到国家法律的升级与完善

我国互联网起步较晚,与美国相比,我国的网络信息立法还存在着一定的差距。具体来说,我国目前有关互联网信息治理的法律法规,主要涵盖了基本立法、部门立法、地方立法三个主要方面。就基本立法而言,2016 年 11 月 7 日,全国人大常委会正式发布了《中华人民共和国网络安全法》,这是我国实行网络空间管辖的第一部法律,是网络安全法律体系的基础。① 除此之外,由全国人大常委会颁布的涉及互联网治理的法律还有《全国人大常委会关于维护互联网安全的决定》《中华人民共和国电子签名法》《全国人大常委会关于加强网络信息保护的决定》。就部门立法而言,主要由国务院各部委根据行业情况具体制定。如信息产业部于 2000 年制定的《互联网电子服务管理规定》,文化部于 2011 年制定的《互联网文化管理暂行规定》等。关于地方立法,不同的省份根据本地区的实际情况,制定了相应的互联网管理规章制度。

不可否认的是,近些年来,由于党中央的高度重视,网络信息立法的范围不断拓展,立法速度不断加快。经过持续性探索,我国的互联网信息立法实现了从无到有,很多法律法规的制定都存在着一定的开创性和引导性。但是与发达国家相比,首先,我国的网络信息立法层次较低,且多部门交叉立法很容易出现条文措施上的矛盾,导致相关规定缺乏权威性及说服力。其次,我国互联网治理的相关法律依然存在着许多立

---

① 《网络安全法》解读[EB/OL].(2016-11-07)[2017-08-29].http://www.cac.gov.cn/2016-11/07/c_1119866583.htm.

法上的盲区。在目前的法律体系中，很多条文强调的均为“管制”，这与权利和义务相一致的原则存在差异，一些网络上的举动并不能找到与其相适应的法律条文。除此之外，在目前已经实施的部分互联网信息治理法规中，存在部分可操作性差的问题。有的法律条文描述得过于笼统，而有些条文则明显与时代脱节，滞后性的问题比较突出。在当前的法律实操中，部门之间沟通不足，成为制约立法质量提升的一大瓶颈。

3.技术：三重措施构建互联网信息治理的技术保障

在我国互联网信息治理体系中，技术手段是维护互联网信息安全的重要保障。我国的互联网技术控制手段主要包括互联网安全技术、内容监管技术和互联网行为控制系统，三重措施共同构建了我国互联网治理的技术保障。

具体来说，互联网安全技术是指运用防火墙技术、加密技术和访问控制技术维护互联网系统的运行安全。其中，防火墙技术是一种计算机软硬件技术的结合，在内网与外网、专网与公网建造安全围栏，确保内网用户不会遭受到不法袭击。而加密技术则是把重要的信息以特殊编码的形式进行储存和发送，使信息安全得到保证。访问控制技术是策略（Policy）与机制（Mechanism）的结合，可以有效维护资源安全，阻止无效用户的恶意访问。

内容监管技术主要涵盖了网络舆情采集技术、内容安全审核技术、违法及不良信息检测技术以及网络过滤系统。网络舆情采集主要针对新闻网站所发布的信息，内容安全审核主要针对网络论坛和社交媒体的言论进行技术监测，不良信息监测及过滤机制则是针对网络中的色情、暴力以及危害国家安全的信息进行筛查与屏蔽。

行为控制系统包括网络版权保护技术和网络用户行为监控机制。该系统的实施能够对互联网作品的版权给予必要的保护，同时通过大数据的追踪，了解互联网用户的使用习惯，为企业开展精准营销提供帮助。

但是，在互联网信息治理的体系构建中，过分依赖技术手段也存在一定的风险性，必须将技术手段限制在合理的范围内使用，才能达到正面的积极效果，从而促进网络空间的健康发展。

4.自律：建立规范，传播网络核心价值观

我国于2001年5月设立了中国互联网协会。作为全国性的互联网行业协会组织，其成员构成较为全面，包含了互联网信息服务提供商、基础通信服务运营商、互联网企业以及教育、科研院所。中国互联网协会成立后，相继发布了《互联网站制止淫秽色情等有害信息自律规范》《坚决抵制网上有害信息的倡议》等文件或自律守则，在一定程度上促进了互联网运营服务迈向发展快车道。另外,很多大型门户网站在建设过程中也逐步认识到网络健康发展的重要性,纷纷提倡“创建文明和谐的网络家园”。

而针对网民行为,中国互联网协会在 2006 年就发布了《文明上网公约》,以此来规范网民的上网行为,号召每一位网民对自身严格要求,树立正确的社会责任意识,自觉抵制网络中各种不文明的现象。除此之外,该协会还建立了多个分中心,号召网民对各种网络中的不良现象进行举报和投诉。可以说,网民自律是互联网信息治理中非常重要的一个方面,对于维持和谐健康的互联网环境起着至关重要的作用。

三、全球化视野中我国互联网信息治理体系的建设策略

“水能载舟,亦能覆舟。”进入 21 世纪,网络科技已经成为我国人民群众生活的“必需品”,但由于网络技术的虚拟性以及空间治理的松散性,相关体制机制的建设也变得更为复杂多元,而结构性、主体性、关联性的矛盾更需要各方捋顺思维,在深度调整的过程中利用好、发展好、治理好网络空间,实现多元主体的发展、合作、共赢,从而走出一条互联网信息治理的“中国路径”。

(一)顶层设计:建设和平、安全、开放的网络空间,展现中国自信与自觉

思维决定战略,战略决定路径,信息科技已经成为国家综合国力的重要体现。作为互联网大国之一,我国有责任为加速构建国际互联网信息建设新秩序、实现网络空间综合治理的目标贡献自己的力量。习近平总书记也曾多次强调,要“坚持以人类共同福祉为标准”,“坚持网络主权理念”[①],这都说明“秩序重构”和“加速重建”的顶层设计对于互联网信息治理的重要作用。

建设和平、安全、开放、合作的网络空间,首先必须切实维护好每一个国家的网络主权,在平等交流的基础上建立合作机制,促进全球互联网信息治理的共同发展。其次,必须着力克服各种形式的网络霸权主义,用平等沟通的方式进行协商,制定出符合各国共同利益的国际规则,让更多的人共享网络信息科技的发展成果。除此之外,各国尤其是新兴经济体间应当建立更加紧密的联系,摒弃“巴尔干化”的思维,依托于信息科技的互联互通,积极打造网络空间的“命运共同体”,从而逐步缩小各国之间的差距,弥合信息传播过程的不平衡性所造成的数字鸿沟。

---

① 陈静,崔国强.世界互联网大会嘉宾热议习近平讲话:“中国主张”赢赞许[J].创新时代,2016(12):16-17.

（二）国际合作：立体化沟通，改革不适应网络实践发展的体制机制

我国互联网发展起步较晚，所以相比于美国等西方发达国家，我国目前的互联网信息治理体系仍然不够健全。作为一个全球化的课题，我们应积极与各国展开对话与合作，考察其他国家的实践经验与成功做法。2014年，习近平总书记在巴西国会演讲时就提出了"共同构建和平、安全、开放、合作的网络空间，建立多边、民主、透明的国际互联网治理体系"，得到了各国的积极响应。可以说，中国庞大的网民数量和快速发展的互联网科技在世界范围内都具有一定的优势，但如果各国都以保守封闭、相互对抗的心态自居，坚守固有的体制机制，那么互联网发展的红利就很难被有效地释放出来，甚至会造成一些新的矛盾冲突。

因此，我国互联网信息治理体系建设过程中，应高度重视国际合作的重要性。只有通过世界各国的共同努力，才能达到在规范中成长，在合作中发展，在开放中共赢的目的，最终探索出一条适用于我国互联网发展的成功之路。

（三）网络生态：以人为本，动态调整，勾画网络空间发展的"最大同心圆"

互联网技术的发展给广大网民提供了一个交流思想、探索新知的平台。当今时代，人们的观点与认知趋于多元，舆论格局也越发复杂多变。在这种状态下，不免会遇到自由与秩序的矛盾问题。作为同一事物的两个方面，如果一方的力量过于强大，则必然造成对对方生存空间的碾压，网络舆论场亦是如此。相比于美国"去政府中心化"的模式，我国当今互联网信息治理体系的一大问题就是对公共利益和公共空间没有进行充分合理的布局与疏导。互联网技术所提供的技术平台对于不同思想的交汇碰撞是十分珍贵的，因此，有关部门在面对网民的合理化建议时，应当保持宽广的胸怀，包容民意，支持群众合理化的诉求，以人为本，动态调整，在网络空间的交流互动中找寻各方利益的"最大公约数"与"最大同心圆"，从而使网络生态风清气正，并在相关规章制度的引导下，使互联网成为民众合理诉求的有效表达渠道。

（四）治理主体：平衡协调，打造多元主体自律与共治的核心机制

当前，随着社会经济的发展，各种不确定性和偶发性因素不断增多，给传统的以政府调控为主的互联网信息治理方式带来了很大的挑战。其治理过程已经不能仅局限在政府的运行框架中，"与互联网相关的公共政策的制定和执行是由大量的正式和非

正式机构通过多方的协调机制来完成的”。①

完善我国的互联网信息治理体系，就要适应当前政府调控下的市场干预模式和政府主导下的行政模式所呈现出的归一化趋向。首先，就政府而言，应当逐步由管理者转变为引导者，将分散的“治权”进行整合，告别以往的混乱局面。其次，服务商应做到主动参与。应当进一步壮大中国互联网协会等行业组织的力量，同时形成企业间相互监督和制约的机制，强化自律效果。除此以外，社会力量的广泛参与也应成为互联网信息治理的重要手段。作为互联网使用的基础性组成单位，社会力量在促进网民意识觉醒和自律行为普及的过程中发挥了重要的作用。

总而言之，在互联网信息治理体系的建设过程中，若能以“共治”的形式处理网络发展过程中的问题，则既能充分维护各方的权利，又能在一个流动的发展环境中形成不同力量间的动态博弈，促进互联网治理效度的提升。

(五)法治：发挥制度的内生动力，完善互联网信息治理的法律体系

互联网信息传播过程中出现了种种问题，因此，在治理的过程中应当明确“立”什么的设问，要着眼于发挥制度的内生动力，提升国家综合治理的能力和水平，最终形成“系统完备、科学规范、运行有效的法律与制度体系”②。

近些年来，我国在互联网信息立法方面进行了富有成效的探索，但是依然没有形成完善的法制体系。因此，在下一步的工作中，一方面应明确互联网治理的基本原则，在此基础之上逐步形成具有中国特色和时代特色的法制体系，使相关法律间形成紧密的联结，既有继承，又有发展，避免多重部门多向监管下相关条文间的矛盾与笼统。另一方面，互联网立法时应当充分考虑各方的利益，进行充分的调研和讨论，汲取政府、网络服务商、互联网企业和专家学者的建议，提高法律的可操作性，兼顾效率与公平，使法律的存在能够进一步推动互联网的健康发展。

(六)技术：智慧治理，构建“互联网＋”时代的网络安全的创新发展路径

我国的互联网面临着和其他国家相同的网络安全问题。以往，我国较多地使用防火墙、内容筛查与过滤、网络舆情实时监测等手段来维护网络安全，但这种“一刀切”的技术管理方式也造成了诸多有价值信息的流失，某些有害信息依然可以通过转变关键词的方式来规避现有的技术审查。

---

① 庄杰，罗璇．网络治理的特征探析[J]．领导科学，2010(26)：15-16.

② 辛向阳．推进国家治理体系和治理能力现代化的三个基本问题[J]．理论探讨，2014(2)：27-31.

所以，我国当前有必要尽快构建“互联网＋”时代网络安全的创新发展路径，实现“智慧治理”的目标。具体来说，一方面，应当做到在动态调整的过程中不断更新技术，有效阻止有害信息的传播；另一方面，也应该注意技术手段使用的限度。目前，互联网的发展已经成为一道全球性命题，长期的技术监控无益于信息科技的全球交流与合作。当前，网民的权利意识逐步加强，若不能以创新思维解决矛盾，则极有可能增加“数字利维坦”现象发生的风险，危及社会稳定。因此，政府可以尝试调动企业的力量进行技术产品的开发，引入市场机制，利用企业的发展特性促进其改善产品的科技水平，推动互联网信息的“智慧治理”。

（七）自律：弥合市场机制缺陷，构建和谐安全的网络环境

在互联网信息治理体系当中，如果不对互联网企业与网民提出一定的自律要求，仅仅依靠市场的调节或是政府的管制，或是法律的制裁，其作用往往都是表象的。若想在更深层次构建和谐安全的网络环境，自律是必不可少的。

对于企业来说，应当逐步做到：首先，加大行业培训力度，采用内部培养及外部招聘相结合的方式，逐步建立一支高素质的网络从业人员队伍。其次，建立完善的信息把关机制，利用多种方式对信息进行相应的审核，从而使虚假和有害信息在传播的初始阶段就能够被有效屏蔽。除此之外，还要进一步完善相关行业的自律公约及守则，从而在宏观道德层面树立行业诚实守信的良好形象。

对于网民来说，网络科技的发展虽然给了每一个人表达自己观点的机会，但是须谨记的是，在网络中发言和传播信息，绝对不能为了逞一时的口舌之快而肆无忌惮地发表毫无根据的言论，置社会公德于不顾。广大网民要共同维护网络空间的“生态环境”，不混淆是非、不造谣、不传谣，提升自己的媒介使用素养，构筑网络文明社会。

结　语

互联网信息治理是一项系统的工程，不能一蹴而就，更不能停滞不前。作为互联网发展历史较长的国家，美国在实践中已经摸索出不少成功的经验，互联网治理的理论积淀也较为丰富。置身全球化发展环境，将中国与美国的互联网信息治理体系进行比较研究，有利于我国吸收他国互联网治理的先进经验，将其充实于本土实践中，从而推动我国互联网行业的持续健康发展，实现网络强国的发展目标。

[本文是唐远清负责的2017年北京市社会科学基金研究基地重点项目“融合背景下北京主流媒体舆论引导能力建设研究”的中期成果之一]

〔唐远清,中国传媒大学新闻学院教授、博士生导师,媒介评议与舆论引导研究中心主任;程子豪,中国传媒大学新闻学院硕士研究生〕

〔特约编辑:赵希婧〕

事件、观念、共变:中国互联网事件二十年研究

Events, Concept, Covariance: 20-Year Research of Internet Events in China

◎ 郑智斌

Zheng Zhibin

摘要:本文梳理了中国互联网事件的变迁,认为中国的互联网事件经历了1994—1998、1999—2002、2003—2007、2008—2012和2013至今这五个时期,并构建了自身发展的轨迹。本文发现,互联网事件、社会观念及其变化都是在现实社会结构和社会关系框架中发生、发展并完成的,互联网事件史与观念史二者之间存在同构、互塑、共变的复杂的逻辑关系。本文进一步指出,人类在这场由技术推进的缓慢而巨大的社会变革中应该增强系统反思与自我改造能力,才能进入更加和谐的数字未来。

关键词:互联网事件,事件史,观念史

Abstract: With the political and economic development, the Internet events in China since China accessed to the Internet, has experienced five stages : 1994—1998, 1999—2002, 2003—2007, 2008—2012 and 2013 to now. They forms a track of their own tortuous development. The formation of online society, the Internet events, social concepts and their changes are in the real social structures and social relations in the framework of development and completion. There is a complex logical relationship between co-exist, mutual plasticity and simultaneous change between the Internet history and conceptual history. In this slow and huge social change caused by technology, the human race should enhance the ability of systematic reflection and self—transformation to enter into a more harmonious digital future.

Keywords: Internet events, event history, conceptual history

1994年以来,互联网以其新兴的技术与话语力量逐渐渗透社会诸领域,构成了媒介史、网络社会及其思想史的基础部分。认真梳理这段历史,有助于深入理解中国如

何向欧美新兴产业的发展看齐,中国人如何努力向信息时代、消费社会、民主政治等现代理想迈进,还特别有助于我们理解社会思想观念经历了哪些变化,使得社会最终成为今天我们所看到的样子。检视网络社会的发展是一项浩大工程,如果将目光聚焦于社会"事件",或许可以劈开一条"林中路",进入这段特殊社会史的核心部分。这需要以"投入"同时"跳出"事件的双重姿态来客观还原这一事件史,以挖掘其历史价值与现实意义。

一、文献综述

(一)中国互联网的发展过程

1995 年 5 月 17 日恰逢"世界电信日",我国互联网结束了实验室研究阶段,正式向公众开放。虽然起步晚,但是建设速度很快。方兴东等学者将我国互联网发展史划分为 Web1.0(1994－2001)、Web2.0(2002－2008)和 Web3.0(2009－2014)三个阶段或三次浪潮。① Web1.0 时期,全国网络人口在 7 年间由数十万上升至 3 370 万,显示出国人追逐新生互联网的无比热情。人民网、新浪、网易、搜狐等一批媒体网站和商业门户网站,以及阿里巴巴、百度、天涯社区等网络公司相继创立,迎来了第一次快速增长的创业高潮。Web2.0 时期,网络人口高达 2.98 亿,互联网普及率为 22.6%,已超过全球平均水平。② 全社会愈加重视互联网,形成 SP、网络游戏和网络广告三大较扎实的产业赢利模式,其中每一项年收入规模均达到数十亿元。在信息传播方面,各类新闻网站如雨后春笋,Chartroom、QQ、BBS 和 Blog 应用相当普及,形成了网民主导网络文化发展的格局。Web3.0 时期,我国宽带网民数量、CN 注册域名和 PC 销量等多个指标均已超越美国而成为全球之最,网络产业有了更多自主的创新和超越,百度、阿里巴巴和腾讯等巨头公司的市值跻身世界前列。社会化媒体和移动互联网发展迅速,网络传播、社交与文化活动极其发达,各类热点事件频发,政府在引导行业加强自律之外,寻求更多柔性与法治的手段来加强网络管理。

(二)从媒介事件到互联网事件

对"媒介事件"概念的界定主要有两种理论范式。一是美国学者丹尼尔·J.布尔

---

① 方兴东,潘可武,等.中国互联网 20 年:三次浪潮和三大创新[J].新闻记者,2014(4):3-4.

② 中国互联网络信息中心.第 23 次中国互联网络发展状况统计报告[EB/OL].(2009-02)[2009-02-20].http://www.cnnic.net.cn/hlwfzyj/hlwxzbg/200906/P020120709345332767465.rar.

斯廷提出的“伪事件”(pseudo-events),可概括为:媒介化动机—导演事件—媒介化—媒介事件(伪事件);二是美国舆论学家李普曼在《公众舆论》中提出的“拟态环境”(pseudo-environment)概念,可概括为:真实事件—媒介化—媒介事件(奇观)。比如,美国大众文化理论家约翰·费斯克就将电视时代的媒介事件简洁地界定为媒介化(mediation)事件,这类事件的真实性部分地依赖于媒介化操作,人们生活在一个由“媒介事件”与“媒介现实”构成的世界中。[①] 丹尼尔·戴扬等人对媒介事件进行了长期追踪研究,指出其引人注目的新发展是“表达性事件”(disruptive event)。它与传统媒介事件的3C(Contest,Conquest,Coronation)特征和制造共识的功能明显不同,以3D(Disenchantment,Derailment,Disruption)为特征,并且更重视个人与社群的表达。[②] 这种判断尤其适用于Web3.0时期的互联网。

本文研究的互联网事件亦可称为“新媒体事件”[③],即以网络新媒体为传播工具和载体的新型媒介事件。它可以分为三类:一是迁移的,即传统的媒介事件仍然可以在网上发生,比如每年网上的“两会”直播等;二是辐射的,是指线下的真实事件(即使还没有被媒介化)辐射到线上,发展成为“舆情事件”,即广大网民参与讨论、形成较强舆论和现实影响的网络事件,比如城管打人事件导致网络热议等;三是源发的,即首先发生在互联网上的事件,包括网络技术、网络行业事件和网络社会事件,前者例如QQ聊天工具问世,后者例如郭美美微博炫富事件等。互联网事件在技术手段、传播权力机制上与传统的媒介事件有着天壤之别,因为它是话语权发生结构性变迁后的产物。Web2.0时代以来,UGC(User Generated Content)和博客等社会化媒体“以大集市模式取代大教堂模式”[④],打破了Web1.0时代主流媒体和大型门户网站垄断互联网内容生产的格局。此后,微博、微信等自媒体(We-media)进一步推动了网络传播的个人化,催生了公民记者和公民新闻,新闻传播开始由组织化生产向社会化生产转变。这种情势表现在媒介事件方面,就是它从电视时代家庭集体观看转向网络时代的人人公开言说,成为一种具有上述3D和大规模“群众书写”等特征的“键盘事件”。[⑤]

(三)一种历史研究路径:从事件史到观念史

历史由人的一切行动所构成,人类所有事件、行动本身既参与构建历史事实,也使

① 戴扬,卡茨.媒介事件[M].北京:北京广播学院出版社,2001:70-73.

② 戴扬,邱林川,等.“媒介事件”概念的演变[J].传播与社会学刊(香港),2009(9):42-46.

③ 邱林川,陈韬文.新媒体事件研究[M].北京:中国人民大学出版社,2011:35-47.

④ 方兴东,张笑容.大集市模式的博客传播理论研究和案例分析[J].现代传播,2006(3):68-73.

⑤ 邱林川,陈韬文.新媒体事件研究[M].北京:中国人民大学出版社,2011:35-47.

历史得以浮现和被认识。因此,历史是事件的容器,社会史是社会事件的历史,那些具体的、个别的历史事件并非封闭、孤立、自足且毫无外部关涉的研究对象,而是一种开放、包容和透视历史与社会的特别路径。这个研究路径可以沟通宏观与微观、结构与事件,因为所有历史事件在本质上都是社会结构的一种动态反映。研究者可以从民族、国家的历史时空中抽取出某个事件,真实描述它的发生、发展过程,并从中看到事件之外的社会关系、结构和制度等更多的事物,[①]甚或从中昭示出"某种理想的道德价值观或某种预设的历史目的、历史规律和历史必然性",这正是历史学的价值取向。[②]

19 世纪末,西方史学研究发生从事件史到观念史的转向,认为观念不是公共事件的结果而是其原因,观念比物质力量对社会历史更具能动的构建力量。一些较特殊的历史事件更具观念史意义,因为它们蕴含着"潜在的思想"和"成千上万的人抱有的朦胧向往"。[③] 此后,西方观念史研究发生从重视精英、经典思想到一般思想家再到社会史的转变,愈加强调普遍的民众文化和普通人的理性、非理性的观念与意识,它们更能反映社会观念和价值最基本的存在,并对人的行动和社会具有塑造作用。一些中国学者也不满于传统的精英思想研究。葛兆光教授认为,民众中"一般的知识、思想与信仰真正地在人们判断、解释、处理面前世界中起着作用"。[④] 这样,要考察历史事件与社会思想的相互关系,就必须还原那些蕴含某种新行为、新思想或新观念的观念史事件。这类事件犹如观念的幼苗小花,其魅力并非提供某种一致认同的价值取向,而是呈现多种理解的可能性;但是,本质上它们背后隐藏着当时的社会情势、特殊问题乃至整个社会结构及其变迁,并且直接参与到社会观念的构建或改变之中,甚至对观念史构成影响。

中国互联网历经 20 多年的社会实践就是一部独特的事件史、观念史,它犹如一座等待挖掘的宝藏,蕴含着从精英到民众的丰富的知识、多元的思想与信仰,只有经过深度的解读反思,其思想价值才能从沉睡中被唤醒与启动,并在构建新的社会传统中发挥作用。为此,本文关注两个问题:第一,互联网事件史如何在现实政经背景下发生阶段性变迁;第二,互联网事件以何种机制与力量作用于网络社会,以及该事件史与其社会的观念史之间存在何种关系。

---

① 李里峰.从事件史到事件路径的历史[J].历史研究,2003(4):89.

② 雷戈.史学与新闻[J].文史哲,2004(6):9-12.

③ 梅尔茨.19 世纪欧洲思想史[M].北京:商务印书馆,1999:37.

④ 葛兆光.中国思想史·导论[M].上海:复旦大学出版社,1998:3-13.

二、研究方法

本文主要基于史学和传播学、社会学等理论与基本方法展开。在互联网事件史的分期上，除考察各时期标志性事件以外，还参考互联网产业和现实政经发展两大指标，因为这种现实情势与矛盾既可直接诱发社会事件，也从宏观上影响不同时期事件的性质与表征。其中，互联网产业指标包括全国网络人口规模（百万级、千万级、亿级），Web1.0、Web2.0 和 Web3.0 的产业进程，以及代表性社交产品（比如论坛、博客、微博等）的出现或流行，这些指标反映了互联网社会实践的内在条件与逻辑。政经发展则是辅助指标，主要考虑政治（尤其是意识形态管理）、经济和文化领域的重大事件、进展或政策等宏观条件，为事件史分期提供现实背景支持。比如 2008 年，从年头到年尾发生了雪灾、西藏暴乱、汶川地震和北京奥运会等大事，在全国上下凝聚出一种“伟大中国”的悲喜情绪，与此相呼应，在这期间众多公共事件彰显出巨大的爱国主义热潮和“正能量”。

本文的事件框范围为 1994－2014 年。在采样上，根据从事件史到观念史的认知和前期史料分析情况，对历年的代表性事件进行选择确认，其操作标准有二：一是使用 Google 搜索事件名称的关键词（例如“李刚门”），其返回项的数量越大即认为越符合本研究要求；二是记载量，某事件出现在新闻、文献中的次数越多，即认为越符合本研究要求。在分类上，先将事件分为技术和社会两大类，前者指互联网技术、行业发展和产品应用类事件，后者按其源事件、所属领域、当事人特征和整体性质再分为若干类和细目。比如源事件可分为非突发事件、突发群体性事件和其他突发性事件（比如自然灾难）三类。此外，表 2 中的他者事件是指当事人纯粹为社会个体或非官方组织的事件，例如“铜须门”；泛政治事件则泛指涉及公权力及其象征性组织的事件，例如绿坝风波。在具体研究中，则采用历史文献二次分析、个案研究和网络田野调查等方法。

三、互联网事件史的分期

根据事件史研究路径，如果将互联网事件看成是一片森林的形成与变化过程，那么，可以将其大致划分为以下几个发展阶段。

（一）萌芽期（1994—1998）

中国互联网产业进入 Web1.0 的拓荒时代，全国网民数量仅为百万级，1998 年末上网计算机总数才 74.7 万台,CN 下注册域名数 18 396 个,WWW 站点数约 5 300 个。新闻网站数量极少、网络应用匮乏,网速很慢、上网费用昂贵,网民除浏览有限的信息资源以外可以做的事情很少,这三项是当时人们对互联网最不满意的地方。就如燃烧需要火种和空气,此时期人与信息的双重稀缺限制了网上事件的数量和影响力。除了网络基础建设、重点网站创立这类 IT 行业事件以外,很少出现今天常见的网络社会事件,仅有的少数几起像是旷野里破土的幼苗,比较令人注目。比如清华大学女生朱令铊中毒(1994)、网络作家图雅失踪(1996)、网民老榕发帖"大连金州没有眼泪"(1997)、网络小说《第一次亲密接触》走红(1998)、世界杯狂欢(1998)等。

(二)成林期(1999—2002)

这四年间,全国网民数量迅速上升到数千万级,互联网行业发展显著加快,成为疯狂的淘金热土,个人和企业纷纷抢滩,2001 年迎来了第一次产业泡沫。其间,国家重视发展网络传播业,媒体网站和商业门户网站基本垄断了互联网内容的生产,网络应用和信息资源不断丰富,为社会事件的发生提供了重要的土壤。在互联网技术应用、时事政治和重大突发事件等多个方面,事件的数量、类型和具体题材内容等都有所增加,或渐次丰富。代表性事件有 QQ 问世(1999)、首届 72 小时网络生存测试(1999)、陆幼青死亡直播(2000)、中美撞机事件(2001)、两大博客网站成立(2002)、网民"我为伊狂"发帖"深圳,你被谁抛弃"(2002)等。

(三)扩张期(2003—2007)

2003 年进入 Web2.0 时代,全国网络宽带接入市场呈井喷之势,网民数量最高达到 2.1 亿,上网成为一种大众流行文化,初步实现了"网络个人化"和"个人网络化"。其间,网络信息资源、交流应用(以博客、个人网站最为典型)日趋丰富,这使得热点事件数量增多、爆发频率增强,覆盖扩张到自然、社会、个体和网络行业发展等公共与私人领域,可谓四面开花,层出不穷。这一时期,重大公共事件、热点突发事件引发了舆论的"此起彼伏"。为此,2007 年被称为网络公民崛起或网络公共事件元年。这一时期事件总量很多,比如孙志刚案(2003)、"网络妈妈"走红(2004)、贵族论战(2005)、"馒头"血案(2006)以及厦门 PX 事件(2007),等等。

(四)疯长期(2008—2012)

网民数量进入数亿量级,互联网产业化发展继续加快,各类商业、政府、媒体和社交的 Web3.0 应用不断深化，使网络社会化与真实化进程大幅加速，“网络与现实之门”彻底洞开，成就了互联网事件史上信息环境开放活跃、公共空间自由成长，以致事件野蛮“生长”甚而疯狂的时期。其特征是每年热点事件数量极大，向着此前传统媒体难以达到的社会深广度渗透，全国、海内外网民共同参与某个事件，舆情发展迅猛、狂热，其线下影响力也更加强大而且复杂。其代表性事件不胜枚举，比如艳照门(2008)、“躲猫猫”案(2009)、宜黄强拆事件(2010)、郭美美炫富事件(2011)，以及 2012 年雷政富不雅视频案等一系列“微博反腐”事件。这一时期，网民作为民主政治力量日渐壮大，地方政府亦加强网络宣传和网络问政，形成了官民互动的热烈景象。不过，网络传播秩序愈加混乱，公众非理性突出，舆论竞争盛行丛林法则，官方承受的“倒逼”压力不断加大，给整个互联网舆论生态的转折埋下了伏笔。

(五)正轨期(2013 至今)

我国政经改革向深水区推进，需要重新统一全民认识，于是党和政府对新闻舆论规范有序的管理要求愈加迫切。党的十八大是互联网事件史上又一分水岭，此后在意识形态领域陆续推出强力反腐风暴以及有关“中国梦”、社会主义核心价值观和依法治国等一系列重要文件。2013 年习近平总书记在“8・19 讲话”中明确指出，“意识形态工作极端重要”，加强阵地意识、打主动仗，正确引导和绝对主导舆论成为中央对全国新闻宣传思想工作的政策要求。一方面，通过加强建设政务微博等自有媒体，推行网络评论员、网络宣传员，占领网上舆论高地；另一方面，对混乱的网络生态进行“修枝整叶”——整顿主要借助网络热点事件而泛滥的负面舆论、规范微博意见领袖言行、大力培植宣扬民间正能量——也成为题中之义。仅 2013 年，就有网信办发布“七条底线”、“两高”出台司法解释、中央媒体专题报道“打击网络谣言”，以及各地抓捕一批网络造谣传谣者等行动。其间，代表性事件有 2013 年薛蛮子嫖娼案、夏俊峰死刑案，2014 年东莞扫黄事件、“周老虎”落马案等。

2013 年底开始，中央级媒体、各省市党委宣传部纷纷与当地高校共建新闻学院、马克思主义学院和文学院，从人才培养源头加强马克思主义及其新闻观、文艺观教育，以夯实主流意识形态建设的基础。经过两三年的努力，整个网络舆论场秩序已经处于有效可控的范围内。今后超越“两个舆论场”的多边舆论博弈、政府寻求合作博弈将成为一种“新常态”和新任务。

四、互联网事件变迁与线下现实的关系

(一)事件总体类型的变化

仅将 1994—2012 年共 313 起有代表性的互联网事件统计如表 1。

表 1 1994—2012 年中国互联网事件分类

		1994—1998	1999—2002	2003—2007	2008—2012
源事件类型	非突发	9	9	62	117
	突发群体性	0	0	5	15
	其他突发性	0	3	17	76
	小计	9	12	84	208
关涉领域	公共	2	3	45	157
	私人	2	3	29	50
	技术/行业	5	6	10	11
性质	正面	1	1	6	14
	中性	8	7	29	62
	负面	0	4	49	132
当事人	政府/官员	0	2	10	62
	社会组织	5	7	21	39
	公众人物	1	1	17	34
	普通个人	3	3	36	52
	其他	0	2	15	21

归纳来说,互联网事件在类型上的变化有四个特征:一是在所有类型指标上,事件数量几乎都按历史阶段向后递增,2008 年以后最为明显。同时,此后在事件来源上,现实中的突发事件、网上源发事件均快速增长。二是事件关涉的领域和主体类型不断扩大,最终覆盖时政、民生、经济、文化、体育、国际关系和个体日常生活等几乎所有的公私领域。即使是私人事件,也越来越容易演变为公共事件(比如 2006 年的"铜须门")。三是负性事件占绝对多数,"坏消息"多于"好事情"。四是"伪事件"以及由殉爆

(sympathetic detonation)效应导致的“新闻事件群”[①]的数量增多,使得公共事件中“民意制造”的现象突出。此外,由于网络环境的复杂化,热点事件中语言暴力、舆论审判、泛政治化和泛娱乐化等非理性或群体极化行为越来越普遍。

(二)类型变化与线下现实社会变迁的关系

事件史是整个社会史的一部分。无论是迁移的、辐射的还是网上源发的事件,互联网事件都根源于线下现实,是 20 世纪 90 年代以降中国政治经济不断发展、社会转型深化乃至 21 世纪全球风险社会在中国的折射。比如 2008 年以后,负性公共事件的数量、比例激增,主要是社会各利益主体矛盾日益尖锐化的结果。又如 2011－2012 年,涉官涉政类热点事件增加,甚至一度形成“美女反腐”“情妇反腐”类事件云集的“中国式反腐”[②]现象,既是现实官民、政民关系的直接反映,也是中央不断加强反腐行动的间接结果。从事件源看,来自于线下突发群体性事件的数量猛增,比如 2007 年以后邻避运动和环境事件(以“反 PX 项目”类事件最为典型)呈现多发态势,这其实是风险社会特征开始增强的表征。

(三)事件舆论生态中话语权力关系的二次转换

20 多年来互联网通过技术赋权释放民间话语,这一现实已经成为学界的共识。这个释放过程大致有三个比较清晰的阶段,其间完成了官方与民间两大话语权力关系的二次转换。2002 年以前,是由各类机构型网站主导 Web1.0 内容生产的垄断期;2002－2007 年是由大众通过 UGC 式的生产打破垄断的 Web2.0 内容开放期。这两个时期共 13 年,官方对互联网的认知与运用远不如民间大众,网络舆论管控也不到位。与传统上现实权力对大众媒体话语生产的支配地位完全不同,民众力量成为互联网事件传播与舆论生产的主要贡献者,最终完成了第一次话语权力的大转换。

2008 年以后的六七年是技术赋权更进一步、“人人都有麦克风”的媒介开放期。微博微信等社会化媒体或自媒体兴起,数以亿计个体的传播欲望和话语催生了“思想的自由市场”,使得民智洞开和公民社会雏形显现。[③] 这个时期又有两个阶段:2008－2012 年,官方与民间均积极介入互联网事件,二者互动热烈,矛盾也最为纠结,多有对

---

① 李越.社会学理论视角下关于新闻事件群的思考[EB/OL].(2013-09)[2016-10-08].http://www.aisixiang.com/data/68072.html.

② 林珊珊.中国式反腐[EB/OL].(2012-12)[2016-05-20].http://money.163.com/12/1204/10/8HSG9A6B00253B0H.html.

③ 师曾志,金锦萍.新媒介赋权[M].北京:社会科学文献出版社,2013:62-66.

攻,所以事件的 3D 特征日渐突出。而 2013 年以后,官方通过一系列纠偏正轨的操作重新主导网络舆论生产局面,这是话语权力控制关系的第二次转换。这样,互联网事件舆论生态史就走出了两条曲线交叉的轨迹,即民间上升主导与官方跟进适应期(1994—2007 年)—官民高位胶着与对冲期(2008—2012 年)—官方上升主导与民间弱降期(2013—2014 年)。

五、互联网事件对网络社会观念的影响

(一)网络技术应用引导"网络社会"观念的代际变迁

人们对"网络社会"的基本认识必须在互联网社会实践中产生,网络技术事件和网络工具应用对这个认识的形成具有决定性作用,这个作用是在人们对相关热点社会事件的参与和对互联网与物理现实二者关系的认识及其变化过程中完成的。大致有三个阶段:

一是图文时代的高度虚拟社会(1994—2002)。BBS(1995)、QQ(1999)文字交流的兴起是互联网社会化和世俗化的发轫,可谓直接启蒙了"虚拟现实""虚拟社会""网友""网络生活"等早期的网络社会观、电子集体意识和集体无意识。正如当时流行语"在网上没有人知道你是一条狗"所言,无数国人借此迈入网络虚拟生活的黄金时代。之后,72 小时网络生存测试(1999)、"红颜静诉大跃进"侵权案(2001)和"网恋"流行等诸多网络实践,继续指向"网络是虚拟的""虚拟世界是不真实的""互联网是陌生人社会"甚至是"洪水猛兽"这一生存的新观念新问题,这是当时普通人对网络世界的主流认知。再如早期黑客攻击事件,尽管黑客制造了计算机流行病毒或导致财产损失,但不少学者也认为黑客传播了技术乐观主义,倡导、形成了自由、开放、共享、"去中心化"和虚拟世界的安全性等一系列网络观念。

二是社会化网络服务(Social Networking Services,SNS)时代的半虚拟半真实社会(2003—2007)。以博客技术引入国内(2002)、木子美博客发表"遗情书"(2003)、QQ 视频聊天应用普及(2004)、"电商"淘宝网成交额首次超过线下零售业巨头沃尔玛(2005),以及各大社会化媒体(比如 BBS)、SNS 类网站(例如校内网)的涌现或持续流行等为标志,互联网加快渗入线下社会诸领域,向着更加真实的现实网络与熟人社会迈进。时人恍然发现,网络不再完全虚拟,"网络既是虚拟的,但更是现实的"一时成为流行的看法。2006 年 10 月,中国互联网协会宣布研究实行博客实名制,试图管理网

络社会虚实参半带来的传播秩序问题。

三是自媒体时代的全面真实与有限虚拟并存社会(2008 年至今)。以博客实名制推行失败(2008)、新浪微博上线(2009)、北京市推行微博后台实名制(2011)、淘宝商城暴动事件(2011)、微信和陌陌等陌生人社交产品兴起(2011 年)为象征,互联网技术应用在高度渗透和高速同步线下社会公私各个领域的同时,引导人们不得不将所谓的"网络虚拟"视为"现实社会"真实构成的一部分——线下社会有多复杂,网上世界就有多复杂。2012 年以后,主流媒体一度倡导"网络不是法外之地"等观念,并逐渐成为多数网民的共识。然而,即使今天互联网也仍然保留了一部分虚拟生活的选择,以满足人类内心某种相互矛盾的需求。比如,时下流行的主打线下熟人关系的微信产品,以"朋友圈"为主要应用,但仍然保留了"摇一摇""漂流瓶"等旨在构建陌生人关系的功能应用。有趣的是,素以构建陌生人关系见长的 QQ 却已成为一种熟人关系的工具,QQ 流行时代的"网恋"今天已成为网络社会的传统。未来,这种真实和虚拟间杂的网络世俗生活,乃至近年来 VR(virtual reality)、AR(augmented reality)、MR(mediated reality)和 AI 等新技术的加速发展,或将共同引导人类进入一种更高阶段的技术性亲密(technical intimacy)的社会。总的来说,人们对网络社会的"实在性"的认识发生了从"虚拟"到"真实"再到"超真实"(hyper reality)的质变。所以,不同年代的网民对什么是"网络社会"及其真实性的认识可能存在较大差异,甚至是完全不同的。

(二)互联网事件对其他社会观念的传播与形塑

从横向或共时性看,各个时期不同类型的互联网事件承载着已有的种种社会观念,也往往蕴含了对互联网及其周遭现实的新的认知,这是民众观念传播、累积和量变的过程。各种灾难事件,既传播传统的人类大爱精神,也启迪人们提升社会风险意识、思考网络慈善问题;他者事件,比如最知名的"网恋"类事件"铜须门",既说明婚姻伦理有着对与错的传统尺度,也提醒人们网络道德可能存在好与坏、善与恶的新的尺度;泛政治事件,比如 2008—2009 年的抗外媒护圣火运动、举办奥运会、绿坝风波和瓮安事件等,其中既有爱国主义、自由主义等传统意识形态的表达,也透露出对权利、公权和民主政治等现代理念的关注和追问。

表 2　互联网社会事件对民间观念的影响

<table>
<tr><th>类型</th><th>共时性</th><th>历时性</th><th>传播特征</th></tr>
<tr><td>灾难事件</td><td>1.传播社会风险意识、网络公益慈善意识等
2.出现公民记者、草根新闻
3.强化传统道德</td><td rowspan="3">1.形成互联网元精神“自由、开放、平等、参与、共享”
2.价值观多元化，催生社会新共识，官方主流意识形态式微，社会信任崩塌
3.“政治人”兴起，公共空间、公民社会显露雏形
4.“信息人”兴起
5.“互联网思维”成形
6.社会“速生杨化”</td><td rowspan="3">1.典型行为
围观、人肉搜索、骂战、恶搞、谣言等
2.话语特征
语言暴力、舆论审判、泛娱乐化和泛政治批判
3.现象结果
网络流行语、黑话、红人、“塔西佗陷阱”</td></tr>
<tr><td>他者事件</td><td>1.传播非主流价值观
2.培养公域、私域观念
3.挑战传统伦理道德，催生网络伦理道德</td></tr>
<tr><td>泛政治事件</td><td>1.宣扬或批判“普世价值”和意识形态
2.传播爱国主义、新自由主义、网络无政府主义等</td></tr>
</table>

从纵向即历时性看，经过一定历史时期，所有互联网事件将以一种合力形式共同塑造完成人们对周围世界的新的认识和观念，这是一个综合性的质变过程。麦克卢汉说“媒介即讯息”，Web2.0 技术、社交网络和自媒体的出现，必然喻示多元化、“非中心化”和内容开放运动、媒介开放运动的相继到来。而以此为基础，通过各个时期一大批具有思想与观念价值的社会事件的发生、传播和沉淀，将最终塑造出“自由、开放、平等、参与、共享”这些互联网的元精神。同时，又引导形成诸如“公共领域”“私人领域”“公民”“多元化”等更多领域更具体的社会观念，它们将成为新的社会共识。限于篇幅，在此不再赘述。

六、互联网事件史与民间观念史的“同构共变”

任何事件都不是空中楼阁。社会事件形塑社会观念，反过来也受到后者的推动。十年间，全国皆知的彭宇案与“老人倒地扶不扶”的道德追问对二者关系做出了经典证明。

彭宇案案情很简单，但案件影响与真相大白却跨越十年：2006 年 11 月，彭宇案事发，几乎所有媒体都将其报道为学雷锋却蒙受道德和司法冤屈的典型，引发全国舆论不满。由于媒体过度且态度一边倒的报道，彭宇案事件的直接结果是令国民在同类情境中不断陷入“学不学雷锋”的认知与道德困境。此后大约六七年间，各地帮扶倒地老人反遭讹诈、有人倒地无人扶的类似事件不断见诸报章，彭宇案也屡屡在这些事件讨论中成为关键词，一个新的道德观念“老人倒地扶不得”逐渐成形。2012 年 1 月，受广东佛山女童遭汽车碾压而路人漠视的“小悦悦”事件舆论的影响，南京市政法部门不得不谨慎公布当年彭宇的确撞倒老太太的事件真相。而这个真相，直到 2015 年 9 月因为又一起淮南女大学生扶老人被讹事件(警方经查，认定该大学生与老人倒地有关系)才广为人知。有人认为，彭宇当年不承认撞倒老人，乃至彭宇案之所以能引发多年的道德困境，其本质不是媒体的误读，而是现今社会人际关系的日趋紧张与人际信任的严重危机。[①] 具有戏剧性变化的是，2015 年以后各地媒体中帮扶倒地老人“好人得好报”的新闻明显增多，一度被扭曲的传统道德观念似乎被匡正。2017 年 6 月，河南驻马店女子被撞无人施救遭二次碾压致死事件再次成为网络热点舆情，《人民法院报》为此发文再次公布了彭宇案的真相。

鉴于上，互联网事件史与民间观念史之间可能存在一种同构和共变的关系：在共时性上，事件表达观念、催生观念。有的观念在固化，有的观念在反转，一些新观念在成形，新旧观念共同推动某个时期某些事件的发展；在历时性上，事件与观念之间存在互相推演、互相塑造、互相成就的循环作用。这个作用机理和过程是，互联网持续渗透线下现实、二者不断交互，并且以 20 多年“缓慢地震”与“时间雕刻”式的社会事件实践，对网络社会的形成和大众观念的发生发展持续、累积地构成影响，最终完成了一场惊天动地的社会变革。由此推之，事实并不等于真实，必须透过观察人的观念统治之下的无数逻辑性事件，才能看到真正的“真实事件”。

七、结论与讨论

根据实践与认识的辩证关系，实践是认识的基础和唯一来源。实践决定意识，是认识发展的动力，而认识对实践具有反作用力，认识可以指导人们提出实践活动的方案并推动实践的发展。这正是网络社会成形和发展，以及互联网事件史与民间观念史之间的基本逻辑。当然，事件与观念二者“同构共变”的实践是极其复杂的。首先，事件、观念的关系及其变迁是在宏观社会结构和具体现实环境与关系中发生并完成的，其内部具有丰富的不同的历史细节、特征和可能性；其次，某事件及某观念之间并非简单的一对一关系，它们的共变也不是完全一致的、线性的，因为新观念的发生、成形和致效都需要时间。如此，类似事件可以经年重复发生，或者面目全非；有些观念可以经年不变，或者难成主流共识。此外，实践主体的能动性、社会系统的反思与纠偏匡正能力也极为重要。

〔郑智斌，南昌大学新闻与传播学院新闻系教授，副院长，硕士生导师〕

〔特约编辑：涂凌波〕

① 罗骧.信任危机与积极信任机制的重构：吉登斯信任理论探析[J].天府新论，2012(4)：31-34.

网剧喜好度与线上评论体验叠加的愉悦感

Mixed Pleasure of Preference Rate and Comment Experience of Network Drama

◎王 喆

Wang Zhe

摘要:视频网站的发展非常迅速,且已改变了人们的观影习惯,人们可以在视频网站观看视频的同时或之后与他人进行线上评论、互动。这一由媒介形态所提供的娱乐性与社交性促使研究者将信息和体验两个层面同时纳入受众愉悦感的研究中。对此,本研究基于自我决定理论和自我知觉理论,采用网络实验法(N=140),探讨接受并参与评论的受众所产生的"联系感""喜好度"和"愉悦感"之间的关系和差异。研究发现,网络观影的整体娱乐行为叠加了两方面的受众感受。一方面,由于线上评论体验而来的联系感显著预测愉悦感;而另一方面,结合视频内容的评论基调会影响到受众的喜好度和愉悦感,参与正向好评会使得意见同质的受众更加喜欢该视频。

关键词:网络视频,评论,愉悦感,喜好度,联系感

Abstract: The booming of video websites has already changed audiences' viewing habits. Besides watching, audiences could interact with other people simultaneously or afterwards. The entertainment and sociability embedded in this media form require the research of audience's pleasure to include both the video message and viewing experience. Therefore, based on self-determination theory and self-perception theory, this study discusses the relationships and differences of relatedness, likeness and pleasure via experiments online (N=140). The results find that, the new media entertainment successfully synthesizes two kinds experiences. On one hand, the relatedness from online comments predicts pleasure profoundly. On the other hand, the valence of comments will affect audiences' likeness and pleasure—those who give positive comments tend to like the videos more.

Keywords: online video, comment, enjoyment, likeness, relatedness

娱乐是受众接触特定媒体和传播内容后产生的反应结果，在社会中扮演了很重要的角色，也在过去30年的传播学研究中占据着核心地位。McQuail将娱乐功能视为媒介使用的常见五大因素之一。① 很多令人印象深刻的研究都在讨论在传统媒体内容(如电影或电视)中获得愉悦感的主要机制。然而，无论是电影还是电视，其媒介形态和消费体验都随着媒介技术的发展不断发生着变化。

在网络时代，受众的观影行为已经发生了改变，不再是与面目模糊的其他人一起坐在黑暗的电影院之中，心无旁骛地观看大银幕电影，而是独自一人在电脑屏幕前观看，并习惯于在视频网站观看电影的同时或之后与他人在观影评论栏中进行互动，这构成了另一种"一起看视频"的当下情境。网络影音的欣赏与消费兼具了观看行为和评论行为，同时具有娱乐性和社交性，这一双重性在既往的研究中没有详细的实证探讨。因此，本研究将基于自我决定理论和自我知觉理论，以娱乐研究中的认知心理取径来研究在线影音观影内容与评论体验重叠所带来的愉悦感。

一、线上网剧评论与联系感及愉悦感

(一)信息与体验交互的愉悦感

愉悦感(enjoyment)起初被引入到媒体研究时，是用来指涉对于某一媒体内容的正向情绪和喜爱，纳比(Nabi)与克尔马尔(Krcmar)在将媒体愉悦感进行概念化时，却发现如果反思"愉悦感"及其相关的术语(如吸引、欣赏、偏好及娱乐)，会统合地看到这些术语反映了愉悦感两个重要的来源：愉悦感会与信息相关(message-related)，也与体验相关(experience-related)。② 既往的研究在讨论"愉悦感"时，较倾向于从信息相关层面探讨，并不会将信息和体验两个层面分开讨论，或许是因为在谈笼统的媒体使用时并非那么容易能把它们清晰分开。然而，作为媒体娱乐的核心，愉悦感可被视为一种"体验"，那么便可进一步追问为何在现代社会中，个体会投入大量的时间在娱乐体验之中。本研究拟将内容信息和体验情境同时纳入考虑。

当下媒体消费环境的复杂性也需要同时考虑信息与情境。一方面，影视剧作为大众文化消费品，其受众必须在消费后才能明白自己对于该产品的喜好度。在传统观影

---

① MCQUAIL D. Mass communication theory: an introduction[M]. London; Beverly Hills: Sage, 2013.

② NABI R L, KRCMAR M. Conceptualizing media enjoyment as attitude: implications for mass media effects research[J]. Communication theory, 2004, 14(4).

行为中,这基本上就是受众的全部体验。而在媒介多屏使用的当下,受众会有延续性的跨屏媒介使用,即为了实现同一个目标,按照时间顺序使用多个媒介。传统的观影行为本身是被动接收信息的行为,而之后在社交媒体上讨论电影或网络剧则更具主动性和互动性。当代受众往往会在观看影音后随即登录电影网站进行打分和阅读影评,在社交媒体上与他人一起讨论剧情,我们无法找到清晰的界线来将两者区分为两次完全不相关的媒体使用与满足。就情绪而言,从观影到影评仍可视为一个整体过程。正如纳比与格林(Green)所定义的情绪流(emotional flow):受到媒介讯息影响的状态下,体验情绪的变化。情绪和情绪转移会影响到后续信息讨论的行动,比如重复消费、阐发话题和社会分享,所以情绪流可以产生跨时间、跨信息的流动。① 因此,网络观影活动不再局限于观看荧屏上的影像本身,整个消费活动还应包括观影后的电影评价和讨论,应将从观影到影评的过程视为一个获得愉悦感的整体,被动和主动、接受和互动的体验之间会彼此补足、影响。

(二)基于自我决定理论的愉悦感

早期关于媒介娱乐的研究常应用使用与满足架构来了解娱乐内容的使用情况。同使用与满足研究传统不一样,自我决定理论并不强调受众为了满足需求而主动使用媒介。基于自我决定理论的愉悦感更能提供本研究所期许的细致化的理论框架,这种由满足带来的有价值的主观经验或可“让个人、社群及社会兴盛”②。

坦博里尼(Tamborini)等人以自我决定理论(SDT)为基础,提出了应将娱乐定义为内在需求的满足,解决了以往只将愉悦感化约为“正面享乐”的概念化问题,也就是说愉悦感不全然等于欣赏影片的喜好度。这不仅厘清了愉悦感的建构方式,也避免愉悦感及其释义出现同义反复,本研究将依循这一理论脉络,并用来剖析网络观影体验。SDT强调的是自主感(autonomy)、胜任感(competence)和联系感(relatedness)这三个人类内在需求与心理健康之间的关系。自主感描述的是自我意志和自我决定,胜任感指涉的是对于挑战和主导掌控的感觉之需求,而联系感描述的是渴求感觉到自己和其他人是有社会联系的,并能保持亲近且有意义的关系。③

---

① NABI R L,GREEN M C.The role of a narrative's emotional flow in promoting persuasive outcomes[J].Media psychology, 2015,18(2).

② SELIGMAN M E P,CSIKSZENTMIHALYI M.Positive psychology:an introduction[J]. American psychologist, 2000,55(1).

③ TAMBORINI R,BOWMAN N D,EDEN A,GRIZZARD M,ORGAN A.Defining media enjoyment as the satisfaction of intrinsic needs[J].Journal of communication, 2010,60.

学者们在实证研究中都发现这三种需求的满足与媒体愉悦感呈现正向相关关系。

比如，坦博里尼等人发现这三个基本内在需求的满足可以在很大程度上解释电脑游戏中获得的愉悦感。[①] 赖内克(Reinecke)、沃德尔(Vorderer)与克诺普(Knop)针对互动性为主要特征的娱乐2.0提出了愉悦感是内部动机的满足，进一步挣脱了之前纯粹从享乐角度研究娱乐的桎梏，并首次在网络娱乐活动的脉络下，验证并发展了内在需求满足与媒体愉悦感的相互关系。[②]

针对电影的愉悦感，较多的研究是从角色喜好、叙事转移来描述的，亦有从行为层面的考虑。如，过去或当下的观看体验、和内容相关的过往行为、受众针对内容而生发的行动意向，以及观影时的行为。就网络观影行为而言，虽然受众往往会在计算机屏幕前单独观影，但他们仍被嵌入在社会网络中，因为网络化的数字媒体显著拓展了受众的社交范围，让受众彼此之间可以进行直接的社交互动。这可以被视为互动的新形式，其核心是单个受众之间的信息交换，而不是内容产制方和内容接收方之间的信息交换。社交媒体的这一科技特性有利于使用者建立各种联系，并产生联系感。联系感即“个人通过面对面或媒体中介过程进行人际互动，在过程中与他人产生的从属(belonging)、凝聚(cohesive)和互赖(interdependent)的感受”[③]，而人们通过媒体科技与陌生人、朋友或亲属互动，有助于个人知觉自己与他人同属一个群体并产生联系感。

假设1：观影后在社交媒体上和其他受众讨论电影而产生的联系感将对愉悦感具有正向预测力。

(三)同构型的强联系感

一方面联系感是基于社交媒体的联结性，但另一方面，若是在去个人化的情境下，与其他人的联结并非“朋友”联结，那么意见上的同构型可能会增强联结的强度。

基于社会网络分析，凯恩(Kane)等人认为“社会同构型”反映在“结构”上，是一个周遭环境的共同形塑问题；反映在“内容”上，则是一个内容之间因为“传染”而同质化的问题。[④] 在针对传统媒体的研究中，邓哈姆(Denham)发现社会规则、观看情境和内

---

① TAMBORINI R, BOWMAN N D, EDEN A, GRIZZARD M, ORGAN A. Defining media enjoyment as the satisfaction of intrinsic needs[J]. Journal of communication, 2010, 60.

② REINECKE L, VORDERER P, KNOP K. Entertainment 2.0? the role of intrinsic and extrinsic need satisfaction for the enjoyment of Facebook use[J]. Journal of communication, 2014, 64.

③ ROSEN D, LAFONTAINE P R, HENDRICKSON R. CouchSurfing: belonging and trust in a globally cooperative online social network[J]. New media and society, 2011, 13(6).

④ KANE G C, ALAVI M, LABIANCA G, BORGATTI S P, CENTER L. What's different about social media networks: a framework and research agenda[J]. MISQ, 2014, 38(1).

容同样能对媒体愉悦感有影响，比如在观看球赛时，反映男子气概的社会规则和受众同处同构型社会群体中的观看情境都会提高整体愉悦感。① 而在网络时代，斯基拉(Schirra)、孙(Sun)与本特利(Bentley)的半访谈式研究则发现，边看电视边发微博，不会觉得孤单，并且可以肯定个人意见。②

即便是陌生人，但若同构型高，也会促成强联系感，得到更多社会资本。这种选择与同构型他人互动的情况在其他研究中也有体现。网络上虽然有各式各样的观点与认同方式，但人们挑选的信息与互动方式却会强化原本的立场，并且会避免与意见不同者进行有意义的讨论。有学者指出，就算网络上出现了“民主审议”的过程，也很少出现明显的不一致意见。例如希尔(Hill)与休斯(Hughes)关于“网络社群”的研究显示：即便是包含多元意见的在线社群，也常成为具有同构型意识形态的“利益社群”。③因此，本研究提议，同质意见会加强联系感的满足，以获得更多的愉悦感。

假设 2：在社交媒体上与同质态度的群体讨论电影而获得的愉悦感与和异质态度的群体讨论电影而获得的愉悦感有差异。

(四)行动增强态度

参与正向态度观影评论的讨论会提高受众对于影音内容的喜好度吗？根据自我知觉理论(Self-perception Theory)，人们会从自己的行为中推论出自己的态度：“当内部线索薄弱、模糊或者难以言喻时，个人和外部观测者一样处于同一位置”，在这样的情况下，“通过观察自己的外部行为或情境，个人开始‘知道’自己的态度、情绪和其他的内部状态”。④ 这一理论提供了有效的视角，而贝蒙(Bem)也通过实证研究来验证了卡通片之所以好笑是因为我们笑了，也就是说受测者会通过自己的行为和行为发生的情境来推论卡通片是否好笑。之后亦有其他认知心理学家通过有意设定问卷题项的方式，操控受测者的行为来观看态度的改变，这再次验证了自我知觉理论。⑤ 根据这一理论，那些对影视剧喜好态度不明的受众有可能会受到社交媒体上各类讨论的影

① DENHAM B E.Toward an explication of media enjoyment：the synergy of social norms, viewing situations, and program content[J].Communication theory, 2004,14(4).

② SCHIRRA S, SUN H,BENTLEY F.Together alone：motivations for live-tweeting a television series[A].In Proceedings of the 32nd annual ACM conference on Human factors in computing systems, 2014,ACM.

③ HILL K A,HUGHES J E.Cyberpolitics：citizen activism in the age of the Internet[M].Lanham, MD：Rowman & Littlefield,1998.

④ BEM D J.Self-perception theory[M]//BERKOWITZ L(Ed.).Advances in experimental social psychology.San Diego, CA：Academic Press,1972,6：1-62.

⑤ CHAIKEN S,BALDWIN M W.Affective-cognitive consistency and the effect of salient behavioral information on the self-perception of attitudes[J]. Journal of personality and social psychology, 1981,41.

响，而当他们参与其中时，其行为及其发生的情境会让受众重新推论自己最初对于影视剧的喜好态度。

假设 3：观影后社交媒体上正向态度的讨论与负向态度的讨论在喜好度的改变上有差异。

二、研究方法与结果

（一）参与者与过程

为了提高研究的外在效度，本研究采用线上实验的方式来取代实验室实验法，但线上实验的某些特性可能损及研究的内在效度，本研究采取以下方式来降低负面影响：事先告知每一个参与者约略的填答时间，确保实验问卷填答的完整性和可信度。参与本研究的受测者共计 140 人，其中第一组为 73 人，第二组为 67 人。

本研究配合乐视网 2016 年 1 月推出的网络剧《睡在我上铺的兄弟》进行网络实验。在第一集《睡在我上铺的兄弟》视频（单集片长 24 分钟，该片豆瓣分数 7.6 分：1 星 3.3％，3 星 25.6％，5 星 24.9％，属于争议性分数）播出后，即在屏幕上出现在线实验网址，引导观众进入实验。受测者将首先回答个人相关信息（性别、年龄、社交媒体使用频率），在评测完受众对于该网剧的"喜好度"后，受众将看到实验刺激物，从刺激物中不仅可以看到他人的观影感受也可以填写自己的观影感受，并被告知该评论将会出现在之后受测者的实验页面中，能被其他人看到（刺激物的内容是固定的，其实并不会将受测者自己填写的观影感受新增于页面之中，正向观感和负向观感分组出现），以模拟社交媒体上的互动讨论环境。之后再通过问卷测试受众的联系感和愉悦感，并再次测量喜好度。

数据回收后进行统计分析，评测两组受测者在通过正负态度的刺激物之后所获得的联系感、愉悦感和新的喜好度。两组的基本状态有很大的相似度，第一组最初喜好度（M＝4.50，SD＝1.32）、性别（M＝1.79，SD＝.41）、年龄（M＝20.51，SD＝.97），而第二组最初的喜好度（M＝4.06，SD＝1.38），性别（M＝1.75，SD＝.43），年龄（M＝20.51，SD＝.97）。此外，从受测者写下的评论的词频图来看，也有较为一致的初始状态。

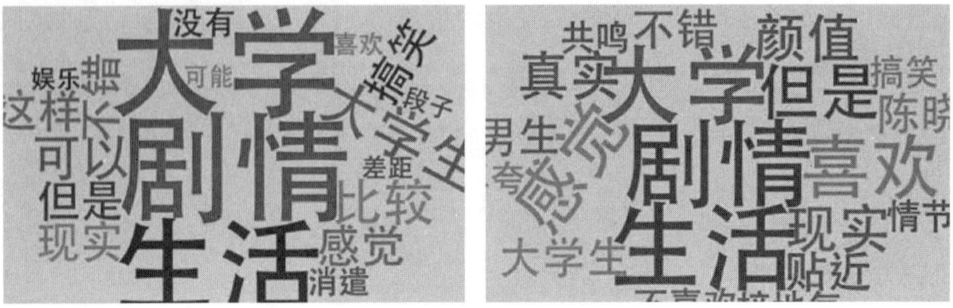

图 1　受测者观影后所写短评之词频图

(二)实验设计:刺激物

刺激物的制作参考社交媒体上的真实评论及页面设置,正向观感截取自5星好评且点赞数多的短评;负向观感截取自1—2星好评且点赞数少的短评。除内容外,头像、ID和页面布局均一致,并去除了点赞数和评分数,以确保测量效度。在前测之后,确定了观影短评的态度感知可信度以及头像和ID的中性度,设计刺激物如下:

1.正向观感

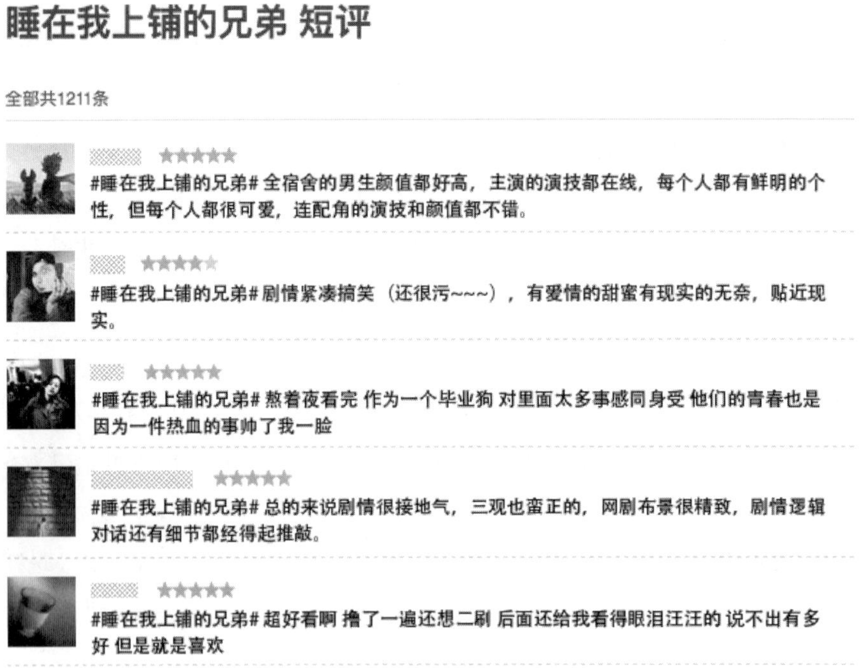

图 2　正向观感刺激物

2.负向观感

图 3　负向观感刺激物

(三)变量测量

1.喜好度

基于彭(Peng)等人测试游戏观看体验喜好程度的量表，[①]将其修订为针对网剧的模式，由三个问项来测量："我喜欢观看这部网剧""我认为这部网剧很有趣""观看这部网剧给了我娱乐体验"。测量方法为七点式里克特量表：非常不同意、不同意、比较不同意、没意见、比较同意、同意、非常同意。($\alpha=0.91$)

2.联系感

为了测量联系感需求的满足，本研究采用谢尔顿(Sheldon)与顾茨(Gunz)发展的六个问项的量表，[②]并针对在线观影讨论的情境进行了修订。关于"联结"的三个正向

---

① PENG W, LEE M, HEETER C. The effects of a serious game on role-taking and willingness to help[J]. Journal of communication, 2010, 60(4).

② SHELDON K M, CUMMINS R, KHAMBLE S. Life-balance and well-being: testing a two-pronged conceptual and measurement approach[J]. Journal of personality, 2010, 78.

的问项是:“我觉得参与讨论的人会关注我,而我也关注他们”“我觉得自己和那些想法一致的讨论者之间能产生联结”“我觉得和他人一起讨论能产生亲近感”。关于“断裂”的两个反转问项是:“我觉得我的观影想法不被他人欣赏”“我与那些讨论的人在观影想法上有异议或冲突”。测量方法为五点式里克特量表:非常不同意、不同意、普通、同意、非常同意。(α=0.75)

3.愉悦感

整体体验的愉悦感之测量改编自哈特曼(Hartmann)与沃德尔(Vorderer)的问卷题目,[①]分别是“非常有趣(interesting)”“无聊的活动(boring)”“令人享受的(enjoy)”“浪费时间(waste of time)”和“充满乐趣(fun)”五项指标,以非常不同意到非常同意七种程度作答,探究受测者在完成观影及讨论活动后所达到的愉悦程度,其中“无聊的活动”和“浪费时间”为反转题。(α=0.84)

4.潜在共变量

在既往的社交媒体相关研究中,会发现年龄、性别和社交媒体使用习惯会影响受众对于联系感的感知。[②] 为了更好地控制潜在共变量,受测者需填写自己的性别、年龄,并要求受测者填写每天使用社交媒体的时间以测量社交媒体使用频率。

(四)研究结果

假设 1 考虑的是联系感是否预测愉悦感。如表 1 所示,在以愉悦感为依变量的回归模式中,联系感及潜在共变量能解释 23%的变异量。自变量联系感之 β 值为 0.43,$p<0.001$,达到显著水平,因此联系感与愉悦感为正向相关,显著预测愉悦感。假设 1 得到验证。而在后续的分析中也可发现,联系感并不预测喜好度以及喜好度改变,而愉悦感也不预测喜好度以及喜好度改变。因而,愉悦体验和喜好价值为两种较为独立的观影结果状态,重叠于网络观影行为体验之中。

---

① HARTMANN T,VORDERER P.It's okay to shoot a character:moral disengagement in violent video games [J].Journal of communication, 2010, 60(1).

② SHELDON K,ABAD N,HINSCH C.Two-process view of Facebook use and relatedness need-satisfaction: disconnection drives use, and connection rewards it[J].Journal of personality and social psychology, 2011,100 (4).

表 1　愉悦感与联系感及潜在共变量之回归分析

依变量	自变量	标准化回归系数 β	T	显著性
愉悦感	联系感	0.44***	5.93	0.00
	性别	0.03	9.40	0.69
	年龄	0.01	0.18	0.86
	社交媒体使用频率	0.22**	2.90	0.00

调过后的 R 平方＝0.26，F＝13.41，p＝0.000

* p＜0.05，** p＜0.01，*** p＜0.001

假设 2 旨在比较同质态度和异质态度的愉悦感有无差异。当通过独立样本 T 检定来进行检测时，设定同质态度的样本为接受正向刺激物之前的喜好度大于等于 3.5，或接受负向刺激物之前的喜好度小于 3.5，共计 80 人；异质态度的样本为 60 人。表 2 为 Levene's 方差齐性检验，用于判断两组总体方差是否"齐"，检验结果为 F＝0.05，p＝0.83，大于 0.05，显示两者方差是齐的。"方差齐"一行根据样本的方差情况得到 T 检验结果，t＝2.32，p＝0.02，小于 0.05，则得到同质态度和异质态度在愉悦感程度上有明显差别。假设 2 得到验证。愉悦感整体的平均数为 4.61(SD＝1.13)，同质态度的愉悦感平均数为 4.70(SD＝1.10)，异质性态度的愉悦感平均数为 4.26(SD＝1.14)。同质态度的愉悦感平均数大于异质性态度的愉悦感平均数。

表 2　独立样本 T 检验

	方差齐性检验		T 检验			
	F	显著性		t	df	显著性
愉悦感	0.05	0.83	方差齐	2.32	138	0.02
			方差不齐	2.31	124.26	0.02

假设 3 需要验证接受不同刺激物后两组的喜好度改变上有无差异。同样使用独立样本 T 检定来进行检测，表 3 为 Levene's 方差齐性检验，检验结果为 F＝0.01，p＝0.94，大于 0.05，显示两者方差是齐的。"方差齐"一行根据样本的方差情况得到 T 检验结果，t＝－2.37，p＝0.01，小于 0.05，则得到接受正向刺激物和负向刺激物后在喜好度改变程度上有明显差别。假设 3 得到验证。虽然有显著差异，但是喜好度整体的平均数为－0.31(SD＝0.71)，接受正向刺激物的喜好度改变平均数为－0.45(SD＝0.63)，接受负向刺激物的喜好度平均数为－0.17(SD＝0.76)。具体来看，接受正向刺激物的受测者中，有 60 人为同质态度，其喜好度平均数为－0.44(SD＝0.65)，改变的绝

对值小于异质态度的受测者(M=-0.46)。可以推断,接受正向刺激物会使意见同质的受众较为坚定地继续喜欢该视频。

表 3 独立样本 T 检验

	方差齐性检验		T 检验			
	F	显著性		t	df	显著性
喜好度改变值	0.01	0.94	方差齐	-2.37	138	0.01
			方差不齐	-2.35	128.97	0.02

综合分析结果可以发现,观影后参与评论的重要性在于重叠了两方面的受众感受。一方面,由于评论体验而来的联系感显著预测愉悦感,也就是说网络视频观影行为的社交性会使受众获得联系感的满足,继而获得更多的愉悦体验;而另一方面,结合视频内容的评论基调会影响受众喜好度的变化,参与正向好评会使得意见同质的受众更加喜欢该视频。

三、研究讨论与建议

正如前文所言,最初关于愉悦感的研究往往集中探讨对于某一媒体内容的正向情绪,而本研究跟进媒体技术的新发展,探讨了与资讯和体验相关的愉悦感。研究结果发现当线上视频结合了影音娱乐和社交的功能,观影活动便不再局限于观看影像本身,受众会在被动和主动、接收和互动的体验之间不断寻找愉悦感。这些受众会在乎一同观影者对自己的关注,会在意自己的观点和他人的观点产生的碰撞与联结,会享受通过影评交流而得来的亲近感,而这极大预测了他们愉悦感的来源。同时,当受众参与到观影和评论中,他人正向的评论所塑造的情境也会影响到那些本来就很喜欢该视频的受众,进一步加强、提升了他们对于该视频的喜好度,因为他们的喜好得到了他人的肯定。

同质意见和异质意见所产生的愉悦感差异亦在本研究中得到了验证。可见,无论是严肃的社会议题的讨论还是娱乐性的观影讨论,受众均偏向于与“同好”进行交流,由此形成易于在网络上凝聚起来的粉丝社群,以及随之而来的可观的粉丝经济。即便未形成粉丝社群,留言数量、参与观影的人数、评论者之间的互相点赞等线上视频功能也以显见的可供性(affordance)让参与者直观地“统计”社群氛围,让他们的情绪亢奋高涨,在此种集体情绪感应的互动之中,愉悦感会获得更新与强化。比如,视频网站 Bilibili 最初的弹幕形式是平铺式的,无法让受众进行更多的互动。在之后的改进中,加入了对某条弹幕点赞的功能,而色彩和数字等媒介形式都使受众能更多地感知到被网络中介化的情绪和氛围。人类的“准统计官能”(quasi-statistical organ)在网络技术的辅助下也变得格外发达,能够快速地侦测或感觉到所处环境的意见分布比例和气氛,并且还能针对比例和气氛的价值来制定下一步的策略。这在心理学领域曾被认为是最能引发人类社会行为的强烈动力之一。

整体而言,目前,视频网站的视频收视已从传统的单向传播延伸至包括受众相互分享和讨论在内的一系列收视行为。结合社群概念的新趋势,观影喜好与评论体验交互而产生的愉悦感合理地解释了当下线上视频的发展状况。从本研究的结果中也可发现,视频网站服务商和视频生产方之间可能有不同的利益取向:视频网站的服务商会更在意受众的活跃度,这一活跃度是源于愉悦感而产生的行为。因此无论视频优劣,无论评论如何引导,只要加强受众的联系感、减少疏离感,便可提升愉悦感。视频网站服务商可进一步推荐双方好恶接近、可共同观赏和讨论的节目和影片,来创造人际的联系感。而视频生产方除了在意活跃度/点击量外,还会在意负面评论的多寡,希望有更多的正面评论。总的来说,若要评测线上视频,活跃度、点击量只能说明一部分的愉悦感,而评论的内容和导向才是内容生产方最应关心的部分,这与传统的收视率大相径庭。在媒体融合的大趋势下,传统影视的生产、推广和消费环节均面临着重大的变革,如何捕捉观众的态度倾向来调整影视内容,如何设计承载影视内容的网络平台以凝聚更多的受众注意力、获得更大的忠诚度,如何通过参与社群讨论来引导受众的收视喜好,这都需要视频网站和内容生产方、宣发方通力合作。媒体融合不仅仅是媒体技术的融合,更需要不同组织的沟通融合。

本研究尝试模拟线上观影及评论的情境,但实验情境毕竟会与真实生活相异。此外,受测者在本研究的实验中所进行的决策和产生的心理效果均属于短暂当下的反应,可能有别于长期的效果。因此,建议未来研究采用纵贯性研究或“日志研究法”(diary study)来探讨受众线上观看视频前、中、后接收评论的情境,“心流”会如何改变并影响后续的愉悦感和未来观赏的意愿。而愉悦感的本质需要从更加细致的“心流”、心理机制和影响因素等方面进行进一步的研究。

[本文为教育部人文社会科学研究青年基金项目“网络迷群公共讨论中情感传播的动力机制研究”(课题编号:17YJC860025)的阶段性成果]

〔王喆,浙江传媒学院网络与新媒体系讲师、副主任〕

〔特约编辑:赵希婧〕

手机视频用户使用行为与满意度研究

Research on the Using Behavior and Gratification Rate of Mobile Video Users

◎ 周建青　刘　航

Zhou Jianqing, Liu Hang

摘要：在移动互联网浪潮的推动下，手机视频产业正成为新兴的朝阳产业。本文以手机视频用户为研究对象，通过建构手机视频用户使用行为与满意度模型且对510份有效样本进行综合分析，得出如下结论：手机视频用户使用行为表现与其满意度密切相关；手机视频用户对碎片化视频的观赏黏性逐步形成，短视频成为赢得用户的关键；传播者尤其注重选择最佳时机推送原创视频，尽可能多地争取用户与流量，傍晚是发布与推送手机视频的最佳时间；费用与手机用户是否观看视频紧密相关，提速降费是用户的迫切需求；广告与手机视频用户观赏体验相关，去广告、优化广告内容是破除瓶颈的关键；当前手机视频性价比不高，与手机视频的质量与价值不高密切相关。这些结论为手机视频制作方与运营方提供了有益的参考，有利于促进手机视频产业持续健康发展。

关键词：手机视频，用户，使用行为，满意度

Abstract: Under the wave of mobile Internet, the mobile video industry is emerging as a sunrise industry. The research target of this paper is mobile video users. The research constructs a mobile video users' using behavior and gratification model to do a comprehensive analysis of 510 valid samples we have received. The conclusions are: the performance of mobile video users is closely related to their satisfaction; mobile video users have formed viewing adhesiveness on the fragmented videos gradually; short video has become the key to win the users; evening is the best time to release and promote mobile videos; platforms should choose the best time to promote original videos, and getting as much users or traffic as possible; cost is closely related to mobile phone users' video watching habit, speeding down the cost is an urgent need for users; advertisement is related to the viewing experience of mobile video users;

reducing ads and optimizing the content of ads are the keys to break bottleneck; current mobile videos are not cost-effective, which is closely related to the low quality and value of mobile videos. All of these conclusions provide a useful reference for the mobile video producers and operators, which is conducive to promote sustainable and healthy development of the mobile phone video industry.

Keywords: mobile video, user, behavior, gratification

一、引言

手机视频,简而言之即以手机为播放载体的视频节目,一般包含两方面内容,一种是在手机上播放的电视节目,另一种是通过移动通信网络收看或点播的流媒体视频,真正意义上的手机视频仅指后者。① 本研究认为,手机视频就是指基于移动通信网络,借助手机终端设备,通过各类手机 App 收看、点播或上传的移动流媒体视频。手机视频用户即通过手机 App 观看各类移动流媒体视频的人。截至 2017 年 6 月,我国手机网民达 7.24 亿,网民使用手机上网的比例为 96.30%;手机视频用户达 5.25 亿,手机网络视频使用率为 72.6%,②手机视频用户数量不断增长,倒逼视频行业改革创新。为了更好地推动手机视频产业的健康发展,我们以手机视频用户为研究对象,旨在通过实证研究,分析手机视频用户使用行为和满意度之间的关系,为手机视频制作方和运营方提供对策建议,为推动手机视频行业持续发展提供有益参考。

二、文献综述与理论基础

(一)手机视频研究综述

通过系统梳理已有研究成果,我们发现目前手机视频的研究文献大致可分为四类。一是分析手机视频的发展现状,预测未来发展趋势。北京大学新闻与传播学院教授陆地(2009)从"手机视频"发展的视角,对手机电视的用户偏好进行了分析,并从不同维度探讨了手机电视的现状和前景。③ 和彦洁等人着重分析了我国手机视频发展

---

① 田维钢.手机视频节目产品特征探析[J].现代传播,2010(11):142-143.

② CNNIC.2017 年第 40 次中国互联网络发展状况统计报告——网民规模[EB/OL].(2017-08-04)[2017-09-10]. http://www.cnnic.net.cn/gywm/xwzx/rdxw/201708/t20170804_69455.htm.

③ 陆地,刘菲菲.从"手机电视"回归"手机视频"——手机电视的用户偏好和发展前景[J].视听界,2009(4):46-52.

中的制约性因素,并提出了相关建设性意见。① 二是研究手机视频内容创新和发展的策略。李晓、朱天等人(2012)在三网融合背景下,提出以"分众理念"为指导,强化技术演进、资源整合、媒介联动,创新手机视频内容生产。② 三是聚焦手机视频技术的应用与发展。相关研究者从行业实践角度,基于移动网络、地面数字广播网、卫星等手机视频实现技术,对手机视频技术应用现状做了详细分析。③ 在此基础上,王全杰、吴雅文(2010)等人对手机视频传播形式和技术应用情况作了较为深入的探讨,认为手机必将成为一种真正的"富媒体",成为一个泛在的多元内容的便携型融合平台。④ 四是关于手机视频用户使用行为的实证研究。相关研究者基于技术接受模型、⑤UTAUT 模型等研究模型,⑥对手机视频用户的使用意愿、行为等关系进行了定量分析。综合以上分析,目前虽然已有不少文献从内容、技术、应用等方面对手机视频予以探讨,但是呈现出定性多、定量少的研究现状,且选取手机视频用户的视角,对其使用动机、使用行为和满意度做定量分析的研究比较少见。

(二)满意度研究综述

满意度概念源自市场营销领域,随着学科交融和研究的深入,不断拓展到其他领域。顾客满意度概念则由美国学者卡多佐(Cardozo)最先提出,后来,伍德赛德(Woodside)、弗雷(Frey)和戴利(Daly)等人将其定义为:顾客消费时表现出的整体态度状况,反映顾客在消费过程中喜欢或厌恶的程度。⑦ 测量顾客满意度的经典指数模型目前有四种:瑞典顾客满意度指数(SCSB)模型、美国顾客满意度指数(ACSI)模型、欧洲顾客满意度指数模型(ECSI),以及中国顾客满意度指数模型(CCSI)。⑧ 其中,ACSI 美国顾客满意度指数模型在实践领域运用最多,也最为典型。ACSI 共有 6 个结构变量,顾客满意度是最终所求的目标变量,顾客预期、感知质量和感知价值是顾客

---

① 和彦洁.手机视频业务发展态势分析[J].现代电视技术,2012(6):58-62.

② 李晓,朱天.三网融合背景下手机视频内容生产与传播的创新发展路径[J].成都大学学报(社会科学版),2012(1):96-99.

③ 白春雨.手机视频技术应用现状浅析[J].电脑与电信,2010(8):67-74.

④ 王仝杰,吴雅文.手机视频的传播形式和技术分析[J].广播与电视技术,2010(3):32-35.

⑤ 鲁耀斌,徐红梅.技术接受模型的实证研究综述[J].研究与发展管理,2006(3):93-99.

⑥ 李彩云,杜孝平.基于 UTAUT 模型的手机视频 APP 用户使用意愿影响因素建模与实证[J].黑龙江科技信息,2014(33):200-201.

⑦ WOODSIDE A G,FREY L L,DALY R T.Linking service quality customer satisfaction,and behavioral intention[J].Journal of health care marketing,1989,9(4):5-17.

⑧ 余旋,徐琳.经典满意度指数模型的分析与比较[J].经营管理者,2013(30):122.

满意度的原因变量,顾客抱怨和顾客忠诚则是顾客满意度的结果变量。① 基于 ACSI 顾客满意度指数模型,我国研究者进行了诸多探索,相关研究者建立了购物网站服务质量、顾客期望与网络顾客满意度关系结构模型,认为网络安全性、价格优势和产品质量保证是影响网络顾客满意度最为重要的因素。还有研究者构建了门户网站微博用户满意度测评理论模型和门户网站微博用户满意度评价指标体系,分析新浪等知名门户网站微博的满意度。② 相比其他三种满意度模型,由于 ACSI 研究模型中感知质量、感知价值等变量与手机视频特征契合度更高,因此,我们在 ACSI 模型的基础上,结合手机视频用户的典型特征,确定了手机视频用户满意度模型的结构变量,以综合测量手机视频用户使用行为与满意度的关系。

(三)使用与满足理论

媒介使用与满足理论通过分析用户使用动机和需求,考察大众传播给人带来的心理和行为上的效用。③ 用户的媒介使用动机主要包含三种因素:模仿、虚拟化认同和信息再处理,受众通过这三因素获得心理满足,形成新的需要,从而产生下一轮媒介使用行为。④ 据《2015 年中国网络视听发展研究报告》,手机视频用户的使用动机包括信息获取、社交互动、商务办公、时尚与身份、习惯与伴随等,其中最强烈的动机是娱乐休闲。⑤ 我们以手机视频用户使用动机为出发点,结合以上分析,将使用动机具化为获取资讯、休闲娱乐、日常习惯、社交互动等四大因素。基于上述动机,用户对手机视频形成新的观赏需要和期望,从而激发新一轮使用行为的产生。根据消费者行为学中注意、选择、偏好的理论观点,⑥结合手机视频特征,我们将用户使用行为具化为使用强度、使用选择、使用偏好三大因素。此外,针对网络视频满意度的调查发现,网页界面稳定、节目内容丰富、满足定制服务等是影响满意度的重要因素,⑦据此,我们将界面稳定、节目内容、定制服务等因素纳入"用户期望""感知质量"测量体系予以综合分析。

---

① FORMELL C,刘金兰,康键,白寅.美国顾客满意度指数[J].管理学报,2005(4):495-504.

② 张怡,侯文君.基于 ACSI 模型的微博客用户满意度评价研究[C]//第七届和谐人机环境联合学术会议(HHME 2011)论文集.2011.

③ 庾月娥,杨元龙.使用与满足理论在网上聊天的体现[J].当代传播,2007(3):94-96.

④ 刘艳.受众媒介使用动机[J].当代传播,2005(1):58-59.

⑤ 李剑宁.手机端的微影使用动机与行为研究[J].北京电影学院学报,2011(6):14-20.

⑥ 晏国祥.消费者行为理论发展脉络[J].经济问题探索,2008(4):31-36.

⑦ 陈红静,孙靖,王雯聪.基于多元统计方法的网络用户视频满意度分析[J].现代传播,2014(3):42-45.

三、研究假设与研究设计

(一)模型建构

根据使用与满足理论,结合手机视频的传播特点,本研究确立手机视频用户使用动机的四个维度:获取资讯、休闲娱乐、日常习惯、社交互动,确定使用强度、使用选择、使用偏好为使用行为的三个面向。由于 ACSI 顾客满意度模型指数的顾客期望、感知质量、感知价值三个变量与用户观看手机视频行为特征契合度较高,因此,我们基于 ACSI 模型,结合手机视频传播特点,将用户期望、感知质量和感知价值作为满意度的三个面向,最终建构出手机视频用户使用行为与满意度模型,如图 1 所示。

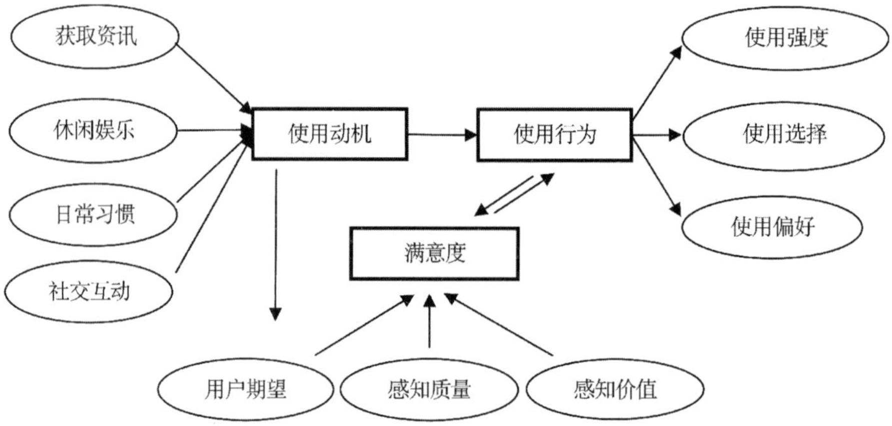

图 1　手机视频用户使用行为与满意度模型

该模型中,用户满意度是最终所求目标变量,使用强度、使用选择、使用偏好是用户满意度的原因变量,用户期望、感知质量和感知价值是用户满意度的三个面向。根据认知论动机理论,认知论强调思维对行为的调控,人的行为动机不仅包含指望得到或企图躲避某些事物,还包含期望通过某些途径达到行动目的。期望可以说是动机的连理枝。[①] 因此,该模型将使用动机和满意度的面向之一"用户期望"进行必要性关联,以期对满意度测量形成新的发现。此外,手机视频用户行为对其接受意愿产生影响作用,[②]反之,手机视频用户满意度又会对其下一轮使用行为产生影响,因此满意度

① 张世富.认知论动机理论的发展及其应用[J].昆明师专学报,1991(1):76-83.

② 吴雅娟.手机视频用户接受模型研究[D].北京:北京邮电大学,2010:1.

也会反作用于用户使用行为。

(二)研究假设

本研究主要探讨手机视频用户使用行为与满意度之间的关系。基于以上文献综述和研究模型,本研究提出如下研究假设。

1.使用强度

根据《2015年中国网络视频发展研究报告》,手机视频用户使用强度可以分为使用频率和使用时长两个维度,使用频次即用户每天使用手机视频的次数,使用时长即用户每次观看手机视频的时长。由此,我们提出了假设 H1。

假设 H1:手机视频用户使用强度与其满意度呈正向相关性。

H1a:手机视频用户使用时长与其满意度正相关。

H1b:手机视频用户使用频次与其满意度正相关。

2.使用选择

使用选择包含用户使用手机视频的时间段和场所,以及他们对广告、互动行为、内容等的选择,具体包括用户对一天中观看手机视频的时间段的选择、对观看手机视频场所的选择、对是否观看手机视频广告的选择、对观看手机视频过程中互动行为的选择,以及对是否付费观看手机视频的选择等,这些因素共同反映和影响手机视频用户使用行为选择。由此,我们提出了假设 H2。

假设 H2:手机视频用户使用选择与其满意度呈正向相关性。

H2a:手机视频用户使用时间段与其满意度正相关。

H2b:手机视频用户使用场所与其满意度正相关。

H2c:手机视频用户对广告的选择与其满意度正相关。

H2d:手机视频用户对互动行为的选择与其满意度正相关。

H2e:手机视频用户对付费的选择与其满意度正相关。

3.使用偏好

用户按照意愿对流媒体视频进行自主选择观赏既是其观看习惯形成过程,也是其使用偏好形成过程。有学者通过定量研究验证了用户的休闲娱乐偏好、复杂沟通偏好、基本沟通偏好等,[①]但仅是针对即时通讯工具而言的,毕竟通讯所使用的语言文字与视频画面在形式方面存在差异。手机视频的实质是内容消费的伴随性,[②]而作为承载内在要素总和的内容与承载内在要素结构或表现方式的形式之间浑然一体、不可分割。因此,本研究以内容偏好和形式偏好为结构维度测量使用偏好,并提出假设 H3。

假设 H3:手机视频用户使用偏好与其满意度呈正向相关性。

H3a:手机视频用户观看内容偏好与其满意度正相关。

H3b:手机视频用户观看形式偏好与其满意度正相关。

(三)研究设计

1.问卷设计

本研究中,使用动机、用户期望、感知质量、感知价值等变量均不可直接观测而得出结论,严格意义上须通过量化指标的标准测量得出研究数据。因此,本研究将调查问卷设计为三部分,第一部分是调查对象的人口统计学信息,第二部分为手机视频用户使用动机和行为的调查,采用单选、多选问答题形式,第三部分则为手机视频用户满意度调查,根据顾客满意度指数的量化测评方法,[③]此部分主要采用五点式里克特量表(Likert scale),即将五级态度"非常不同意、不同意、不一定(无所谓)、同意、非常同意"赋予"1、2、3、4、5"的分值,让被访者选择相应态度。

为保证问卷有效性,我们在参考国内外满意度调查成熟量表的基础上,主要根据《2015 年中国网络视听发展研究报告》的调查图表中关于手机视频的问项,并结合手机视频用户的典型特征,修改和补充后形成本研究的量表,如表 1 所示。

2.数据收集

本研究主要通过网络进行问卷调查,利用"问卷星"在线问卷调查网站发布和回收问卷。问卷以链接形式发布在新浪微博、腾讯微博、QQ 群、微信群、微信朋友圈等平台,并通过微博、QQ 消息、微信等多种方式邀请手机用户作答,最终通过"问卷星"网站回收问卷,统计调查结果。

---

① 沈勇,乔歆新,张云帆,水仁德,陈硕.即时通讯工具使用偏好及其与使用动机的关系[J].应用心理学,2008(2):104-110.

② 周笑.移动视频新媒体的消费偏好研究[J].电视研究,2010(9):34-37.

③ 陈华,王新平.顾客满意度指数测评方法及其应用[J].西北农林科技大学学报(社会科学版),2003(5):110-114.

表 1　量表测量项及来源

变量	面向	测量题项	题号	来源
使用动机	获取信息	可以获取各种资讯	Q13	《手机端的微影使用动机与行为研究》
		保持对外界的了解		
	休闲娱乐	可以给我提供娱乐资源		
		为了放松		
	日常习惯	习惯有事没事的时候使用手机视频		《手机端的微影使用动机与行为研究》
		无聊的时候用手机视频打发时间		
	社交互动	可以对手机视频进行实时评论		《网络视频社交行为研究 ——兼论我国网络视频社交化趋势》①
		可以向好友分享和推荐手机视频		
使用行为	使用强度	每次使用手机视频的时长(使用时长)	Q8	《手机端的微影使用动机与行为研究》
		每天使用手机视频的次数(使用频率)	Q9	
	使用选择	使用行为发生的时间段	Q6	《手机端的微影使用动机与行为研究》《2015年中国网络视听发展研究报告》
		使用行为发生的场所	Q7	
		用户对广告的选择	Q12	
		用户对互动行为的选择	Q11	
		用户对是否付费的选择	Q14—Q16	
	使用偏好	观看内容偏好(电影、新闻、综艺等)	Q10	《即时通讯工具使用偏好及其与使用动机的关系》等
		观看视频形式偏好(长视频、短视频)	Q8	
满意度	用户期望	使用前,对手机视频服务使用效果的估计	Q17	美国 ACSI 顾客满意度指数模型、《电子政务顾客满意度指数模型实证研究》②
		使用前,对手机视频服务的功能满足需求的程度的估计		
		使用前,对手机视频界面美观性的估计		
		使用前,对手机视频内容流畅程度的估计		
		使用前,对手机视频内容画面清晰程度的估计		
		使用前,对手机视频内容丰富性的估计		
		使用前,对手机视频内容更新速度的估计		
		使用前,对手机视频的定制化满足个性化需求程度的估计		
		使用前,对手机视频服务商排除故障速度的估计		
		使用前,对用于观看手机视频内容花费的估计		

① 李骁楠.网络视频社交行为研究——兼论我国网络视频社交化趋势[D].成都:西南交通大学,2014:52.

② 刘燕,陈英武.电子政务顾客满意度指数模型实证研究[J].系统工程,2006(5):50-56.

续表

变量	面向	测量题项	题号	来源
满意度	感知质量	使用手机视频服务总体感到满意	Q18	美国 ACSI 顾客满意度指数模型、《2015 年中国网络视频发展研究报告》
		当前手机视频服务的功能满足了我的需求		
		观看手机视频的过程很流畅,令我感到满意		
		所看手机视频节目画面清晰,令我感到满意		
		可选择的手机视频节目内容丰富,令我感到满意		
		留言得到及时回复,令我感到满意		
		及时屏蔽广告,令我感到满意		
		实时分享视频,令我感到满意		
	感知价值	基于现有花费,您认为视频节目质量高	Q19	美国 ACSI 顾客满意度指数模型
		基于现有节目质量,您认为手机视频收取的费用合理		
		目前手机视频节目内容、服务质量和所收费用的性价比高		
		观看手机视频节目丰富了日常生活		
		手机视频内容对自身实际生活有帮助		

四、数据分析

(一)信效度检验

信度即可靠性,是指采用同样的方法对同一对象重复测量时所得结果的一致性程度。① 效度一般包括内容效度和结构效度。② 本研究运用 SPSS 20 的 Cronbach′s Alpha 信度系数检验量表的信度,同时对量表的内容效度和结构效度进行检验,发现量表具有较高的信效度水准,达到了研究者的设计目标。

(二)描述性分析

1.样本总体情况

根据调查数据统计,问卷来源渠道均为手机提交,回收问卷 550 份,去除无效样本

① 温忠麟,叶宝娟.测验信度估计:从 α 系数到内部一致性信度[J].心理学报,2011(7):821-829.

② 曾五一,黄炳艺.调查问卷的可信度和有效度分析[J].统计与信息论坛,2005(6):11-15.

后，回收有效样本510份。

在回收的有效样本中，男性有263位，占51.56%，女性247位，占48.44%；调查对象年龄集中在20—29岁，占样本总量的62.55%，其次是19岁以下的占20.59%；在受教育程度方面，75.29%的调查对象具有大学本科及以上学历。从职业分布来看，样本主要集中于在校学生(65.87%)和机关事业单位员工(15.29%)。

2.手机视频的使用动机和使用行为

除了人口统计学特征题项，我们针对问卷其余单选或多选题进行了频数分析，以进一步了解样本的手机视频使用行为特征。通过对手机视频使用动机的数据分析发现，参与调查的用户观看手机视频的首要原因是“为了得到放松”，占45.88%；其次是“打发时间”，占17.65%；再次是“获取娱乐资源”，占11.76%，之后是获得资讯，占10.5%。可见，为了得到放松、打发时间、获得娱乐与资讯是用户使用手机视频的主要动机。

在本研究中，手机视频的使用强度是使用行为的三个观测变量之一，具体包括手机视频使用时长和使用频率。通过对使用行为的描述性统计发现，在有效样本中(N=510)，选择观看5分钟以下的视频的用户最多，占51.37%。从使用频次来看，每天观看1至2次手机视频的用户最多，占46.47%。具体使用强度如表2所示。

表2　手机视频的使用强度

使用强度	选项	频数	百分比(%)
每次观看手机视频的时长(使用时长)	5分钟以下的视频	262	51.37
	5—10分钟的视频	94	18.43
	11—20分钟的视频	24	4.71
	21—30分钟的视频	35	6.86
	31—60分钟的视频	54	10.59
	1小时以上的视频	41	8.03
每天观看手机视频的次数(使用频率)	1—2次	237	46.47
	3—4次	105	20.59
	5—7次	21	4.12
	7次以上	147	28.82

针对手机视频的使用选择情况，调查结果显示，首先，在观看手机视频时间段的选择上，79.41%的用户选择在晚上观看手机视频，其中30%选择在睡觉前观看。其次，

针对观看手机视频的场所,57.65%的用户选择在家中,26.47%选择有无线上网条件的公共场所。再次,在对待广告的态度方面,36.47%的用户选择看广告,63.53%选择不看广告,其中,仅有少量用户使用"会员去广告"功能。最后,在多项可选的情况下,45.29%的用户基本没有互动行为,31.76%会"点赞或踩",27.06%会评论和分享。此外,我们还调查了用户付费情况,在没有免费 Wi-Fi 情况下,70.59%的用户不会耗费流量观看手机视频,74.71%不愿意付费观看手机视频,愿意付费观看视频的用户主要基于"付费后能看到更多资源"(30.59%)、"找不到免费的"(27.06%),以及"付费后没有广告"(15.29%)等原因。

从用户使用偏好来看,在多项可选的情况下,用户内容偏好排在前三位的短视频分别是:搞笑短片(54.12%)、微电影(25.29%)、微新闻资讯及评论(18.82%);用户内容偏好排在前三位的长视频分别是:电视剧(42.35%)、电影(38.82%)、综艺节目(38.24%)。从使用时长来看,5 分钟以下的短视频最受青睐(51.37%)。具体结果如表 3 所示。

表 3 手机视频的使用选择、使用偏好

	选项		频数	百分比(%)
使用内容偏好(多选,可选 1—3 项)	短视频	微电影	129	25.29
		微纪录片	66	12.94
		搞笑短片	276	54.12
		微新闻资讯及评论	96	18.82
		微网络剧	42	8.24
		微体育赛事短片	27	5.29
		微动漫	21	4.12
		微娱乐节目	75	14.71
		其他短视频节目	63	12.35
	长视频	电影	198	38.82
		电视剧	216	42.35
		综艺节目	195	38.24
		动漫	84	16.47
		纪录片	54	10.59
		其他长视频节目	24	4.71

续表

	选项	频数	百分比(%)
互动行为（多选，可选 1—3 项）	点赞/踩	162	31.76
	评论和分享	138	27.06
	收藏	117	22.94
	发送弹幕	57	11.18
	摇一摇去广告	24	4.71
	互动问答/投票	12	2.35
	免费献花	3	0.59
	订阅视频	24	4.71
	点击广告	6	1.18
	付费送礼物	0	0.00
	以上都没有	231	45.29
对广告的选择	不看广告，会使用会员去广告功能	51	10.00
	不看广告，离开一会儿再回来	273	53.53
	看广告，反正也没多久	186	36.47

(三)相关分析

相关分析就是分析两个变量关系的密切程度。根据经验，相关系数的绝对值大于 0.8可视为高度相关，0.5—0.8 视为中度相关，0.3—0.5 为低度相关，小于 0.3 时可视为不相关。

本研究中三个研究假设均涉及用户使用行为与满意度之间的相关关系测量，进行双变量相关分析后，得出使用强度与满意度、使用选择与满意度、使用偏好与满意度之间的相关程度，结果如表 4 所示。由表 4 可知，在手机视频用户使用强度与其满意度关系上，由于用户使用时长（0.381**）和使用频次（0.411**）均与满意度相关，因此假设“H1a：手机视频用户使用时长与其满意度呈正向相关”“H1b：手机视频用户使用频次与其满意度呈正向相关”均成立。同时，研究者也发现，上述相关都呈现低度相关性，说明用户每次使用手机视频的时间、次数等频率情况与用户满意度的关系不是非常密切。

表 4　手机视频使用行为与满意度相关分析结果

				满意度
Pearson 相关系数	使用强度	使用时长	Pearson 相关性	0.381**
		使用频次	Pearson 相关性	0.411**
	使用选择	使用时间段	Pearson 相关性	0.560**
		使用场所	Pearson 相关性	0.344**
		广告选择	Pearson 相关性	0.579**
		互动选择	Pearson 相关性	0.176*
		付费选择	Pearson 相关性	0.671**
	使用偏好	内容偏好	Pearson 相关性	0.603**
		形式偏好	Pearson 相关性	0.381**

** 在 0.01 水平显著，* 在 0.05 水平显著

在手机视频用户使用行为选择与满意度的关系方面，由于用户使用时间段(0.560**)、对广告的选择(0.579**)、对付费的选择(0.671**)的 Pearson 系数均大于0.5，因此，假设“H2a：手机视频用户使用时间段与其满意度正相关”“H2c：手机视频用户对广告的选择与其满意度正相关”“H2e：手机视频用户对付费的选择与其满意度正相关”均成立，其中“对付费的选择”的相关系数最高，说明用户一天中观看手机视频的时间段、有无广告都与用户满意度相关，且费用选择与用户满意度相关度更高。此外，使用场所(0.344**)与满意度低度相关，假设“H2b：手机视频用户使用场所与其满意度正相关”成立。但是，对互动的选择(0.176*)和满意度的相关系数过低，假设“H2d：手机视频用户对互动的选择与其满意度正相关”不成立，二者并没有明显相关。

从使用偏好来看，用户视频内容偏好与其满意度相关系数(0.603**)较高，视频形式偏好与满意度(0.381**)存在一定相关，但相关性较弱，因此假设“H3a：手机视频用户观看内容偏好与其满意度正相关”和“H3b：手机视频用户观看形式偏好与其满意度正相关”均成立，且相对于视频的形式，视频的内容质量与用户满意度相关性更高。此外，我们对使用偏好与满意度相关性做了进一步分析，结果显示，视频时长(0.448**)与满意度呈现相关性。

从手机视频用户使用行为与满意度模型(见图 1)中，可以看出用户预期、感知质量和感知价值是顾客满意度的三个面向。通过对问卷调查第 17 题“用户使用手机视频之前的预期状况”的统计，该矩阵题的平均分为 3.64(满分为 5 分)，可以看出，在现有技术及条件下，用户预期并不高。矩阵题第 18 题“用户对手机视频质量的当前感

受”的平均分是3.45，说明当前手机视频的质量与用户预期还有差距。矩阵题第19题“用户对手机视频价值和资费的当前感受”的平均分为3.33，可以看出，当前手机视频对用户所带来的价值与用户实际付出的资费不成正比，质优价廉的手机视频内容有待努力开掘。

综上所述，根据表4整体相关分析结果，付费选择、内容偏好、广告选择与满意度的相关系数值排在前三位，且付费选择与满意度的相关系数最高。本研究的假设检验结果如表5所示。

表5 研究假设检验结果

研究假设	检验结果
假设H1：手机视频用户使用强度与其满意度呈正向相关性	成立
H1a：手机视频用户使用时长与其满意度正相关	成立
H1b：手机视频用户使用频次与其满意度正相关	成立
假设H2：手机视频用户使用选择与其满意度呈正向相关性	成立
H2a：手机视频用户使用时间段与其满意度正相关	成立
H2b：手机视频用户使用场所与其满意度正相关	成立
H2c：手机视频用户对广告的选择与其满意度正相关	成立
H2d：手机视频用户对互动行为的选择与其满意度正相关	不成立
H2e：手机视频用户对付费的选择与其满意度正相关	成立
假设H3：手机视频用户使用偏好与其满意度呈正向相关性	成立
H3a：手机视频用户观看内容偏好与其满意度正相关	成立
H3b：手机视频用户观看形式偏好与其满意度正相关	成立

五、结论与讨论

（一）研究结论与讨论

移动互联技术革命方兴未艾，智能移动终端持续迭代创新，视频用户快速向移动端聚集，伴随着视频直播等应用的蓬勃发展，手机视频成为移动端极具潜力的业务。综合手机视频用户样本数据分析结果，得出以下结论。

第一，手机视频用户使用行为表现与其满意度密切相关。用户对视频内容偏好表现明显，可见，“内容为王”的生存法则依然奏效。数据分析结果显示，时长、频次、时段、场所、广告等因素均与用户满意度正向相关,但是“能否进行互动”与其满意度不相关,多数用户在观看视频时基本不互动。相比手机视频形式,对视频内容的喜爱和偏好与用户满意度有更强的相关性,可见,在网络视频多样化的今天,对优质内容的坚守和挖掘或成为手机视频制作机构和运营平台的核心竞争力。

第二,手机视频用户对碎片化视频的观赏黏性逐步形成,短视频成为赢得用户的关键。根据数据分析结果,搞笑短片、微电影、微新闻等短视频节目深受用户欢迎,且多数手机用户偏爱 5 分钟以下的短视频,这正验证了用户“放松、打发时间、获取娱乐和资讯”等手机视频的使用动机。以往研究指出,鉴于短视频行业的持续碎片化发展,“PUGC+分发模式”和“UGC+社交模式”等多种模式将长期并存,并出现了短视频社群化的发展趋向。① 事实上,短视频不仅成为制作机构赢得用户的关键,而且其在视频产业发展中具有十分重要的地位,这从蓬勃发展的“梨视频”“二更”等短视频平台以及快手、秒拍等短视频 App 可见一斑。

第三,选准最佳时机推送原创视频,从而尽可能多地争取用户与流量,是视频平台运营者着重要考虑的问题。从调查结果来看,大部分用户每天至少观看 1—2 次手机视频节目,近八成用户选择在晚上观看手机视频,可见,傍晚是发布与推送手机视频的最佳时间。在这个时间点推送,或结合相应主题的时间节点适时推送,才能有效契合用户观赏习惯,提升平台影响力。

第四,费用与手机视频用户满意度密切相关,提速降费是用户的迫切需求。根据分析结果,流量和费用问题与用户是否观看、何时何地观看手机视频紧密相关。近几年来,虽然电信部门陆续进行了两轮提速降费,但结果并不尽如人意,费用与网速不仅使得快速发展的手机视频行业步履维艰,更影响“互联网+”的发展进程。加大网络基础设施投入、强化共享共建等应该成为运营商提高用户满意度的努力方向。

第五,广告与手机视频用户观赏体验紧密相关,去广告、优化广告内容是破除瓶颈的关键。数据分析结果显示,广告虽非影响手机用户是否观看视频的决定性因素,但与用户的观感体验相关。由此,减少插播广告、优化去广告功能将对用户有直接裨益,并且随着手机视频商业模式的深入探索,面对朋友圈视频广告等新广告形式的冲击,②探索广告新形式、寻求广告新出路,或能成为进一步厘清广告与视频界限、探索二者新商业模式的有益方式。

---

① 第一财经商业数据中心(CBNData).2017 短视频行业大数据洞察报告[EB/OL].(2017-09-06)[2017-09-10]. http://www.yicai.com/news/5341589.html.

② 同上。

第六，当前手机视频性价比不高，与手机视频的质量与价值不高密切相关。对照手机视频用户预期，其在服务、功能、流畅、清晰、定制等多方面均预期不高。究其原因，一方面，由于当前手机视频质量良莠不齐，整体价值水平偏低；另一方面，也说明手机视频在内容价值和质量等方面仍有较大提升空间，需更加注重内容价值，坚持创作和推广观点独到、故事有趣、具有实用性，并且能够引发情感共鸣的优质手机视频节目，这还需要内容制作方与运营方作出长期不懈努力。

(二)研究局限与展望

本研究针对手机视频用户使用行为与满意度的相关性进行了探讨。由于样本范围不广、研究方法较为单一，对问题探讨尚不深入。往后若将此研究继续拓展，还可在用户使用动机与满意度关系、用户满意度与使用行为培育、新信息技术革命下手机视频用户使用行为与满意度关系演化等方面做进一步探讨，还可综合考虑人口统计学变量的影响，以更好地把握用户使用行为，推动手机视频产业持续健康繁荣发展。

［本文系国家社会基金年度一般项目“伦理学视野下新媒体影像传播的社会伦理问题及其道德规制研究”(项目编号：13BXW039)、华南理工大学中央高校基本科研业务费资助项目“新媒体语境下组织传播力及其形象构建研究”(项目批准号：X2D12)的研究成果］

〔周建青，华南理工大学公共管理学院教授，博士生导师，教育部新世纪优秀人才；刘航，华南理工大学工商管理学院博士研究生〕

〔特约编辑：赵希婧〕

书 评

理解媒介融合的元理论：视野与路径

——评延森的《媒介融合：网络传播、大众传播与人际传播的三重维度》一书　毛湛文

理解媒介融合的元理论：视野与路径

——评延森的《媒介融合：网络传播、大众传播与人际传播的三重维度》一书

Understanding the Meta-theory of Media Convergence: Vision and Path

—Book Review: *Media Convergence: The Three Dimensions of Network, Mass and Interpersonal Communication* by Klaus Bruhn Jensen

◎ 毛湛文

Mao Zhanwen

摘要：本文对克劳斯·布鲁恩·延森所著的《媒介融合：网络传播、大众传播与人际传播的三重维度》一书进行了评述。该书从人际传播、大众传播和网络传播三个维度对媒介融合及其社会意义进行"元理论"视角的考察，借助媒介物质、媒介意涵、媒介制度这一生动理论框架，深入分析了媒介融合的历史及其未来，为当下的传播与媒介研究提供了崭新的路径。本文认为，面向未来的传播学研究应摆脱传统理论框架和自身学科内部理论的束缚，通过追问元问题和开展跨学科研究拓展学科的边界。

关键词：媒介融合，媒介研究，元理论

Abstract: This paper reviews the *Media Convergence: The Three Dimensions of Network, Mass and Interpersonal Communication* written by Klaus Bruhn Jensen. The paper holds that this book studies the media convergence and its social meaning from a perspective of meta-theory, and by the means of the theory frame of media material, implication and institution, the book thoroughly analyses the development and future of the media convergence , which provide a new path for the communication and media studies. The paper also maintains that the communication research for the future should lessen and cast off dependency on the traditional theories and internal limits of this discipline theories, and expand its boundary by examining the meta-questions and carring out the inter-disciplinary researches.

Keywords: media convergence, media studies, meta-theory

一、关于传播的传播:媒介融合"元问题"的提出

媒介融合的概念进入中国学界以来,研究者们对它的讨论基本都未逃出新闻业务、媒介产业和传播技术的范畴。常见的研究话题包括国内外媒介组织融合的经典案例分析、基于国家层面的媒介融合政策分析、各类微观层面的融合新闻产品分析,等等。在这些研究路径下,媒介融合相关研究一直停滞在应用层面,鲜有触及更深层次的理论研究。

实际上,媒介融合不仅仅是媒介形态或技术最新变化影响下的产物,它与更广阔的社会实践以及整个人类的传播交流史都存在一定关联。当我们将媒介融合从业态层面扩展到社会层面时[①],就会发现其独有的研究价值。它应该被纳入到技术哲学、符号学、语言学、社会学的理论视野当中,重新加以阐释。丹麦学者克劳斯·布鲁恩·延森所著的《媒介融合:网络传播、大众传播与人际传播的三重维度》(下文简称《媒介融合》)一书,正是一本从"元理论"出发对媒介融合研究进行深度追问的著作,它为媒介融合以及其背后的数字化媒介传播搭建了一套全新的理论框架。

延森在《媒介融合》中多次使用"元"这一形容词来描述新媒体,如"元传播""元技术""元媒介""元数据"等词语都指向了数字化的传播场景。该书同样也提到了传播理论研究的元视角,何谓传播理论的"元视角"?其具体操作存在两种方式:一是传播学理论系统里的内容,对来自不同学科的传播理论进行梳理和比较,例如罗伯特·克格雷对传播的七大理论传统(修辞学、符号学、现象学、控制论、社会心理学、社会文化和批判学派)的总结;[②]二是以传播本身作为一种外部视角,"依据这一视角对不同实践理论的相对优势"[③],去诠释其他学科的概念,包括人类行动和社会实践。但无论是内部还是外部,"元理论"都将传播学与其他学科理论间的对话、互动、关系、诠释等视为一个焦点。

具体到媒介融合,它的"元理论"视角应该从哪些理论展开?延森通过重新梳理传播思想史,从亚里士多德、康德、皮尔士的思想和语言学中寻找答案,试图重新界定传播和媒介概念。他认为,"传播可以被视为一种先天综合把握事物共通之处以服务于实际目的的前提",而"媒介是知识的生产和散播的重要资源,它使得知识跨越时空,遍

---

① 黄旦,李暄.从业态转向社会形态:媒介融合再理解[J].现代传播,2016(1).

② CRAIG RT.Communication theory as a field[J].Communication theory,1999(2).

③ 同上。

及社会个体”[①]。由于人们运用媒介的目的性，媒介也被烙印上了“可控制性”，不同媒介对于其所承载的信息、传播和行动提供了不同程度的控制可能。正是这种可控制性，使得信息可以通过传播在不同语境中穿梭，而媒介也能够充分地融合到文化产品、实践和制度当中，基于不同的载体和感官形态进行交互并发生媒介融合。

但延森所讲的媒介融合并非只有大众媒介一类，他设定了人际传播、大众传播与网络传播这三重维度，以期在它们的交汇处发生“融合”后的理论意义。第一重维度人际传播情景下的媒介就是人自己的身体。第二重维度大众传播情境下的媒介实际上指的是大众传播技术。而第三重维度网络传播情景下的媒介则是一种“拓展了人类在社会与物质世界中行动自由程度”的元技术，也就是整合前面两重维度的数字化网络技术。依据这一划分，延森对研究问题给予了更为明确的表述：在数字化媒介和网络化传播的时代中，特定的媒介与传播实践将会对社会组织（从微观到宏观）产生怎样的影响？[②]

至此，我们会发现在这本书中，媒介融合只是一个引子或由头，全书更为关心的问题是上述三种维度的传播是如何嵌入社会、影响社会并改变社会的。或者说，延森笔下的媒介融合从一开始就是在社会、历史和人文等领域中展开的，这与中国学者只盯着新闻业务或媒介产业、媒介政策的小领域不同，《媒介融合》有一种视野上天然的分别。这种更开阔的视野，也令我们在阅读此书时感叹：原来对传播理论的想象和诠释，可以有更大、更宽阔的空间。同时，《媒介融合》选择宏大视野切入论题，也使得延森可以抛弃一些陈旧的媒介理论，用全新的框架“成一家之言”。

二、寻找融合的“基因”：延森的理论是如何体系化的？

在延森这本书中，首当其冲受到挑战的旧理论就是麦克卢汉的“媒介即讯息”。按照麦克卢汉的理解，我们会将媒介形态变革本身看作是一种颇具划时代意义的讯息，但延森认为，麦氏“形式超越内容”的论断充其量适用于网络之前的传统媒介演进史，当互联网出现后，融合造成的结果却是数字媒介对前面所有媒介形式“一网打击”式的捕捞、容纳和再媒介化。这样一来，互联网成为“媒介即讯息”预言的终结者，而媒介融合也绝不是一种线性的新旧媒介彼此更替、互补的情形，它在更大程度上意味着由数

① 延森.媒介融合：网络传播、大众传播和人际传播的三重维度[M].刘君，译.上海：复旦大学出版社，2015：42.

② 延森.媒介融合：网络传播、大众传播和人际传播的三重维度[M].刘君，译.上海：复旦大学出版社，2015：中文序言.

字媒介开启的媒介系统内部的“重构”。以数字媒介为代表的新媒介既把从口语时代到电视时代的所有媒介形式都囊括到内部,又开启了对各种传播实践、交往活动的改造,促成“新媒介”向着“超媒介”转变,向着更开放的方向演进,推动文化和社会培育新的传播方式并不断使其制度化,直到其成为社会结构的一部分。于是,“媒介融合可以被理解为一种交流与传播实践跨越不同的物质技术和社会机构的开放式迁移(open-ended migration)”①。

紧接着,我们可能就会问作为“开放式迁移”的“媒介融合”是如何展开的,如果“媒介即讯息”不成立,那么媒介形式历史更迭演进背后的“基因”或“语法规则”又是什么?延森并没有给出一个明确的答案,但本书最核心部分的章节框架实际已经做出了回答。那就是,将媒介物质、媒介意涵、媒介制度作为媒介融合的“基因”正在决定着媒介的形式变化、传播实践的可能状态和媒介未来的走向。

首先,媒介物质是最基础的一环。一般而言,对媒介物质的看重,很容易被看作是对“技术决定论”的呼应,但《媒介融合》认为:媒介物质的真正作用是为传播提供有价值的材料和资源。一般的物质技术,要转化为某种可用的媒介,离不开社会与文化的持续改造。无论是作为人际交流媒介的人的身体、经典的大众媒介,还是数字化的信息传播技术,三者最终都会在未来交汇,“它们无孔不入,融合进普通的事物、人造产品、自然环境和文化环境,数字媒介也许不再被我们视为媒介”②。正在来临的人工智能时代,作为人体的媒介与作为机器的媒介相融合,不正是这种媒介物质交汇的一个结果吗?如果脑洞再大一点,我们甚至可以“将世界容纳进一个媒介”,接近“世界作为一种媒介”的构想③。沿着这一思路,我们会发现,媒介物质具有相当广阔的发展势能,技术对社会和世界的渗透愈深,人类未来的传播图景就愈丰富。

其次,媒介意涵,包括了媒介的形式、话语和体裁。延森在此处引入了话语研究中文本与符号的视角。无论是戈夫曼的“框架”,还是雷蒙·威廉斯的“体裁形式”,抑或是符号学中的语言编码方式,都可以理解为一种媒介意涵。在这个层次上发生的媒介融合,有着鲜明的语言学特点,其中一种展开媒介融合的方式就是“话轮转换”。

所谓“话轮”是指言说的说话次序,而媒介上的各种文本以及日常传播活动本身就是一种“话轮转换”。例如,“网络游戏中不同地域的玩家彼此不断地交流,同时他们也与非玩家角色交流……对于个体玩家而言,他们的次序变化影响了他们在游戏中的社

---

① 延森.媒介融合:网络传播、大众传播和人际传播的三重维度[M].刘君,译.上海:复旦大学出版社,2015:17.
② 延森.媒介融合:网络传播、大众传播和人际传播的三重维度[M].刘君,译.上海:复旦大学出版社,2015:67.
③ 延森.媒介融合:网络传播、大众传播和人际传播的三重维度[M].刘君,译.上海:复旦大学出版社,2015:86.

会地位和声望”[①]。从更宏观的角度看“话轮”，则是传播从文本层面转换、过渡到社会层面，看似属于日常生活的传播行为，但其媒介意涵已经延展到了社会结构中。延森说道：“信息最小单位的交流以及传播基本行为的生产、维持、修复并改变着社会机构：家庭、银行、剧院、大众娱乐以及当代社会的其他组织部分。”[②]换言之，延森思考的是社会如何被结构的问题，以及传播在这个过程中所扮演的角色。

最后，在关于媒介制度的论述中，延森把当代媒介看作是一种“启发思维的制度”。第三维度的媒介技术为跨越时空的传播活动提供了关键性的资源，开辟了如同哈贝马斯所说的“公共空间”，从而带来了交流和传播的革命，形成一套启发思维的制度。《媒介融合》认为，这套制度像艺术、科学、宗教一样，可以提供认识、思考世界的准则和方法。媒介跨越时空的“融合”在一定程度上破解了现代性中结构和行动的二元对立，令制度的作用凸显出来。

进一步看，在新媒体传播环境之下，传播的权力和控制的问题也随之浮出水面，这一问题同样是以往媒介融合中很少讨论的问题，那就是新媒体的出现，是否会带来民主价值和言论自由权利的延展？是否会造成公共领域的“再封建化”？借用艾伦·威斯汀的话，技术可能带来另一场革命，“即无论是公共权力还是私人权力，它们都借助于技术着手实施对于个体的系统监控”[③]。这让我们反思：媒介融合除了解放了媒介的载体和形式，是否会加剧媒介制度背后的权力控制？

通读全书，延森对媒介物质、媒介意涵、媒介制度这一框架的构建和表述（第4－6章），是整本书中最为精彩的章节，既具有前沿眼光，又富有批判思维。这一框架实际上也为诠释媒介融合和新媒体传播铺设了一组层次鲜明的理论概念。如果将这三个概念与本书另外的三个维度的媒介形态（人际传播、大众传播、网络传播）交叉，就会产生另外一个颇具条理化的“九宫格”的概念图，这个概念图可以看作延森要建构的关于媒介融合的元理论体系。基于这一体系，延森进一步关注到媒介研究中方法论的融合（第7章）和媒介研究范式和主义的融合（第8章），并面向未来对媒介研究进行了预判。

三、面向未来的传播与媒介研究：研究者何为？

媒介与传播研究的方法论，需不需要在融合的时代背景中寻求变革？答案无疑是

① 延森.媒介融合：网络传播、大众传播和人际传播的三重维度[M].刘君，译.上海：复旦大学出版社，2015：106.
② 延森.媒介融合：网络传播、大众传播和人际传播的三重维度[M].刘君，译.上海：复旦大学出版社，2015：106.
③ 延森.媒介融合：网络传播、大众传播和人际传播的三重维度[M].刘君，译.上海：复旦大学出版社，2015：123.

肯定的。《媒介融合》一书中所论述的内容，让我们看到了传播研究理论的深度和广度。延森说，第三维度的媒介重拾了一个宏大问题——“媒介给人类、文化和社会带来了怎样的影响；反过来，人类、文化与社会又是如何影响着媒介”①。仅仅依靠现象描述和业务总结，我们恐怕永远不会对这一问题做出有洞见的回答。《媒介融合》所持的视角、理论体系和方法论都在提醒新闻传播领域的研究者们，面对未来的传播与媒介研究，应该选择一种怎样的路径。本文尝试将未来研究的方向归纳为两方面的建议。

一方面，传播学研究亟待回到“传播”“媒介”等概念的本身，摆脱大众传播理论的套路束缚，有意识地考问“元理论”问题。过去强调经验—效果取向的传播学研究，已面临着完全不同于大众传播时代的传播现象，新媒介发展中的技术逻辑、权力逻辑、生活逻辑都与之前的媒介发展逻辑不同。如果继续将传播学的知识地图框定在大众传播的范畴内，恐怕只会加剧传播学自身的学科危机。只有借助对基础概念本身的诠释，才有可能主动发掘出新的视角去审视元传播、元理论的问题。哪怕是最时髦的传播现象，也有可能在思想史的脉络中探寻出新的意涵，延森的尝试就是一个很好的例子。当然，关于“元理论”的探索更需要学术共同体的自觉意识，特别是当学科自身经典理论在新的传播环境下日渐失去解释力的时候，如何批判经典理论，并对学科基础知识遗产进行溯源、回归、清理和重启，十分考验耐心和勇气。“传播学应当有一种新的学科使命……重新理解传播及其技术是如何嵌入人的生活，重新界定人的存在及人与社会、物的关系，讨论传播与人存在的意义，才能有真正的独一无二的传播理论，才能与哲学元理论发生关联，才有资格与其他学科尤其是人文社会科学对话。”②

另一方面，传播学研究需要进行跨学科研究，拓展学科“知识地图”的疆域与边界。不断涌现的传播实践新现象，迫切需要传播理论给予解释，按照“元理论”的外部视角，传播学可以成为对其他学科理论进行“反哺”和“诠释”的一种理论资源。相应地，从“元理论”的内部视角来看，也需要其他学科为传播学的发展提供养分。“跨学科”已成必然趋势。在“跨学科”的过程中，既需要微观层面的实证研究、逐渐积累、验证假说，直到发展出新理论，又需要重拾传播学的人文思维传统，从宏观层面进行深刻追问与批判反思。人文学科的力量在互联网的背景下所具有的理论解释力，尚有待去发现和应用。不过，已有中国的学者意识到了这点：“传播学对互联网传播现象的研究需要较为宏观的研究视角，非线性、圈层、超链接、‘智能一切’和未来光子计算机条件下的传播，人类在思维上对此的把握和得出某些有说服力的理论假设，没有人文－社会科学

① 延森.媒介融合：网络传播、大众传播和人际传播的三重维度[M].刘君，译.上海：复旦大学出版社，2015：167.

② 胡翼青.重塑传播研究范式：何以可能与何以可为[J].现代传播，2016(1).

各学科的合作研究，几乎是不可能的。”①

可以说，延森的《媒介融合》一书正是这样一种用人文－社科综合思维进行宏观研究的范本。虽然延森构建的理论体系尚没有进一步得到阐释和验证，虽然这本书的许多语言表述显得非常晦涩难懂，但是其所立足的视野和角度（能够站在更加思辨、宏观、批判的角度，从传播学之外的学科取材，来审视传播的新问题、新现象并与社会实践和社会结构有所勾连），就已经显示出其独特的学术价值了。从某种意义上看，以研究“启发思维的制度”为对象的这本《媒介融合》，本身也提供了一种能够启发其他传播研究者、从业者把握现实的思维方式，并有可能在未来成为经典，点燃更多“传播学想象力”的火花。

［本文是中央民族大学青年学术团队引领计划项目“融合新闻业变革形势下的新闻理论创新”（编号：2017MDYL07）成果的一部分］

〔毛湛文，中央民族大学文学与新闻传播学院讲师〕

〔特约编辑：涂凌波〕

① 陈力丹，宋晓雯，邵楠.传播学面临的危机与出路[J].新闻记者，2016(8).

图书在版编目(CIP)数据

中国新闻传播研究.2017.上/高晓虹主编．—北京：中国传媒大学出版社，2018.11
(传媒集刊)
ISBN 978-7-5657-2224-0

Ⅰ.①中…　Ⅱ.①高…　Ⅲ.①新闻学－传播学－研究－中国－2017　Ⅳ.①G219.2

中国版本图书馆 CIP 数据核字(2018)第 033406 号

中国新闻传播研究 2017(上)
ZHONGGUO XINWEN CHUANBO YANJIU 2017(SHANG)

主　　编　高晓虹
副 主 编　刘　宏　赵淑萍　曾祥敏
策划编辑　王雁来
责任编辑　王雁来
责任印制　曹　辉
封面设计　拓美设计

出版发行　中国传媒大学出版社
社　　址　北京市朝阳区定福庄东街 1 号　　邮编：100024
电　　话　010-65450532 或 65450528　　传真：010-65779405
网　　址　http://www.cucp.com.cn
经　　销　全国新华书店

印　　刷　北京玺诚印务有限公司
开　　本　787mm×1092mm　1/16
印　　张　13.75
字　　数　260 千字
版　　次　2018 年 11 月第 1 版
印　　次　2018 年 11 月第 1 次印刷

书　　号　ISBN 978-7-5657-2224-0/G・2224　　**定　价**　58.00 元